关田法标杆精益系列图书

精益落地之道
——关田法

［日］关田铁洪（T. Kanda） 著

机械工业出版社

本书汇集了作者关田铁洪先生三十年来指导300多家企业，在企业现场进行精益改善指导的经验和方法。书中通过大量案例，阐明了精益改善如何在实际工作中落地，是日本能率协会IE技术在实际应用中具体手法的体现。

本书分三个部分。第一部分为第1章，介绍了作者的精益思想和关田法的形成过程，并详细阐述了关田法的核心"精益为本，落地为实"，包括改善之本，管理之本，经营之本；思维落地，行为落地，育人落地。第二部分包括第2章~第5章，是关田法在不同场合下的实际应用。这部分内容从生产角度，通过对具体案例的剖析，详述了生产企业的核心管理指标QCD（质量、成本、效率）的精益改善落地；4种生产形式——机加工型、装置型、组装型和现场物流型生产的精益改善落地；生产切换精益改善落地；事务性工作的精益改善落地。第三部分为第6章，汇总了精益落地之道和精益落地之人，通过案例和应用介绍了关田法的方法论和育人论。

本书的编写旨在使读者能够真正体会原汁原味的精益，真正理解精益的核心所在，真正认识到精益的实施不是项目的实施，而是要明晰如何运用精益思想，使用IE工具，做好我们身边的管理和经营工作，如何在工作中实践精益管理和改善，使精益生产的推广和实施更好地与实际相结合，从而对企业的发展和管理水平的提升起到一定的借鉴作用。

本书可以作为精益人士进行精益实践的指导书，也可作为企业经营者经营实践的参考书，还可供高等院校工业工程和管理学科与工程专业的师生使用。

北京市版权局著作权合同登记　图字：01-2018-5155号。

图书在版编目（CIP）数据

精益落地之道：关田法/（日）关田铁洪著. —北京：机械工业出版社，2018.11（2023.8重印）
（关田法标杆精益系列图书）
ISBN 978-7-111-61280-3

Ⅰ.①精… Ⅱ.①关… Ⅲ.①企业管理-精益生产 Ⅳ.①F273

中国版本图书馆CIP数据核字（2018）第248030号

机械工业出版社（北京市百万庄大街22号　邮政编码100037）
策划编辑：孔　劲　责任编辑：孔　劲
责任校对：聂美琴　封面设计：张　静
责任印制：邓　敏
北京富资园科技发展有限公司印刷
2023年8月第1版第4次印刷
169mm×239mm·16.5印张·317千字
标准书号：ISBN 978-7-111-61280-3
定价：59.00元

凡购本书，如有缺页、倒页、脱页，由本社发行部调换

电话服务	网络服务
服务咨询热线：010-88361066	机 工 官 网：www.cmpbook.com
读者购书热线：010-68326294	机 工 官 博：weibo.com/cmp1952
010-88379203	金 书 网：www.golden-book.com
封面无防伪标均为盗版	教育服务网：www.cmpedu.com

序一

从工业工程（Industrial Engineering 简称 IE）的理论到如何让精益落地，是业界一直关注的重要问题。

随着大野耐一先生《丰田生产方式》一书在 1978 年问世，以及 1990 年《改变世界的机器》一书的出版，以丰田生产方式为代表的生产方式随之被命名为精益生产。大野耐一先生在书中就论述到："丰田生产方式的思想就是彻底消除浪费，丰田生产方式的实施就是丰田式 IE，是盈利的 IE"。因而，工业工程是精益生产的理论基础，也可以说，精益生产是工业工程在企业的应用。

几十年来，中国的许多企业都组织、学习、引进、实施了精益生产，也取得了一些效果。但如何真正使企业的效率、质量、成本形成实质性的改善提高，如何真正让精益生产的思想、方法、成果在企业扎扎实实落地，一直是精益生产实施中的难题。

关田铁洪先生的《精益落地之道——关田法》一书，正是从精益落地的实践角度回答了这一难题。

关田铁洪先生具有日本 IE 士资格（日本 IE 界的最高资质），于 20 世纪 90 年代初就进入了日本能率协会，专业从事 IE 的改善指导，专注于精益落地的指导工作。在中国，他是日本 IE 士第一人，被上海教委专聘为工业工程海外名师和教授。在三十年的现场精益指导工作中，关田铁洪先生一直秉承日本能率协会的指导方针：注重现场，注重实践，注重精益生产的落地。他的座右铭是：精益为本，落地为实。我听过他的有关 IE 技术的论述和 IE 技术的应用演讲，他有着非常深厚的 IE 底蕴，对 IE 在精益落地过程中的应用，有着非常独特的见解和体系。这次，关田铁洪先生总结了他多年在现场进行精益落地指导的经验、方法和思想，写作出版了本书，该书的最大特点是每一章都是通过具体的现场实施案例，阐述精益落地的实践思想和方法。

本书主要分成三个部分。第一部分主要阐述了关田铁洪先生对 IE 的学习、IE 方法的运用、IE 思想的形成，以及对 IE 在精益落地过程中的应用体会，非常值得国内读者借鉴。第二部分，通过案例分析说明了效率、质量、成本精益落地的全过程，并将其进一步应用到各种不同的生产场合，很有参考价值。最后一部分介绍了精益落地之道，总结了精益为本，落地为实的现场实践的思想和方法，并针对精益落地之人，总结了在精益为本的现场实践中人的参与、人的培养思想和方法，是精益落地关田法的精华所在。

大野耐一先生曾说："丰田生产方式是一场意识革命！"我们已经走了几十年的精益之路，我们不但要学习精益生产，更要沉下心来，认真实践精益生产。现阶段，我们更需要的是精益的落地。我认为精益生产不是学习出来的，精益生产是做出来的，是在现场实践出来的。那么做什么？如何做？这首先就需要每人、每天都高效地做好每件必要的事情。精益生产的实现是一个漫长的过程，需要每日一步一个脚印的推进，需要每日在现场能有看得见的变化，需要每日的改善经验成果的沉淀。

来源于企业实践并服务于企业实践是工业工程的最基本特征，工业工程可以说是融科学与人文于一体，并且能够集工程技术与管理思想于一炉的学科，关田铁洪先生这本书正是理论与实践结合的具体体现。

本书可以作为精益人士进行精益实践的指导书，也可作为企业经营者经营实践的参考书，还可作为大学工业工程和管理学科与工程的专业教科书。我衷心希望这本书对于今后我们精益落地的实践起到积极的推动作用。

天津大学经济与管理学部　工业工程系　教授

序 二

我是日本能率协会咨询公司（JMAC）的秋山守由，在日本能率协会工作42年，曾历任日本能率协会咨询公司（JMAC）的社长、会长长达12年。

日本能率协会成立于1942年，是当时商工省为日本产业的发展和现代化而专门成立的，是日本唯一的经营革新推进的机构。1980年，日本能率协会集团开始运营，是日本最早的IE咨询公司，成立了现在的日本能率协会咨询团队。

日本能率协会集团走过了76年的历史，现在集团共有9个法人，其中JMAC从经营、开发、生产、物流、市场等多方面用IE的专业技术，进行战略、人事、组织、IT的全方位经营咨询指导。事业范围包括中国，遍布全球58国家和地区。

日本能率协会的"运营三原则"是具有日本性格：能率运动、注重实践、重点革新，这也是日本能率协会的根本，而IE正是日本能率协会的起点。运营三原则充分体现在实际的指导工作中就是：彻底的现场主义和彻底的实践主义，这也是日本经济成长、日本能率协会成长的根本所在。

关田铁洪先生于20世纪90年代初进入日本能率协会，作为专业的IE咨询专家，边工作，边学习，取得了日本的IE士补和IE士资格。当时我是他的IE士资格考试主考面试官。

1996年，日本能率协会启动中国事业，关田铁洪先生被任命为日本能率协会中国（JMAC CHINA）副所长。在中国的舞台上，他用在日本掌握的IE技术和改善技术，为中国企业全身心地指导精益生产的实施，在综合性提高劳动生产效率、现场改善、质量改善、人才培养等方面进行了大量的改善指导工作，为中国的企业引入了注重实践、重点革新的理念。

2007年，根据他的实践成果，经我的推荐，他申请认证了全日本能率联盟的JMCMC、JCMC资格，同时认证了ICMC（国际注册管理咨询师）的资格，并且通过日本官报，在日本全国进行了公示。我作为他的老师和上司，为他的成长和取得的成果，以及对社会的贡献感到由衷的高兴。

关田铁洪先生在多年改善咨询的工作中积累了大量成功的实践经验和实践技术，并将其应用到实际指导工作中去。这些成功的实践经验和实践技术被他汇总在《精益落地之道——关田法》一书中，贡献给社会。希望这本书能为精益人士、经营人士、管理人士的工作提供有益的参考和借鉴。同时我也坚信，通过《精益落地之道——关田法》一书的推广，中国精益生产的落地实践会更上一层楼。

现在的中国，已经成为世界的经济大国，今后在世界上必将会有更大的发展。汇总了日本能率协会注重现场的技术、关田铁洪先生的成功经验和成功技术的这本书，如果能为今后中国经济的成长、中国产业的成长贡献一份微薄力量的话，也是我最大的欣慰之处！

秋山守由

于东京

序 三

关田铁洪先生作为上海市引进的海外名师,是上海电机学院商学院工业工程专业的教授,并且在商学院成立了关田 IE 工作室,其中既有上海交通大学等知名学府的博士生,也有海外大学的交流学者,都非常优秀。关田铁洪教授在大学里不但运用丰富的实践经验培养了新一代的工业工程大学生,同时还带领工业工程专业的老师,走出校门,服务于社会,服务于企业,用工业工程的知识和经验服务了许多企业的精益生产实施和实践,使工业工程专业的老师和同学们真正把工业工程的理论与精益生产的实践相结合,形成了具有实践特色的工业工程专业,给社会和企业带来了一定的附加价值,得到了外界的认可和好评。

从 2015 年开始,关田铁洪教授带领的团队先后在振华重工的长兴基地、南汇基地、南通基地等生产制造企业进行了工业工程分析和诊断,科学系统地分析了企业的课题和发展方向。从 2016 年开始到 2017 年,对南通基地进行了为期一年的精益生产效率提升的改善指导,提升效率达 10%,降低人为质量问题 10%,取得了可喜的成果。从 2018 年开始,关田铁洪教授对振华重工的南汇基地第三期精益生产进行了改善指导,从生产计划、效率提升等方面,优化管理体系,进行科学管理,取得了一些看得见的成效,使我们更加坚定地推进精益生产。

《精益落地之道——关田法》一书是对关田铁洪教授的精益实践思想和方法论的总结。关田铁洪教授在数十年的精益改善指导工作中,应用工业工程的理论和方法,摸索创造了许多具体的改善实践方法和流程,并且将其进行了总结和升华,形成了独特的精益落地方法体系。在本书的每个章节里,关田铁洪教授都根据不同企业的实际情况和课题,应用精益落地关田法,通过大量案例,进行了详细、具体的分析和讲解。这些案例都是关田铁洪教授尊重现场,同企业的干部、员工一道,共同身体力行"三现"(现场、现物、现实)主义的具体体现和成果,非常值得有关人士参考和借鉴。古人云"授人以鱼不如授人以渔",在"精益落地"和"道与人"的章节中,关田铁洪教授着重分享了他在指导精益改善的同时,如何注重通过改善的实施,为企业培养了一大批精益管理干部和形成企业的精益文化。

我们是生产研究型企业,不但需要丰富的管理理论,更需要具体落地的方法和经验。这一点是我们企业在精益改善实施中,应该高度重视并且努力实现的课题。由此可见，这是一本非常难得的精益改善实施的实用指导书。

我也衷心希望此次关田铁洪教授《精益落地之道——关田法》一书的出版发行，能够有助于我们国内众多企业更加有效地实现精益生产的落地实施，使我们的企业在管理上更上一层楼，走出中国，走向世界。

振华重工创始人

于上海

前言

我于1996年取得了日本工业工程的最高资格——IE士资格，于2007年取得了ICMC（国际注册管理咨询师）资格。从20世纪90年代初期开始，我作为日本能率协会IE咨询专家，至今已经工作了近三十年。这三十年我只做一件事：运用IE技术，指导企业改革、改善。

20世纪90年代末期，我受上海市外国专家局的邀请，在上海对一个知名的国有企业进行了改善指导。经过一年多的时间，与企业共同努力，提高劳动生产效率100%，降低废品率50%，使一个濒临破产的国有企业得到了新生。此项目也受到了上海市政府的嘉奖，获得了上海市"白玉兰"奖，同时日本NHK电视台也专门对此项目进行了跟踪、采访和专题报道。这是我在中国直接指导的第一个项目，由此，我对应用IE技术，在中国实施精益有了一些新的思考。

20世纪80年代末期，精益生产以《改变世界的机器》一书为契机，被世人所知。很多人开始努力学习精益生产，也出现了很多和精益生产相关的培训课程，书店里也出现了各种版本的精益生产书籍。丰田生产方式因此也被中国的企业积极引进，但在引进精益生产的过程中，还存在一些有待提高和改进的地方，例如，虽然注重理论研究和相关工具的使用，但缺乏对现场出现的生产问题的解决能力；机械地使用价值流分析；虽然注重知识培训和标准制定，但缺乏对现场实际发生的管理问题的解决能力；坐在办公室里分析现场问题，等等。

事实上，精益生产的实施，必须结合企业的痛点，以现场发生的问题为突破口进行分析解决。

日本能率协会的"运营三原则"：日本性格的能率（能力+效率）运动、注重理论更注重实践、重点革新，是日本能率协会的灵魂，日本能率协会的咨询专家们都是具有这一灵魂的专业实战专家。

新乡重夫先生就是日本能率协会实战咨询专家的代表，发明了快速换型（SMED）。他通过在现场的调研分析，发现和研究出设备换型的浪费和改善思路，经过多年的实践验证，形成了今日我们熟知的SMED技术。在美国专门创立了"新乡奖"（The Shingo Prize），是全球范围内唯一致力于精益制造和削减浪费的奖项。"新乡奖"鼓励企业从简单的模仿套用到真的理解实践，最终达到卓越的运营绩效，被誉为"制造业的诺贝尔奖"。

大野耐一先生在他的著作《丰田生产方式》中说："我就是彻底的现场主义者。"大野耐一先生的"大野圈"也是我们熟知的话题。要想真正解决问题，就到现场去，直接观察问题发现的对象，直到发现问题发生的原因和悟出解决问题的方法。以大野耐一先生为代表的丰田生产方式就是这样在现场发现问题、分析问题、解决问题的，这些问题解决的积累就逐渐形成了我们今日的丰田生产方式。大野耐一先生被誉为"穿着工装的圣贤"。

上述这两位先辈是我的精益楷模，他们的精益思想也是我的行动准则。

我在中国的改善指导工作中就非常注重以当前的问题解决为突破口，注重"三现"（现场、现物、现实）的问题分析和改善，进而引申到提高整个组织的管理水平和经营素质，形成企业的精益文化，为企业培养了一大批实战的精益管理干部。

企业的现场是动态的，问题也是动态的，没有一个标准的答案和解决方案。真正解决问题就要根据问题的实际情况和企业的实际情况，拿出企业能够实施的解决方法和方案，才能得到现场的理解和支持，才能得以实施，并取得实际的改善效果。所以即使同样的问题，在不同的企业，也会有不同的改善方案和改善目标。以这种指导思路，我在中国经历了近三百家企业的改善指导，有许多心得，也摸索出许多方法，并从中悟出了应用IE技术，实施精益落地的真谛。通过不断的尝试、积累和总结，形成了我的精益理念：精益为本，落地为实，也形成了今日的《精益落地之道——关田法》一书。

读者可以通篇阅读本书，充分理解学习关田法的精益落地之道，也可取其部分章节阅读学习，例如通过学习质量改善落地，可以理解质量管理的人的要素和质量改善的关田方法。本书可以作为高校IE专业、管理专业的案例分析教材，也可以作为企业经营者学习精益思想，进行精益实践的参考书。

阅读只是过程，不是目的。带着问题，带着思考去阅读，悟出其中的道理才是读书的真正目的。我也非常希望各位读者不只是读，更要悟。我的体会是：学到的是知识，悟出来的是智慧！

本书是关田法的总论。未来会针对不同行业、不同专业的精益落地，逐步出版"精益落地关田法系列丛书"。

这几年我通过参加"益友会"郭光宇会长主办的各种活动和会议，接触到了更多的精益人士和老师，在精益落地方面和大家有了更多的交流，进一步促进了我的"精益为本，落地为实"理念的传播，也促成了此书的写作，在此对郭光宇会长和益友会的朋友们表示感谢。

武汉爱易适的周和平先生、陈磊总经理，东风商用车的陈伟先生，东风德纳车桥的张超先生，以及台湾的邹浩源先生，他们为本书的创作出谋划策，提出了许多宝贵建议，也借此机会表示感谢。

同时，也非常感谢机械工业出版社对本书的出版给予的鼓励和支持，感谢机械工业出版社编辑对我的书稿进行了大量细致的修正、校核等工作。

另外，我非常尊重和敬仰的三位老师为我的这本书写了序。一位是中国的IE泰斗齐二石教授。他在我写作过程中为本书做了非常专业和中肯的指导。齐教授是我的老师，也是我的益友。另一位是日本能率协会咨询公司的前社长、会长秋山守由先生，他是当今日本IE界的泰斗级人物，也曾是我的上司，我的IE导师，我的榜样。秋山守由先生肯定和鼓励了我的工作，亲自提笔为我的书作序，使我感到十分荣幸。第三位是振华重工的创始人管彤贤老先生。振华重工在管老的带领下，现在已经发展成拥有80%国际市场的重量型制造研究企业，我也通过多年来在振华重工的精益指导工作中，深深体会到了管老一手打造的振华文化、振华风范和振华的精神。管老是中国制造业的骄傲，也是我的骄傲。他能够为我提笔写序，是对我和关田法的认可与鼓励。借此机会，在我向三位老师表达谢意的同时，也希望三位老师能够不断鞭策和鼓励关田法。

谢谢各位！

关田铁洪
于东京

目 录

序一
序二
序三
前言

第1章 精益落地 ··· 1
  1.1 精益的原点 ··· 1
    1.1.1 我的精益实践思想 ·· 1
    1.1.2 我的精益学习原点 ·· 4
    1.1.3 我的精益感悟原点 ·· 6
    1.1.4 我的精益育人原点 ·· 10
  1.2 精益为本，落地为实 ··· 12
    1.2.1 精益为本 ·· 12
    1.2.2 落地为实 ·· 16
  1.3 精益的现场力 ··· 21
    1.3.1 精益原点的现场 ·· 21
    1.3.2 精益落地关田法的原点——现场 ······················ 22

第2章 精益核心的QCD改善落地 ···································· 23
  2.1 精益核心的QCD ·· 23
    2.1.1 精益的落地点 ·· 23
    2.1.2 精益QCD的同步改善（Trade-off）················· 24
  2.2 过程质量的现场改善落地 ··· 25
    2.2.1 质量问题的真正原因 ·· 25
    2.2.2 人为质量管理的重点 ·· 26
    2.2.3 人为质量的3N思想 ·· 27
    2.2.4 过程人为质量改善关田法的案例研究 ············· 39
    2.2.5 质量的源流管理 ··· 48
    2.2.6 零缺陷的质量战略经营 ···································· 50
    2.2.7 零缺陷的企业质量文化 ···································· 53
    2.2.8 日本质量管理的借鉴 ·· 55
    2.2.9 关田法的质量落地哲学汇总 ···························· 56

2.3 成本的现场改善落地 ·· 56
  2.3.1 成本改善的常识 ··· 56
  2.3.2 生产成本的要素和改善 ······································· 57
  2.3.3 现场成本改善落地案例研究 ··································· 58
  2.3.4 关田法成本改善的汇总 ······································· 68
  2.3.5 关田法的成本优化战略和方法 ································· 73
2.4 生产效率的现场改善落地 ·· 75
  2.4.1 再谈效率 ··· 75
  2.4.2 提高效率的案例研究 ··· 79
  2.4.3 效率改善的管理落地 ··· 96
  2.4.4 经营层面的效率管理落地 ····································· 98

第3章 不同生产类型的精益改善落地 ····························· 101
3.1 概论 ·· 101
  3.1.1 关田法定义的生产模式和特点 ································ 101
  3.1.2 关田法现场分析和改善定位 ·································· 102
  3.1.3 关田法的现场分析层次 ······································ 102
3.2 加工型生产现场的改善落地 ······································ 104
  3.2.1 加工型生产的特点和痛点 ···································· 104
  3.2.2 设备综合效率案例研究 ······································ 105
  3.2.3 关田法设备综合效率改善汇总 ································ 115
3.3 装置型生产现场的改善落地 ······································ 118
  3.3.1 关田法的装置型生产模式 ···································· 118
  3.3.2 装置型生产诊断和改善案例研究 ······························ 119
  3.3.3 装置型生产模式分析和改善汇总 ······························ 128
3.4 组装型生产现场的改善落地 ······································ 133
  3.4.1 组装型生产现场改善的落地点 ································ 133
  3.4.2 组装型生产现场改善的落地案例分析 ·························· 134
  3.4.3 组装型生产现场管理关田法的经验之谈 ························ 147
  3.4.4 组装型生产现场改善落地总结 ································ 151
3.5 生产物流型的现场改善落地 ······································ 151
  3.5.1 精益物流的真髓 ·· 151
  3.5.2 关田法物流IE改善案例分析 ·································· 153
  3.5.3 关田法的生产物流管理 ······································ 178
  3.5.4 关田法的生产物流总结 ······································ 180

第4章 生产切换的改善落地 ···································· 182
4.1 生产切换的关田法 ·· 182
  4.1.1 生产切换的实际 ·· 182
  4.1.2 快速换型的实际 ·· 182

        4.1.3 关田法的快速换型 ································ 184
    4.2 关田法快速换型案例研究 ································ 185
        4.2.1 对象设备概述 ································ 185
        4.2.2 现场连续观测 ································ 185
        4.2.3 观测结果分析 ································ 188
        4.2.4 换型操作改善 ································ 188
    4.3 关田法快速换型思维 ································ 193

第5章 事务性工作的现场改善落地 ································ 197
    5.1 事务性工作的改善和关田法 ································ 197
        5.1.1 IE和事务性工作改善的思考 ································ 197
        5.1.2 事务改善关田法的关键词 ································ 198
        5.1.3 事务性工作改善的浪费定量化和改善技术 ································ 198
    5.2 事务性工作分析和改善的案例研究 ································ 209
        5.2.1 货代事务体系分析 ································ 209
        5.2.2 货代事务系统流程分析 ································ 213
        5.2.3 货代事务工作抽样分析 ································ 218
        5.2.4 货代业务工作问题汇总和改善案 ································ 222
        5.2.5 事务性工作分析和改善的案例研究汇总 ································ 226
    5.3 事务性工作改善的管理 ································ 226
        5.3.1 管理层决定事务改善成功与否 ································ 226
        5.3.2 组织各个层面的事务改善 ································ 227
        5.3.3 事务的效率化 ································ 230
        5.3.4 改善成果的常态化 ································ 231
        5.3.5 事务性工作改善的管理总结 ································ 231

第6章 精益落地的道和人 ································ 232
    6.1 精益落地之道 ································ 232
        6.1.1 悟出的道理 ································ 232
        6.1.2 对问题的认识 ································ 232
        6.1.3 对问题解决的认识 ································ 233
        6.1.4 问题解决的必要性和重要性 ································ 234
        6.1.5 改善目标的三要素 ································ 235
        6.1.6 问题原因分析 ································ 236
        6.1.7 改善实施管理 ································ 237
        6.1.8 精益落地之道 ································ 237
    6.2 精益落地之人 ································ 239
        6.2.1 组织中的人 ································ 239
        6.2.2 解决人的痛点 ································ 240
        6.2.3 发挥人的特长 ································ 241

6.2.4　责任到人 …………………………………………………………… 242
6.2.5　人的三现主义 ……………………………………………………… 242
6.2.6　育人落地 …………………………………………………………… 244
6.3　精益落地寄语 ……………………………………………………………… 244

第 1 章

精 益 落 地

1.1 精益的原点

1.1.1 我的精益实践思想

1. 我的精益思想原点

我从 20 世纪 80 年代开始专业从事精益生产的咨询工作,走过了三十年的精益实践之路。期间指导了几百家企业的精益现场改善,其中,既有制造业企业、物流业企业、流通业企业,也有事务性组织等。现在我利用这个机会,再重新思考一下精益,思考一下精益的原点。

1973 年爆发的第一次世界石油危机,使世界经济面临严峻的考验,而彼时丰田汽车却逆风而上,创造了成功的业绩。丰田汽车开始逐渐被世人所瞩目,丰田汽车的生产模式也随之为世人所关注。

1978 年,丰田生产方式的鼻祖大野耐一先生总结了他在丰田汽车几十年现场改善的经验,于是《丰田生产方式》一书问世了。书中虽然没有介绍具体的工具和方法,但是却有着非常鲜明的思想体现,并明确提出了丰田生产方式就是彻底消除浪费,这本书是丰田精益生产的经典著作。

在这本书中,大野耐一先生专门谈到了 IE(工业工程 Industrial Engineering),称丰田式 IE 是"创造价值的 IE"。书中是这样论述丰田式 IE 的:"IE 是从美国引进来的生产管理技术和经营管理技术。暂且不去管它的定义是什么,丰田生产方式认为它是一种'制造技术'"。即涉及整个生产现场,在质量、数量和时间协调的基础上谋求降低成本。丰田式 IE 的最大特点是可以直接降低成本,是"创造价值的 IE",而不仅仅是学者们谈论的 IE 方法论。

1982 年为了更进一步回答世人对丰田生产方式的种种问题,大野耐一又出版了《现场经营》①一书，书中说，"我就是彻底的现场主义。"并再次明确指出，丰田生产方式就是彻底消除浪费。而彻底消除浪费、提高效率、降低成本、保证质量，这一切都要在现场才能得以实现。

对此，天津大学齐二石教授也进行了进一步的阐述："精益生产为什么要关注现场？因为百分之九十的钱都在现场。"

1990年，詹姆斯 P. 沃麦克博士等人的研究成果《改变世界的机器》一书问世。书中指出：欧洲、北美的汽车工业已经全然没有能力与日本公司开拓的一整套新思想和新方法竞争。他把这样的思想和方法命名为：Lean Production，精益生产。

1996年詹姆斯 P. 沃麦克博士进一步接受了大野耐一丰田生产方式的思想，出版了《精益思想》，书中指明：精益不是方法，而是思想，是一种思维方式转变的改革。

2013年，詹姆斯 P. 沃麦克博士在接受了大野耐一《现场经营》的思想后，出版了《现场观察》一书。书中提出：企业的精益管理是不断改善的长征。这本书的英文名称为"GEMBA WALKS"，GEMBA在任何英语字典里，你都找不到这一单词或解释，因为GEMBA是日语"现场"一词的发音，是大野耐一在《丰田生产方式》《现场经营》书中谈及最多的日语单词。詹姆斯 P. 沃麦克博士把这个日语发音直接作为英文引用过来，就像KAIZEN（改善）已经成为标准英语一样，GEMBA也是因为丰田生产方式而诞生的英语单词。

总结以上的观点：

1）精益不是方法，而是思想，是彻底消除一切浪费，是一种思维方式转变的改革。

2）使用合理、科学的方法来消除浪费、降低成本，这个方法就是IE。

3）彻底消除浪费、提高效率、降低成本、保证质量，这一切都要在现场才能得以实现。

4）企业的精益管理不是一时一事的项目实施，而是企业从上到下持续改善的精益长征。

所以我的精益思想原点就是《丰田生产方式》，就是《现场经营》。

2. 我的精益思想构成

从事精益指导三十年来，我一直和我的客户一同学习、一同分析、一同改善；和客户一起理解精益，一起感悟精益，一起成长。其中，有成功，也有失败。这些成功和失败，都是我的经历、经验，是我今日的精益财富，也使我深深

---

① 这本书，国内把它翻译成《现场管理》，但是我觉得书中谈的内容已经远远超出了我们常说的管理，所以大野耐一先生特意用了经营一词，是十分有意义的。

认识到精益不是学习出来的，而是做出来的，是日积月累的改善成果的积累。所以精益的改善落地是实现精益的关键所在。

我在几十年的工作中不断摸索出了一些消除浪费、提高效率、降低成本、保证质量的改善落地的实战经验，我把它称作关田法（KANDA METHOD）。在这本书中，我将结合我在工作实践中的经验和感悟，汇总我的关田法，与各位读者共享。

大野耐一先生说"丰田生产方式，就是丰田式IE的实践。"。IE是彻底消除浪费的科学的方法，是精益改善落地的最有效的工具。在关田法中我对IE的定义是：工作浪费的定量化和改善技术，是管理改善技术。同时，把这种管理改善技术应用到精益生产中去，就体现在JIT，自働化、自主改善。图1-1所示为关田法的精益思想构成：

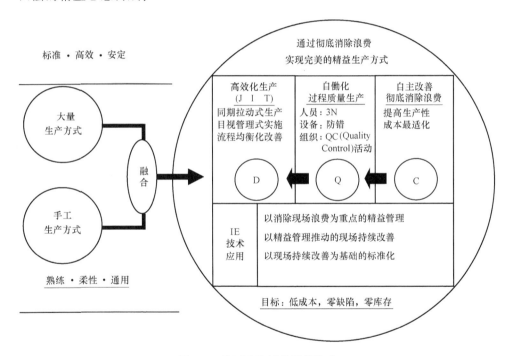

图1-1 关田法的精益思想构成

图1-1的特点在于考虑了自主改善，现场的自主改善，这正是关田法思想的与众不同之处。因为精益生产是要靠全员参加，同时在现场实施才能得以实现的。全员参加、现场改善，是丰田生产方式的重要组成部分，和JIT、自働化有着同等重要的作用。

总结以上我的精益思想、我的精益思维以及我的精益落地方法，即关田法的形成，主要经历了三个阶段：学习、感悟、育人。

1.1.2 我的精益学习原点

我现在拥有 IE 士、MOST（梅纳德标准时间设定技术 Maynard Operation Sequence Technique）、MTP（管理培训课程，Management Training Program）、ICMC（国际注册管理咨询师，International Certified Management Consultant）和 JCMC（日本注册管理咨询师 Japan Master Certified Management Consultant）资格，其中，IE 士资格是日本 IE 的最高资格。报考 IE 士学习的资格有两个：首先要有 IE 士补的资格，在此基础上还要有四年以上的 IE 实践经历。当时我已经具有 IE 士补的资格，从事 IE 指导工作也已近十年，符合学习的条件，于是我直接参加了 IE 士的学习。最后通过考试、认证，取得了 IE 士的资格。半年的 IE 士学习，共有三个部分组成：课堂学习、案例分析、企业指导。其中时间各占三分之一。

课堂学习共分 6 期，学习的风格是案例分析型学习，特点是：方法学习+案例分析+企业实践。6 期的内容分别为：

第 1 期课题：经营和 IE。

第 2 期课题：柔性生产系统设计：系统思路，低成本宗旨。

第 3 期课题：缩短生产流程时间，质量 IE，物流 IE。

第 4 期课题：开发、生产准备、制造过程中的 IE 士。

第 5 期课题：对应市场变化的成本管理。

第 6 期课题：综合课题的问题发现能力和问题解决能力。

案例分析是将学员集中在酒店，根据课程提供的现状调查数据，共同进行分析、讨论。先分小组制定解决方案，然后共同讨论。

当时我的案例作业是：某特殊合金钢株式会社收益改善课题、换气扇工厂 FA 化计划的模拟改善和中型企业的物流课题。

企业实践是用了两个月的时间"蹲"在企业里，以图 1-2 所示的现场改善思维，对生产现场进行调查、分析和改善。指导老师在这个过程也是全程参加。

IE 士的指导老师主要来自三个方面：专业从事 IE 咨询的专业人员、大学 IE 的教授、企业中的行业专家（大部分是企业的经营管理干部）。

回顾 IE 士资格的学习，是身临其境的学习，是直接面对企业和问题，直接创造成果的学习。

通过这个过程，扎扎实实地理解和掌握了：问题定量技术，定量明确的问题；沟通学习技术，取得支持和帮助；讲演说服技术，取得他人的信任；实践育人技术，取得成果和信心。这个学习与我当时乃至当今的精益指导工作都是无缝对接的。

这些学习总结下来有四点：

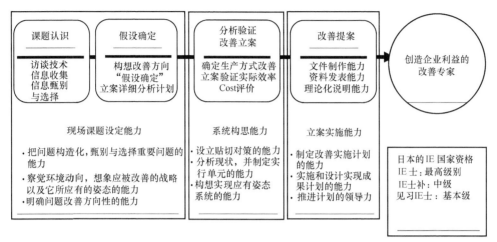

图 1-2　IE 士的现场改善思维

1）指导教师。

本身就是直接从事精益生产改善指导的专业人员，不但对 IE 技术掌握得十分精深，而且也有着十分丰富的实战经验。各位指导老师还有各自的侧重点，有各自的见解和专长。

2）上课教材。

不用标准的教材，大都是由指导教师自己工作经验汇总的资料。上哪门课就用哪个老师自己的资料。其内容都是实践中的经验总结，基本不过多涉及理论。

3）案例分析。

指导老师事先在企业进行了大量的调查分析，并定量地汇总了这些企业的现状数据，然后再根据这些现状数据，请学员进行分析、讨论，制定改善方案。

4）现场实践。

完全是实战，就是针对解决某个现场的实际问题的指导。两个月中与工厂员工同时上下班，调查、采样、分析；晚上在酒店分组讨论。最后形成的改善方案，由学员向企业领导汇报。取得企业领导的认同之后才算完成这一环节的学习。

所以，这个取得 IE 士的学习过程与我的咨询工作完全是无缝对接的，这是 1996 年的事情。

10 多年后的 2007 年，我在日本取得了 ICMC 资格。取得这个资格的硬性条件是，从事 IE 咨询指导 10 年，且每年的实际指导天数不少于 120 天。当时我已经从事这个工作近二十年，直接进行指导、培训、评估的企业每年有几十家，每年的实际指导天数超过 150 天。所以经过其他的审核和专业人士的推荐，在书面选考通过后，取得了以上资格。

从取得 IE 补资格，到 IE 士资格，再到 ICMC、JCMC 资格，直到今日，我仍然在工作中不断接受新的挑战，也在不断积累精益实践经验，更是在不断地学习中。

几十年来，在工作中学习，在学习中工作，是我学习的方法，也充分加深了我对大野耐一先生倡导的"创造价值的 IE"精髓的理解和实践。

1.1.3　我的精益感悟原点

工作中，我经常会有各种问题的询问和讨论，在回答有关的询问时，我做过以下的汇总，回想起来，这是我对精益实践落地的一点感悟。主要从四个方面进行的汇总。

1）问题 1：IE 的目标/研究方向/侧重点，职业的 IE 工程师能够在组织的运营中起到怎样的作用？

美国哈佛大学曾经聘请泰勒（IE 的鼻祖）去大学讲科学管理的课程。一开始，泰勒拒绝了。理由很简单，他说：IE 只能在工厂学到。这就是泰勒认为的 IE 的原点。

IE 的目标也好，研究方向也好，都是要认真考虑百年前 IE 鼻祖泰勒所说的原点。IE 这辆高级跑车，要想跑得快，跑得好，理论和实践相结合是非常重要的。而将理论应用到实践中，真正地落地开花，才是社会真正需要的 IE。

在日本 IE 工程师有三现主义⊖（现场、现物、现实）的说法，也就是注重现场"活的事实""活的问题"解决、"活的教学"课堂。以丰田为代表的日本企业多年来一直以此为宗旨，指导企业的革新，指导现场的改善。他们认为问题发生在现场，解决的答案也在现场，耳听为虚，眼见为实。在丰田的《改善十条》中有一条：不要问别人，要问实物。大野耐一先生的《现场经营》一书，就十分精辟地阐述了三现主义。

谈到 IE，大部分人会将其理解为制造业的事情。我总结的关田法对 IE 的定义是：工作浪费的定量化和改善技术，是管理改善技术。从这个观点来看，就不是单纯局限于制造业的 IE 了。

我本人的 IE 改善指导，除了针对许多制造业企业，还经历过商业（百货、批发）、物流业（货代、仓储、SCM 构筑）、事务性工作（办公室、项目合作）。我的同事们还经历过医院、军队、国家政府机关。

日本曾经出版过一本书：《IE 和现代经营》（见图 1-3），就全面定义了 IE，其中在谈到 IE 的作用时说："IE 是对工作进行科学研究为主体发展起来的技术。现在：作为工作的改善技术，作为提高管理水准的管理技术，作为经营方针的制

⊖　日本 IE 工程师的三现主义（3G）是：现场（GENBA）、现物（GENBUTSU）、现实（GENJITSU）。

定、组织构架等的研究技术，是在经营管理中必要的经营技术。我想这些就是职业的 IE 工程师应该追求和在组织运营中起到的作用吧。

2）问题 2：在判断一个公司运营的效率和存在潜在问题时，应着重关注哪些方面？如何在复杂的流程中快速定位关键问题？

我在日常工作中，在对组织进行诊断、对生产系统进行分析时，主要还是重点关注现场。经营中的问题、管理中的问题、计划中的问题、实施中的问题，在现场都能体现出来。现场不会说谎，现场最能忠实地反映该组织的情况。

图 1-3 《IE 和现代经营》一书

丰田有一句名言：优质的产品来自于清洁整齐的现场。丰田人认为，现场物品堆积如山，现场叉车东闯西奔，谁会相信这是一个安全的现场？谁会相信这里有安全的管理？谁会相信这个组织是安全的组织？如果现场灰尘到处可见，废物随手丢弃，谁会相信这个现场生产出来的产品是高质量的？谁会相信这里的管理是高水平的？谁会相信这个组织是高效运作的？

当然现场的清洁整齐只是一个方面。更要看深层次的 Q（质量）C（成本）D（效率）的表现。从现场的工作状态（例如设备的开动情况、人员的工作状态）来判断生产效率，从现场的物流状态、标准化实施的状态、人员的动作水平，来判断生产质量问题；从计划的实施率，现场的在制，库房的库存等，来判断生产的成本，同时分析出可提高的可能性和幅度。当然这些都是要应用一系列 IE 的方法和手段的。

只做这些还不够，我也同时会与各个部门的管理人员进行短时间的访谈（10~20 分钟），我的目的并不是想通过他们了解该组织的问题，而是通过与他们的交谈，分析判断该组织管理人员的水平和管理方法，进而分析判断该组织整体的管理水平和问题。讲一个有趣的例子，我曾经对近 600 家的企业管理人员进行过访谈，访谈时会问：今天他管理的现场有多少工人在岗，有多少设备在开动？非常遗憾，没有一个人能准确回答我的问题，他们的回答都是该部门的岗位编制人员数和设备台数。可想而知，一个人管理的现场，如果连当天有多少人在岗都不知道，也不知道多少台设备在按计划正常开动，那么他在做什么管理？在管理什么？

当然，我还会进一步要求看该组织的一些资料。很多企业听说我要看资料，就会事先问我要看什么资料，以便他们提前准备好，我都会婉言拒绝，告诉他们不需要进行任何准备。根据我的经验，事先准备的资料，在某种程度上是经过整理加工的、经过内部商量确认后的、经过某个部门同意后的，这些不是我要看的资料！这样的资料并不能完全准确地反映该组织的情况。我要看的是该组织的活的资料，动态的资料，现状的资料。同时我也会要看根据在现场分析诊断中临时考虑到的一些资料，在同各级管理人员访谈中感觉到必要的资料，这样的资料才是活的、能够真实地反映该组织的可靠资料。

我看这些资料不但要分析该组织的问题，更重要的是看：

① 我要的资料有没有？
② 有的话，需要多长时间拿来？
③ 本人拿来，还是请文员或其他人拿来？
④ 是否是有具体数据的文件？
⑤ 这些数据访谈人员知道不知道？

以此来分析、判断该组织的管理问题。设想一下，如果该组织的管理人员连以上这些最初级的内容都没做好的话，那么拿来的资料其可信度到底有多少，管理的有效性又到底有多少？

综合以上的诊断与定量分析即可判断该组织的问题和解决方向。

3）问题3：综合各个案例，我们的企业在管理中有哪些通病？有哪些优势？有哪些容易被管理者忽视的问题？

我自认是精益生产改善落地的专家，在接触的很多企业中，我发现大多数企业关注硬件和ERP系统，依赖系统的倾向比较强，追求高大上。对管理，对人为因素的问题关注得较少。

我们曾经有过大量引进国外先进设备的时代，花费了巨大的资金和资源。但是这些先进的设备是否真正成功地被使用、高效地实现生产，是一个值得思考的问题。我觉得我们不光是需要最好的设备，而是需要最适合的设备。我参观丰田名古屋工厂时就发现，那里基本看不到什么最先进的设备，但是却能生产出一流的产品。

我们有很多企业热衷于ERP系统的导入，认为只要导入ERP系统，管理效率就会提高，管理精度就会提高。果真是这样吗？如果我们的生产流程存在大量的浪费，如果我们的管理存在大量的不合理，这些都被纳入ERP系统的话，我认为这是"带病吃补药"。要知道ERP是锦上添花，而不是治病良药！

在从设计、采购、制造、流通、使用到回收的制造链中，在关注管理，关注其中的浪费和不合理，关注人的因素方面，我觉得我们的企业还有很多课题和问题。

我认为我们的优势是：中国地大、人多，非常容易形成规模效益，同时我们还在不断发展，会用很多新的挑战、新的机会。而在很多管理比较成熟的国家，这些优势是很少的。

我觉得容易被管理者忽视的：还是管理本身和人为因素。

4）问题4：当前，新科技不断应用在供应链管理领域，在未来10年，一个优秀的IE工程师应该具备哪些专业素质或技能？

优秀的IE工程师如何定义，是一个比较困难的问题。我在日本工作过很多年，也对日本的很多组织进行过改善的咨询指导。在日本的各个组织中，精通IE，能高效实施IE的人才比比皆是，但是没有一个是IE专业的，都是各个管理岗位的管理人员。

在日本本国的各种组织中，包括制造业，以前有IE的专业部门，但是现在都也没有IE工程师这个岗位和相关部门了。作为日本组织中的不成文定义：一个优秀的管理者，一个优秀的经营者，他们的行为，他们的思维方式，他们的工作方法一定是非常IE的。

一个人在组织中的力量是非常有限的，更何况是非一线人员的IE工程师，他们能做的事情非常有限，能够理解他们工作的人也非常有限，能够支持他们工作的人更是有限。所以，我认为组织内培养一批IE工程师，成立专门的IE部门，靠他们来解决问题，提高效率，进行改革的本身就有问题。

IE的日本国家资格有三级，见习IE士、IE士补、IE士，参加这些学习和接受资格认证的人员没有一个是IE工程师，也没有一个是某组织IE部门的。他们来自生产管理部门、质量管理部门、采购管理部门、财务管理部门、人事管理部门、物流部门，学校乃至政府机关等。但他们都是来学IE的，这里最终也有很多人通过资格认证考试，取得了IE的国家资格，然后回到自己原来的工作部门。

IE不是单纯通过学习能够掌握应用的一门专业，不是单纯地从事IE的工作。还是回到IE的原点：IE是浪费定量化和改善的技术，是管理改善技术。在我们周围，各个工作环节、各个工作部门都存在着浪费，都有必要进行持续不断的改善。这些浪费的发现，这些工作的持续改善并不是靠其他人来为我进行，而是要靠自己，靠自己的部门不断发现问题，不断改善工作。这就需要IE的知识，需要IE的浪费定量化的考虑思路，需要IE的改善方法。我的结论是，要想做好工作，每个人的思维都要不断地IE化。

日本的国家IE资格的学习，并不是单纯的一般性的集中在课堂上学习。例如参加IE士的资格认证学习，首先要有10年以上从事实际工作的经验，其中每年必须有不少于120天的时间从事改善或改善指导（注意不是有多少论文）工作，这样才有资格参加资格认证学习。其中的一小部分是在课堂集中学习，大部分的时间是到实际的工作现场中去，对工作现场进行浪费的调查分析。大家在一起组成项目组，共同讨论改善的方法和方案，同时和工作现场的人共同实施、试行。这些内容最后会形成学习者的资格认证答辩论文。最终资格考试分成三个部分：笔试（基本知识和案例分析），论文答辩（工作现场实习论文），认证面试

（与考官共同讨论课题）。从参加资格认证学习开始，到资格考试结束的整个过程，需要半年时间。

我觉得，参加 IE 士国家资格认证学习、考试的这些人都是十分 IE 的，包括他们的行为、思维和方法论。

借鉴以上的经验，结合中国的国情，我觉得不单是要如何培养优秀的 IE 工程师，而是要培养一大批具有 IE 素质的人才。这些人才最终会成为不同岗位上的优秀人才，成为社会欢迎的人才。

这就是我的精益感悟原点。

1.1.4　我的精益育人原点

精益生产在组织中的实施，成果应该有两个：一是实际的 QCD 成果；二是培养出一批能够进行改善的人才，后者尤为重要！

从 2014 年开始，我有幸被中国国家教委外聘为海外名师，一部分时间在大学从事工程的研究、教学和社会服务。这几年，IE 专业学生的第一堂专业课都是由我来上的，我从工作经历、工作经验、工作感悟等方面和这些年轻的同学谈 IE。

对他们来讲，从高中来到大学，成为一名 IE 专业的学生，今后有可能直接从事 IE 的工作。但是这个专业对他们来说是十分陌生的，即使他们的家长也大都不清楚这个学科。作为第一堂课，我和同学们谈的话题是：

什么是 IE？

IE 在日本的应用与发展，与 IE 在中国的情况对比。

IE 在企业发展中的地位与作用。

IE 专业的学生需要掌握哪些基础知识与专业知识。

IE 专业的毕业生应具备哪些知识和技能。

IE 专业的学生毕业后可以从事哪些工作。

IE 专业的毕业生有什么样的职业发展前景。

其中切入点是生活中的事情：如何有效利用时间，如何计划每天、每周、每月的学习生活，等等。进而引申出 IE，就是：优化工作顺序，考虑同时进行，消除一些不必要的过程；合理调整现有设备，增加一些附加功能，提高设备利用率；结果是提高工作效率，保证工作质量，提升应对能力等。

IE 的定义是 AIIE（美国工业工程师协会，American Institute of Industrial Engineers）的经典定义，但对学生、对企业、对社会还是有一些抽象，有一些不容易理解。日本能率协会是日本推行 IE 在精益生产中应用的鼻祖，他比较客观、直观地对 IE 进行了定义：

IE 的目的：通过提高人的工作效率，来提高整体组织的经济效益。

IE 的对象：企业的全体（现场、事物、销售等环节）。

IE 的目标：以理想状态为目标，利用可能利用的所有技术，最大限度地提高改善成果。

IE 的专家：充分发挥各种人的能力，并且作业企业经营的重要组织机构。

IE 与经营：IE 活动是组织全体人员参与的活动，是由最高领导亲自推动的经营活动。

IE 的中心：一切 IE 活动来源于现场，归结到现场（三现主义：现场、现物、现实）。

我把 IE 的定义汇总为一句话，就是前面提到的关田法的定义：IE 是工作浪费的定量化和改善技术，是管理改善技术。学生们和企业的各层领导也都比较赞成和理解这一定义。

学生们在大学里四年，学习了一门专业，走向社会，但是并不一定能够为社会、为企业直接做出贡献。对于企业来讲，并不是你学到了什么，而是你能做什么，特别是 IE 专业的人士对生产过程的改善工作。我认为知识是基础，但关键在于实践，在于掌握技能；同时一个人的姿态与经验也是非常重要的。所以，IE 专业的人士其能力应该具有以下四点：

1）知识。
2）技能。
3）姿态。
4）经验。

知识是可以学习到的，可技能、姿态、经验却是需要在工作中积累、学习和感悟的。所以，我总结了 IE 专业人士的落地三部曲，如图 1-4 所示。

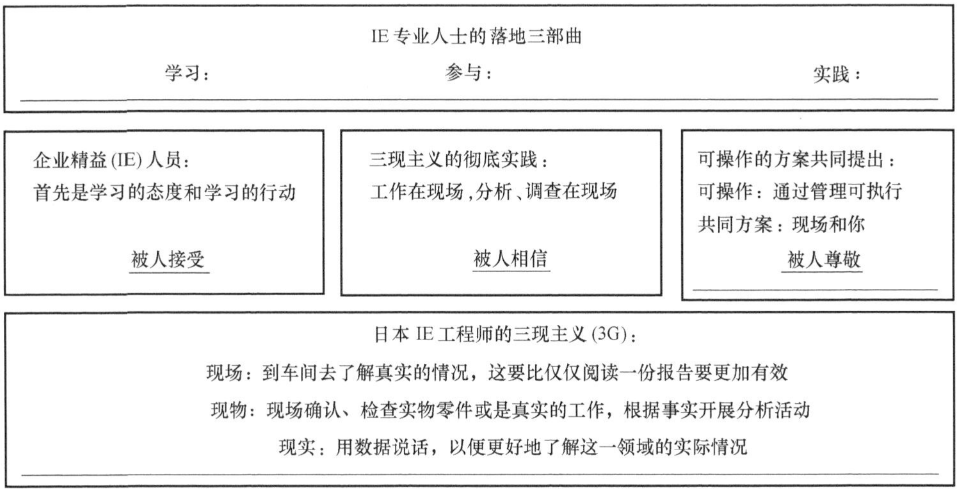

IE 专业人士的落地三部曲		
学习：	参与：	实践：
企业精益(IE)人员： 首先是学习的态度和学习的行动 被人接受	三现主义的彻底实践： 工作在现场，分析、调查在现场 被人相信	可操作的方案共同提出： 可操作：通过管理可执行 共同方案：现场和你 被人尊敬
日本 IE 工程师的三现主义(3G)： 现场：到车间去了解真实的情况，这要比仅仅阅读一份报告要更加有效 现物：现场确认、检查实物零件或是真实的工作，根据事实开展分析活动 现实：用数据说话，以便更好地了解这一领域的实际情况		

图 1-4　IE 专业人士的落地三部曲

这也是我的工作方法论，是我多年来通过在企业的现场实践获得的感悟。

在企业，学习的态度、学习的行动是非常重要的。企业的管理人员、操作人员在企业几十年，企业的情况和问题，生产的现状，他们更了解，这一点是IE指导人员要学习的。IE指导人员有两个强项，一是知道如何更高效、高质的发现并解决企业中的问题。二是经历了更多的企业组织，可以举一反三，借鉴别人的成功经验和失败教训。

同时，在企业的具体指导，要取得企业现场人员的直接参与。只有他们行动起来，才能真正取得有效的成果。这时就不能好大喜功，首先要从局部的样板开始。从样板开始的原因有三条：

1）通过局部样板的实施，使现场人员理解、掌握改善方案，并且进行实际操作。

2）树立现场人员的成功信心，这样对今后的实施是非常有利的。

3）样板实施的成果一定是要有益于现场人员的。

有了以上的三个条件，当成功地实施了改善样板后，现场的人员就会主动考虑全面推广和如何取得更大的成果。

这就是在实际工作中的育人的实践。

总结我的精益思想，主要包括我的实践学习、实践感悟和实践育人。这些都是在精益实战中得以实施、总结与升华的。精益的真正落地，就是要靠精益的实践，这个实践的战场就是现场，也是育人的现场。

在现场实践精益，在现场精益育人。我的行动准则是：精益为本，落地为实。

1.2 精益为本，落地为实

1.2.1 精益为本

精益是本，这个本就是彻底消除浪费。为了能够发现浪费、分析浪费、消除浪费，这个本是需要扎扎实实地理解、掌握与运用的。

精益为本体现在三个方面：改善之本，管理之本，经营之本。

1. 改善之本

大野耐一在丰田生产方式中说：丰田生产方式的改善就是丰田式IE。

扎扎实实打好IE的基本功，是精益改善的必要条件。IE的书籍有很多，有学校的教材，也有很多实践家写的IE书籍。这些书籍各有特色，但是不管学习哪本书，不管将IE掌握到哪种程度，IE的核心是万变不离其宗的。这个核心就是两个：

效率工学（WM，Work Measurement）和方法工学（ME，Method Engineering）。

(1) 效率工学

效率工学，有人把它称作工作时间测量，但是我们不能光从字面上简单进行翻译，在这里要充分考虑内涵翻译此词。关田法把 IE 里的 Work Measurement 定义为效率工学，它包括两个部分：时间分析和效率管理。这两个部分是相辅相成的。

时间是成本发生的主要因素，是到达工作系统的目标，是进行计划和日程安排的基本要素，是一个十分重要的测定基准。时间分析是综合研究时间效率的技术体系。

设定基本成本，需要正确预测工作人员的投入时间（工时）和硬件的使用时间，在分析成本投入时，也要正确地把握为完成该工作投入了多少时间。

制订日程计划时，要预想负荷量，然后将之换算成时间，再确认投入人员和硬件间的能力差距，调整负荷量和投入量，最后加以实施。

工作效率的测定和评定是测量基准时间（标准时间）与投入时间的比率，也就是效率管理。

所以，首先设定应该有的标准时间，然后在实施过程中，评价对该标准的达到成度（现状的实际值），并进行优化、标准化和管理，这就是效率工学。

为了提高工作效率，降低投入成本，将开展各种各样的改善活动。效率工学的基础是工作标准及其管理，它的核心技术有 7 个方面，见表 1-1。

表 1-1 效率工学的核心技术

1. 作业测定	标准时间,工时管理
2. 速率的基准和方法	速率的基准,速率方法,提高速率评价能力
3. 作业与余量	各种余量与其应用(生理余量,疲劳余量,延迟余量,其他余量与其应用)
4. 时间研究	标准作业方法,作业的分割,时间研究,标准时间设定
5. PTS(既定时间标准)法	PTS 法的评价,代表性的 PTS 法,简略化的 MTM 手法,WF(Work Factor)
6. 工作抽样法	工作抽样分析(WS)和理论,WS 法的标准时间的设定,WS 延迟余量的研究
7. VTR 研究	VTR 研究特点应用,录像以及 VTR 时间研究方法,标准资料制作

(2) 方法工学

方法工学是对生产活动中保证适当的生产量与在库量，进行质量控制与成本控制等一系列的工作，对其进行工作方法的分析设计、改善与标准化。

例如，根据成本设计削减物流成本，就要对工厂的所有物流环节进行定量的分析。这就要用到工序分析、搬运分析、平面布置分析、流程分析，寻找改善点，设计改善方案。这一系列的工作就是方法工学。

现在 IE 的方法工序已经应用到所有的工作领域。对其工作方法、顺序、工具、空间平面等进行规划，并对其管理体系进行设计与优化，就构成了现代的方法工学。

方法工学也包括两个部分：方法设计和方法改善，这两个部分是相辅相成的。

方法工学是研究最佳工作方法的技术，其核心技术的 8 个方面见表 1-2。

表 1-2 方法工学的核心技术

1. 方法工学系统	包括方法工学体系，产品的生命周期和方法工学，生产效率，管理技术，经营指标和改善课题的方法工学，方法管理
2. 工序分析设计	包括工序分析种类，产品工序分析，流线图分析，距离-强度分析等
3. 作业分析设计	包括作业者工序分析设计，抽样分析设计，联合作业分析设计
4. 时间分析设计	包括时间研究和标准时间设计
5. 动作分析设计	包括微动作分析和 PTS 分析设计
6. 系统机能设计	包括工作设计和 FMEA/FTA
7. 生产流程设计	包括流水线工时平衡设计、人机联合作业设计、团队作业设计、作业平面布置设计
8. 方法工学的统计分析	包括数据的处理、异常值的处理、相关和回归、对变量解析

效率工学和方法工学这两个核心的关键在于：

1）定量化，包括工作的定量化、问题的定量化、成果的定量化。我们很多问题因为没有具体的量化指标，所以很难进行科学的分析和问题的解决。因而这两个核心不单纯是 IE 的方法，还是管理的量化工具。

2）IE 的思维。IE 的思维是：精细、定量、有区别地追求目标、机能和价值。不但制造业需要这种 IE 思维，一切组织、一切管理、一切活动，都需要这种 IE 思维。理解 IE 思维，掌握 IE 思维，应用 IE 思维，是关键。

效率工学和方法工学既是 IE 的核心，也是 IE 的基础。扎扎实实打好 IE 的基础，是做好 IE 工作的必要条件，不但要学习这些技术方法，更重要的是学会问题的量化管理，并掌握 IE 的思维方式，这个比掌握 IE 的核心技术更重要。

2. 管理之本

关田法管理的定义可以表示为：管理=测量+改善+标准，如图 1-5 所示。

关田法认为管理就是：应用 IE 技术，根据标准，定量分析现状，寻找问题和课题，进行改善、改革，然后标准化。不间断的循环，就是管理，就是持续改善。我把图 1-7 称作关田法管理铁三角。

其中，标准是保证工作稳定、安全、高效的工作方法；标准必须通过持续改进的受控过程进行优化改善。

关田法对 IE 的定义是：工作浪费的定量化和改善技术。而只有通过测量，才能实现定量化，所以测量是十分重要的。但是这个测量又不单纯是拿个秒表在现场测量作业时间，而是指对现状的问题、课

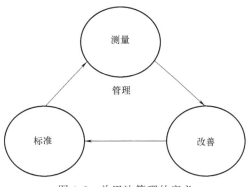

图 1-5　关田法管理的定义

题的量化。例如，当前的生产效率、设备效率、价值率的变化推移如何？当前的质量成本、物料成本、人力资源成本与竞争对手比较如何？产品的定位、市场的营销、新产品的开发，等等，这样的问题与课题都是测量。只有通过定量的测量，才能定量地进行自我定位，明确改善内容和目标。通过测量，我们就能定量我们的课题，定量我们的问题，定量我们的目标。

在定量化的前提下，科学地应用 IE 技术，进行必要的改善。通过分析课题，解决问题，实现目标。改善并不是一步到位的，而是一个持续的过程。在这个过程中就贯穿着标准，对改善的成果，改善实现的目标进行标准化。

标准化并不是固定某一个工作内容，而是明确一个尺度，就是管理的尺度，再次发现问题，寻找课题，追求目标。

测量、改善、标准的循环，就是管理，就是精益管理。

关田法管理铁三角的实施，就要关注流程化、均衡化、最小化、可视化。

1）流程化：减少中间在制，缩短工序间的切换时间，消除物流停滞，避免不必要的搬运，优化工艺布局，混流生产。一个流是流程化的具体体现。

2）均衡化：包括工作的均衡化（持续关注瓶颈），投入的均衡化（库存、在制合理化），产出的均衡化（计划的高效），这些都是现代多品种、小批量制造体系的保证。

3）最小化：包括工时的最小化，库存的最小化，人员的最少化，设备工装故障的最小化，灾害风险的最小化。最小化（最佳）是消除浪费的基本尺度。

4）可视化：VMS（可视化管理系统，Visual Management System）强调把管理结构性日常运作和战略性改善结合，将工作的潜在问题可视化，唤起对改革的需求。可视化是发现问题的出发点。

管理铁三角就是管理之本，流程化、均衡化、最小化、可视化就是管理核心。

3. 经营之本

在《IE 和现代经营》一书中，也说明了 IE 是：作为经营方针的制定、组织

构架等的研究技术，是经营管理上必要的经营技术。所以说 IE 也是组织的经营之本。

经营方针是一个组织的指向，表明了企业的发展方向。而经营，需要追求价值的最大化，所以经营的有效性，高效性是非常重要的。

因此，从 IE 的角度，看经营的高效性构造，如图 1-6 所示。

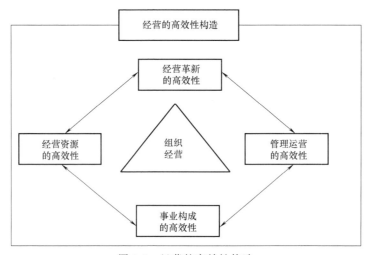

图 1-6　经营的高效性构造

这些经营革新、经营资源、事业构成、管理运营的高效性，是组织经营成功的保证。而经营的一大成果，就是附加价值。

提高附加价值正是 IE 的工作，包括提高 QCD 价值、提高流程价值、提高经营价值。

优化系统也是 IE 的工作，要减少浪费，消除不必要环节，简化系统构成。

人才的培育还是 IE 的工作，培养具有 IE 思维的人才，培养具有定量化视野的人才。

大野耐一在他的书中就定义：IE 是管理技术和经营技术。

日本能率协会的 IE 定义也是：IE 是经营管理上必要的经营技术。

关田法的精益为本在于改善之本，管理之本，经营之本。

1.2.2　落地为实

精益为本，这个本就像一棵大树，要有优良的种子，要有肥沃的土地，要有阳光雨露。但是这个本要开花结果，要硕果落地，这才是最终的目的。

我们学习精益不是目的，而是过程。通过实施精益改善，真正取得 QCD 的实际成果，这才是目的。所以再好的精益，如果不实实在在地落地，是很难取得实际成果、很难持续进行的。所以，精益为本，落地为实。

关田法的落地为实在于：思维落地，行为落地，育人落地。

1．思维落地

思维落地包括两个方面："三现主义"的思维落地和正确性的思维方式落地。

（1）"三现主义"的思维落地

詹姆斯 P. 沃麦克博士在《精益思想》一书中指明：精益不是方法，而是思想，是一种思维方式转变的改革。精益落地，首先要在思想上、思维上落地。

这个思维落地就是要落到问题发生的地方、落到问题发生的原因、落到解决问题的根本上来。这个地方、原因、根本，就是现场。丰田有一句名言：不要问他人，自己去看。这也就是现场、现物、现实的三现主义，是思维落地的具体体现。

三现主义的思维落地，就是要充分认识解决问题三现的重要性、必要性和真实性。

（2）正确性的思维方式落地

IE 有很多技术、方法、理论，都是十分科学、有效的，但是应用到现场，又不能完全照搬书本上的内容。现场是动态的，时间是在变化的，问题也是在演变的。用 IE 的思维方式，结合现场的实际，正确、高效地应用 IE 的技术去发现问题、解决问题是十分必要的。而精确在现场有时就没有必要过分苛求了。例如，现场的有效作业 80% 和 80.1%，从精确的角度看显然是不一样的，但是在实际上，为了搞清这 0.1% 的不同，有时可能要花费大量的时间和精力去调查、分析，而实际结果并没有什么本质的区别。

所以精益生产的落地，只追求正确，不苛求精确。这样就要灵活正确地使用不同的方法和工具：

1）根据不同的场合，正确使用工具：依据现场的类型，现场人员的水平和认识。

2）根据不同的目的，正确使用方法：判断待解决的问题旨在以 Q、C、D 哪一个为主。

3）根据不同的阶段，正确选定对象：是管理层、经营层、技术层、还是全组织。

这就是正确的思维方式落地。

2．行为落地

（1）精益管理落地点

对企业来说，核心是你能为组织做什么，能为组织解决什么问题，能为组织消除哪些痛点。特别是精益的实施，更是这样。

我现在对于培训的要求是一概拒绝的。培训是必要的，但是培训不能直接解决组织的痛点，比如，精益培训是必要的，但是培训后回到企业，会发现如何做、如何解决问题，和培训的内容相比，还是有一定差距的。所以企业的管理干部，IE工程师，精益的实施人员，就要考虑落地，考虑工作的落地。

行为落地主要从三个方面考虑：计划的有效性（Utility），方法的实效性（Method），执行的高效性（Performance），具体如图1-7所示。

■ 行为落地的三个方面

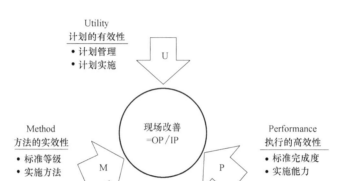

图1-7　行为落地的三方面

1）计划的有效性：我看到的计划是计划，实施是实施的现象还是比较多的，缺少落地的计划。计划是否是可执行的、可共享的。同时计划也是组织的痛点，要有针对性，例如直接制订解决痛点问题的计划。

2）方法的实效性：要看标准等级是否符合实际现场的水平，标准是否是通过一定努力可以达到的。实施方法是否能够被现场立即掌握，并实施。同时要看采用的方法是否是针对问题解决的方法、落地的方法。

3）执行的高效性：要看标准完成度与实施能力。

以上三个就是行为落地的落地点。

（2）QCD改善的落地点

1）Q的改善落地点。

质量问题大都与人有关，包括人的操作、人的管理、人的责任心，等等。解决质量问题，首先要解决与人有关的人为质量问题。关田法认为75%的质量问题是人为质量问题。所以，Q的改善落地点要从以下方面进行思考和改善：

产品的最终质量取决于过程质量，过程质量取决于过程中每个人的工作质量，而工作质量又取决于过程中每个人对质量保证的态度，而人对质量保证的态度又取决于管理对于质量保证的要求。

当出现质量问题，人们大都会说：是设备故障、工艺问题、材料质量、工装工具等原因，而往往会忽略管理因素，忽略人的主观能动性。实际上大部分的问题是与人有关的问题，是人为的问题，是人为的质量问题。

克洛斯比语录：出错数与人们对某一特定事件的重视程度有关。

迪斯蒙德．贝尔语录：质量问题的25%是技术，而75%是关于领导和人的。

关田铁洪：质量问题不是操作工人没有做到，而是我们没有要求到。

所谓人为质量问题，其实并不全是人为造成的，甚至有些问题在当时的条件下是不可避免的问题。精益生产主要从以下两个方面考虑人为质量问题。

① 人为可控：保证按标准执行，保证不制造人为问题。

② 人为可检：保证发现问题（包括不可避免的问题），保证不流出问题。这就是3N。

例如，我在一家为德国企业代工的企业进行质量改善指导时，在对现场进行分析后，我并没有直接针对各个质量问题进行改善，而是从人的质量责任方面，也就是通过3N（不接受、不制造、不传递）的方法，落实到每个工序、每个人，之后，产品质量就得到了奇迹般的提升。原来质量问题都被认为是质量部的问题，通过这一改善，使全厂认识到，是制造的责任，是制造的问题。

2）C的改善落地点。

从精益的角度分析，成本由四个方面组成：直接变动成本、直接固定成本、间接变动成本、间接固定成本。

首先要考虑直接成本，它是生产直接需要的成本，例如材料、能源。

其次要考虑直接变动成本，它与产量多少是相关联的，例如材料的数量，能源利用时间的长短。

例如，我在一家汽车制造企业指导降低成本的项目。在汽车制造工艺中，涂装工艺的成本最高，而在涂装工艺的成本中，能源所占的比例最高，主要用于烘干、通风、照明、动力。

通过现场调研，主要采取了三大对策：

① 设定不同季节气温的开炉时间和停炉时间（提前停炉，余温加热）。

② 强化炉体保温效率。

③ 通风和照明的分区、分时、分量使用标准制定。

同时把这些对策落实到班组。结果，单台车直接降低成本10%。

以上这些在教科书中是没有的。

3）D的改善落地点。

实施过程的效率，原则上是投入和产出之比，在生产上会提及人的"劳动生产率""设备开动率"等，但这也只是概念。根据我的实际指导经验，这个要重点关注以下内容。

① 开动时间和投入时间之比。例如上班时间 8h，但是实际工作的时间可能就是 7h。这个就是时间效率。

② 有效时间和开动时间之比。即使是开动 7h，但是真正出产品的时间是 6 个小时。这个就是有效率。

③ 价值时间和有效时间之比。即使有效时间 6 个小时有产出，但是标准的价值产出时间可能是 5h。这个就是能率。

以上三个相综合就是综合效率，如图 1-8 所示。

开动时间/投入时间　　有效时间/开动时间　　价值时间/有效时间

现场作业效率 OPE＝B/A×C/B×D/C
时间率×有效率×能率 (作业方法×作业效率)

图 1-8　综合效率

例如，某个大型企业，要提高生产效率，我到现场进行了初步分析，考虑了以下改善内容。

① 原来的情况：每天生产结束前，要拉空一段生产线，这样第二天生产就要首先铺线，这个时间是没有任何产出的。改善内容：通过计划调整，杜绝了拉空线的生产现象。

② 原来的情况：每天除午休外，没有固定的中间休息时间，操作员工根据自己的情况，自行调节，因为分散离岗休息，影响了整体生产的进度。改善内容：规定了上午休息 10min，下午休息 10min 的休息时间。

③ 原来的情况：出现了瓶颈工位问题。改善内容：对瓶颈工位的工装工具进行改善。

结果：效率提升 15%。

效率（Delivery）落地，就是要关注时间效率、有效率、能率。就是要改善计划、管理、标准、实施。

3. 育人落地

精益生产在组织的实施，成果应该有两个：一是实际的 QCD 成果，二是培养出一批能够进行这样改善的人才。后一项尤为重要，也即育人落地。

我的经验总结是，育人不是上课，不是培训，不是技术指导；而是通过实际的工作育人。所以我的表述是：做事育人。日本的人才培养有 OJT（企业培训，On-the-Job Training）的说法，就是通过工作、锻炼、培养、培育人才。既然大家都在做事，那么不就是育人了吗？这不完全对，这其中的关系是：

做事育人——做正确的事，育正确的人；科学、高效、高质量做事、务实、定量、三现育人。

这是我的精益育人思想。

育人落地从三个方面考虑,如图 1-9 所示。

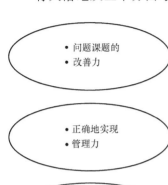

图 1-9　育人落地的三个方面

总之,精益为本,就是改善之本,管理之本,经营之本。落地为实,就是思维落地,行为落地,育人落地。精益思想的落地点就是现场。

1.3　精益的现场力

1.3.1　精益原点的现场

1982 年大野耐一先生出版了《现场经营》一书,明确地提出了精益生产的现场主义。书中指出,浪费的彻底消除、提高效率、降低成本、保证质量,这一切都要在现场才能得以实现。事隔三十年,有人在总结了大野耐一先生的书籍、讲话、录音之后,又以大野耐一先生的名义出版了一本《丰田生产方式的原点》。在这本书中,再次集中阐述了现场力。

2013 年,詹姆斯 P. 沃麦克博士出版了《现场观察》一书,该书的(英文名称是《GEMBA WALKS》,其中 WALKS 当然是英语中的行走,但 GEMBA 却是日语"现场"的发音。)这是他在继 1990 年出版《改变世界的机器》、1996 年出版《精益思想》之后的又一部巨著。他阐述:"现场是事情真正发生的地方"。精益的核心就是现场。就像 KANZEN 已经成为标准精益英语一样,GEMBA 又再一次充实了标准精益英语的词库。

新乡重夫先生是我在日本能率协会时的大前辈,被称作制造业诺贝尔奖的"新乡奖",就是为表彰和继承他的精益思想和精益实践而建立的奖项。他有一本著作《工厂改善的原点追求》，其中有一句话："改善有两种，一种是原点的改善，一种是末端的改善。"这个原点就是现场管理，这个末端就是产品生产。他重点描述了改善的原点就是现场，就是现场的管理、现场实际生产的管理改善。现场是精益的第一线。

1.3.2 精益落地关田法的原点——现场

我的精益落地原点，就是现场。

问题发生在现场，问题的原因也在现场，因此问题的解决当然要在现场，解决的成果必然要落实到现场。

大野耐一先生、新乡重夫先生、詹姆斯 P. 沃麦克先生的最终精益思想都落到了现场。真正能发现问题，分析出问题的原因所在，同时能够解决问题，持续改善，我想这就是现场力吧。

实践是检验真理的唯一标准。毛泽东在《实践论》和《新民主主义论》中也说："真理的标准只能是社会的实践"，"真理只有一个，而究竟谁发现了真理，不依靠主观的夸张，而依靠客观的实践。"

以上这些是我精益思想的基础。到现在为止我的精益学习、精益指导、精益育人构成了关田法精益思想的核心。这些基础，这些核心的落地，就是现场，在现场落地的能力就是现场力。

组织中的经营者、管理者的工作都是要落地的，而且都是要在现场落地的。

下面将通过我三十年的精益感悟和精益案例，阐述经营者、管理者如何将精益的思想落地，如何将精益的思想在现场落地。

我把它称为"关田法"（KANDA METHOD）。

第 2 章

精益核心的QCD改善落地

2.1 精益核心的 QCD

2.1.1 精益的落地点

大野耐一先生在《丰田生产方式》一书中说："提高效率，降低成本，就是要彻底消除浪费"，这就是丰田生产方式的追求，也是丰田生产方式的落地点，落地到 QCD。

在本书第 1 章中，曾给出了关田法的精益思想构成，如图 2-1，其中也体现了 QCD 的落地。

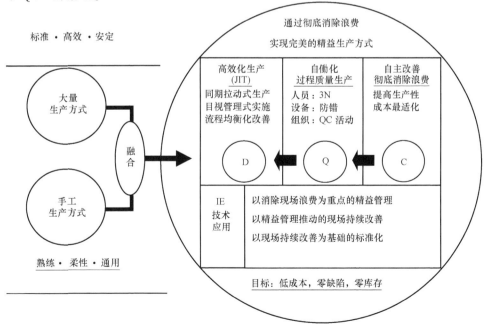

图 2-1 关田法的精益思想构成

在激烈的竞争中，在保持生产效率（D）、高品质（Q）的同时，如何以最少的投入获得最大的利益是重要的课题。丰田汽车拥有最强的现场 QCD 自主改善体系和现场。

2.1.2 精益 QCD 的同步改善（Trade-off）

有人说，要提高效率（D），可能就会增加一些设备、引进新工艺，这样就势必造成成本（C）的增加；也有人说，要降低成本（C），可能就会减少一些过程、工艺和材料，这样势必会造成质量（Q）的下滑；还有人说，要提高质量（Q），就要严格把关、增加检查人员和过程，这样势必会造成成本（C）增加、效率（Q）降低。这些都是十分错误的。精益生产的改善和 QCD 的改善是相辅相成、互相促进的，是可以实现同步改善的。

为什么呢？因为精益生产的改善，是充分利用 IE 工具的改善，是工作浪费的定量化和改善，是管理改善。

事实上，提高效率，并不是增加设备，而是消除生产中的浪费，增加有效工作比例。大野耐一先生在《丰田生产方式》中明确指出了七大浪费，其中，最大的浪费是过量生产的浪费。过量生产改善的关键就是生产计划和生产组织和管理改善。

降低成本，也不是减少一些过程、工艺和材料，而是要消除生产中成本的浪费。在七大浪费中，等待的浪费，就是人力成本的浪费；加工的浪费，就是设备的浪费；动作的浪费，就是工艺的浪费。降低成本，就是要消除这些浪费。这是管理改善。

大野耐一先生在《丰田生产方式》中认为企业追求效率，其根本目的就是降低成本。可见，提高效率和降低成本是同步进行的。

提高质量，是要严格把关，但并不是增加检查人员和过程。大野耐一先生在《丰田生产方式》中也认为：由于没有严格按作业标准进行作业，就会产生作业的 3M（浪费、不均衡、不合理），这些都会导致生产出不合格的零件。也就是说，提高质量，就是形成科学、高效、可执行的作业标准，并且在现场严格按标准进行生产，这样才能防止不良的发生。

大野耐一先生在《丰田生产方式》中还认为某一道工序生产出不合格品，马上就会自动判别告知，使产生不良的工序马上知道产生不良的责任。这就是我们现在常说的防错和过程质量控制的 3N（不接受、不制造、不传递）生产管理系统。

科学的作业标准的正确执行，防错系统的正常工作，过程控制的 3N 就是提高质量的科学管理，这些科学的管理并不会提高成本。反过来，消除了这些质量问题，提高了质量，反而会减少质量问题的处理浪费、不良的材料浪费，从而提高工作效率，降低成本。

所以说，精益生产的 QCD 改善是同步的管理改善。这是精益生产的核心改善和落地点，也是关田法研究和落地的主要内容。

2.2 过程质量的现场改善落地

2.2.1 质量问题的真正原因

关田法的质量管理哲学是：

产品的最终质量取决于过程质量；过程质量又取决于过程中每个人的工作质量；工作质量又取决于过程中每个人对质量保证的态度；而人的质量保证态度又取决于管理对于质量保证的要求。

结论：质量出了问题，就是管理人和操作人对质量保证的态度出了问题。

关田法认为：质量问题不是操作者没有做到，而是我们的管理没有做到。

迪斯蒙德.贝尔（Desmond Bell）先生说过："质量问题 25% 是技术，而 75% 是关于领导和人的。"

大野耐一先生继承丰田佐吉先生的思想，实施的自働化，是加入了人的智慧的自动化，以此来保证产品质量。精益生产的质量保证，强调的是人的主观能动性。

世界著名的质量管理专家菲利普·克罗斯比（Philip Crosby）先生，被誉为当代"零缺陷之父"，他曾经说过："出错数与人们对某一特定事件的重视程度有关"。大野耐一先生和菲利普·克罗斯比先生的照片见图 2-2。

图 2-2　大野耐一和菲利普·克罗斯比

关田法认为上述的重视程度反映在两个方面：一是操作者对工作认真负责的态度，二是管理的科学性和有效性的落地，二者都是有关人的问题。也就是说质量问题人为因素是主要因素。关田法把它定义为人为质量。

人为质量管理，是关田法质量管理哲学的原点，也是质量管理的落脚点。

当然人为质量问题，并不一定全是人为造成的，甚至有些问题在当时的条件下是不可避免的。从关田法的人为质量视角看，主要从以下两个方面考虑人为质量问题：

1）人为可控质量：操作者严格按标准工作，保证不发生质量问题。

2）人为可检质量：即使是一些人为不可控的质量问题，但操作者可发现（包括不可避免问题），保证不传递问题。

人为质量问题在质量问题中占大部分，其关键词是：人为可控和人为可检。这也是关田法的质量管理灵魂。

2.2.2 人为质量管理的重点

《制造责任法》（PL法）是日本制定的质量保证法律。该法律把因产品质量而造成使用方、社会方、环境方、人类方受到损害，制造方、制造人应该负的法律责任，用法律的形式规定下来。

丰田的精益思想是，一切商品都是在保证质量的大前提下，来考虑成本、效率等。所以，买东西，是在百分之百合格品的前提下，进行销售，进行购物的。例如，购买物品时，不需要拆包装进行确认，也不需要试用。

在丰田，一般的常识是：只有高质量，才能谈安全、可靠。低质量的产品，使用时很难保证安全、可靠。

丰田人说：很多企业出了产品质量问题，就认为没有严格把关，所以增加了检查环节，但实际错了。看美国汽车制造业的历史，出了产品质量问题，就会成倍地增加检查人员，但结果仍然解决不了产品质量问题。丰田是靠每个人，在每个过程中保证产品质量，确保用户的产品质量。这就是精益质量管理的重点，也是关田法人为质量的原点。

质量不是检查出来的，质量是生产出来的。人为质量管理就是要在生产过程中保证质量，这就是过程质量。关田法的人为质量管理就是对过程中的人为质量进行管理。

生产过程质量控制创始者沃特·阿曼德·休哈特（Walter A. Shewhart）在1931年出版的《产品生产中的质量经济控制》（Economic Control of Quality of Manufactured Product）中首次提出了过程质量。他认为："变异（不良）存在于生产过程的每个方面。"

休哈特指出：产品质量取决于制造过程质量，取决于制造过程中一系列工序的质量，也就是每个人的工作质量。工作质量（过程质量）的好坏就决定了产品质量的好坏。

这个理论对后人影响巨大，其中包括最杰出的 W·E·戴明和约瑟夫·M·

朱兰等人。

在生产过程中，当零件、产品等出现质量问题时，很多人会说是设备故障、工艺问题、材料质量、工作工具等原因，但是其中往往会忽略人的因素，忽略人的主观能动性。关田法认为，大部分的质量问题是与人有关的问题，是人为质量问题。人为质量管理的重点就是过程中的人为可控、人为可检质量的管理。图2-3所示为人为质量的构造。

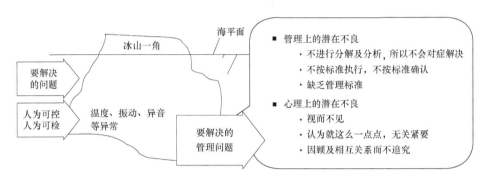

图 2-3　人为质量的构造

由图2-3可以看出，在不良的背后，存在着大量的人为可控、人为可检的问题。这些问题大都是可以发现的，但是如果不及时解决，就会发生质量问题，这也就是人为质量问题。

人为质量问题的更深层次问题是管理上的潜在不良和心理上的潜在不良。

管理上的潜在不良，主要是对发生的问题只从表面现象去处理、解决，并没有从根本上分析解决，更没有把解决的成果落实到管理标准中。因此这样的情况就会反复发生，得不到根本解决。

心理上的潜在不良，存在于管理者和操作者的心理，主要是对工作、对质量的认真、求真态度上。以不良的心理进行管理、操作，就会忽视标准，忽视轻微的问题，结果造成真正不良的产生。

人为质量管理就是要消除人为可控、人为可检的质量问题，进而提高质量的意识，消除管理的潜在不良和心理上的潜在不良。方法就是"3N"（不接受、不制造、不传递）的落地。

2.2.3　人为质量的3N思想

1. 人为质量的思想

产品质量是生产过程中生产出来的，保质、保量是工作的基本。过程质量的保证就是人为质量的管理和改善。

人为质量管理的定义是：

人为可控：严格遵守操作工艺，使质量问题成为可以避免的质量问题。

人为可检：通过对工序过程简单的目视检查，使质量问题成为可以发现的质量问题。

实现过程人为质量管理的方法就是3N，即不接受、不制造、不传递。

不接受：在进入本道工序前，检查上道工序以及用料的质量。

不制造：严格执行本道工序工艺标准要求，保质保量完成工作。

不传递：在传递给下一道工序之前，检查自我工作质量。

3N的实施系统如图2-4所示。

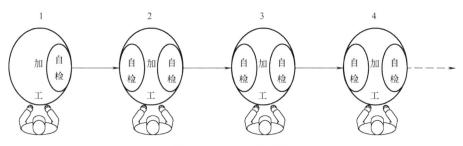

图2-4　3N的实施系统

操作者的主要工作是生产（加工、组装、搬运等），这里的不接受、不传递的检查是操作者的自主目视检查（不需要工具，不需要仪器等）。通过短时间的目视检查，保证不接受、不传递。这就是过程人为质量的3N方法。

这样，使操作者在同一岗位上扮演3种不同的角色：即在生产制造之初，先进入顾客的角色，对前道工序传递的产品按规定检查其是否合格，一旦发现问题则有权拒绝接受传递，使质量问题得以及时发现与纠正，并避免不合格品的继续加工所造成的浪费；在接受了前道工序的合格品后，再回到制造者的角色，在本岗位作业时严格执行作业规范，确保产品的合格率；当完成本岗位工作，向下道工序传递产品时，又处于供应商的角色，必须传递合格产品，否则会被下道工序"顾客"拒收。

由于3N原则使每个操作者都要一身兼"三职"，所以当员工在做"顾客"时，会很认真地使用他的权利，体现对别人的制约；而做制造者时会很尽心，因为他要拿出自己的合格产品；当供应商时又会很负责，因为他要把手中的产品推销给别人。这个循环体现了人处在不同角色时的竞争心理，有效地促进了相互制约机制的形成，进一步提高人的自觉程度。这也是精益以人为本的具体体现。

3N实施的终极目的是3N的意识改善，是关田法人为质量管理的终极落地之处。

(1) 作业者的意识

如果作业者"不接受"目视检查的实施,必须使其彻底理解这一检查的必要性。

必须使大家理解"人,不知何时会犯错,由其他人进行检查,容易发现本人发现不了的问题,引起下道工序的注意,相互协助"。

(2) 管理者的意识

本来,总认为操作者的技能不足、素质不高,其实,是管理的指导不足。在引起重视后,通过现场作业的观察,发现了几个同样的问题,实施了适当的指导后,不良就可以降低。

(3) 责任的意识

1) 人为质量问题的责任到人:什么工位(谁)、发生次数(偶发,常发)?

2) 人为质量问题的量化:什么问题,什么位置,发生次数(偶发,常发)?

2. 关田法的 3N 方法

(1) 3N 方法的构成

3N 方法和制造工艺的关系如图 2-5 所示。

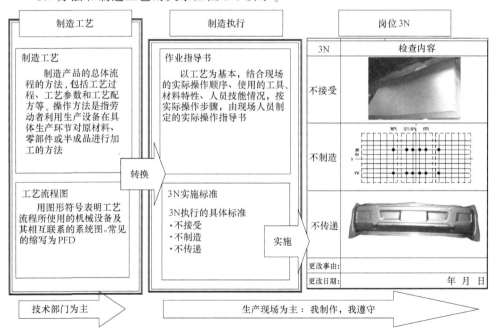

图 2-5 3N 方法和制造工艺的关系

由图 2-5 可知,企业生产要有制造工艺和工艺流程,在此基础上,形成每个工位的作业标准。3N 就是根据每个工位的作业标准和质量要求,综合上道工序和下道工序的工作完成质量,形成工位个性 3N 作业指导书,是人为质量管理改善的核心工具。3N作业指导书见表2-1。

表2-1　3N作业指导书

冲压		3N 作 业 指 导 书		产品件号	2803Y011A0P00
				产品名称	前保险杠本体
车间	冲压车间			工序号	OP10
班组	A1、A2组			工序内容	拉延
3N	检查内容		要求	方法	反应计划
不接受			坯料表面清洁，无滑伤、磕碰桔皮、锈蚀等缺陷	目视	不合格件及时挑出隔离，报质量员或班组长，及时做好3N记录
不制造	OP10 拉延 托钉12根 托高150mm		1. A2（J39-1000）设备，定额4人，光电双按操作 2. 使用托钉12根，托高150mm，具体布置见图 3. 涂拉延油左右两侧各1道 4. 产品周边定位，定位可靠 5. 拉延到位标记显现明显 6. 首件报检查员检查确认后，方可继续生产	目视	发现异常，不符合规定的现象及时报班组长
不传递			1. 产品表面平整光顺 2. 产品无凹陷、凸包、压印、瘪塘、严重有手感拉痕等缺陷	目视	1. 发现缺陷及时记录 2. 能现场返修的，返修合格后传递 3. 无法现场返修的，及时在工件上做好返修记号后进行传递，并报班组长 4. 对处理方式进行记录 5. 将问题及时报班组长
更改事由		审核：		编制：	
更改日期		年　月　日		年　月　日	年　月　日

3N作业指导书的特点是：

1）个性作业指导书。每个工位的作业不同，上下道工序的作业内容也不同，同时关注的质量问题点也不同，所以每个工位的3N作业指导书都是这个工位的个性作业指导书。其中：

① 不接受：是确认前道工序来的产品或来料的质量，没有问题后，再进入本道工序工作。

② 不制造：本道工序严格按照作业标准进行工作，保证本道工序工作质量。

③ 不传递：在传给下道工序之前，检查产品，确认无问题后传递给下道工序。

2）目视确认。在不接受、不传递的检查中，就是通过目视来检查质量状况，这样就可以在很短的时间内完成。

3）检查内容重点化。每个工位要突出主要问题，对重点问题进行检查。例如上道工序经常出的问题，本道工序容易发生的问题。

具体每个工位的个性3N指导书工作流程如图2-6所示。

不接受：检查上道工序质量　不制造：严格执行工艺　不传递：检查自我工作质量

（2）3N管理方法操作步骤

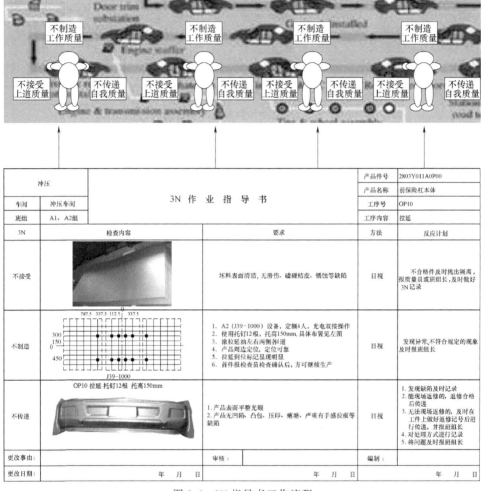

图 2-6 3N 指导书工作流程

1）共有 10 个步骤：

步骤 1：梳理每个工位的质量问题。

步骤 2：汇总人为质量问题。

步骤 3：对人为质量问题分类（不接受、不制造、不传递）。

步骤 4：研究三类质量问题的控制方法（不接受、不制造、不传递）。

步骤 5：制作工位个性 3N 指导书。

步骤 6：制定 3N 管理准则和标准。

步骤 7：制作《3N 执行记录表》。

步骤 8：3N 作业指导书培训及实现现场的可视化管理。

步骤9：制作《3N问题汇总统计分析表》。

步骤10：全面开展、检查实施、持续改善。

2) 步骤展开。

步骤1：梳理每个工位的质量问题。

对每个工位（包括物流、存储），进行全部质量问题的梳理（见表2-2），要求无遗漏。关键词：曾经发生、有可能发生的质量问题。

表2-2 工位工序质量问题梳理

序号	质量问题描述	发生工位	备注
1	手动空调饰板下侧松动	2	
2	左后尾灯Y向高于叶子板	3	
3	前门外窗槽条与钣金Z向离缝	4	
4	后盖内板、水槽处灰粒、飞溅	5	
5	门槛PVC毛刺缺陷	4	
6	前格栅开裂	3	
7	下水管脱落	2	
8	钢圈表面划痕	3	
9	真空管路松	2	
10	换挡拉丝帽松	4	
11	储气筒漏气	5	

步骤2：汇总人为质量问题。

根据人为质量问题的定义进行汇总。例如，孔偏、磕碰伤、变形弯曲、松动、缺失、锈蚀、泄漏等问题，是可以避免的。上道的问题、原材料的问题、工艺水准问题等是可以发现的。工位工序质量定义见表2-3。

表2-3 工位工序质量定义

序号	质量问题描述	发生工位	质量管理分类			备注
			可控	可检	其他	
1	手动空调饰板下侧松动	2	○			
2	左后尾灯Y向高于叶子板	3		○		
3	前门外窗槽条与钣金Z向离缝	4		○		
4	后盖内板、水槽处灰粒、飞溅	5	○			
5	门槛PVC毛刺缺陷	4			○	
6	前格栅开裂	3		○		

步骤3：人为质量问题分类（不接受、不制造、不传递）。

不接受：对于上道转序的产品，对于在本道装配的零件，发现质量问题。

不制造：装配、加工过程中的注意点，关键。

不传递：装配、加工后检查的质量问题。

工位工序质量分类见表2-4。

表2-4 工位工序质量分类

序号	质量问题描述	工位	质量管理分类			人为质量分类			备注
			可控	可检	其他	不接受	不制造	不传递	
1	手动空调饰板下侧松动	2	○			○			
2	左后尾灯Y向高于叶子板	3		○		○			
3	前门外窗槽条与钣金Z向离缝	4		○		○			
4	后盖内板、水槽处灰粒、飞溅	5	○			○			
5	门槛PVC毛刺缺陷	4			○			○	
6	前格栅开裂	3		○			○		
7	下水管脱落	2		○			○		
8	钢圈表面划痕	3		○			○		
9	真空管路松	2	○				○		
10	换挡拉丝帽松	4	○				○		
11	储气筒漏气	5	○				○		

步骤4：研究三类质量问题的控制方法。

三类质量问题即指3N问题，分别为不接受问题、不制造问题、不传递问题。

① 不接受问题和不传递问题要通过以下方法进行控制：

- 目视检查：缺失、磕碰、弯曲、脱落等。
- 声音确认：异常声响、泄漏的声音等。
- 手动确认：松动、转动不灵活、卡住等。

② 不制造问题要通过操作方法进行控制，包括控制操作的重点、操作使用的工具、操作的标准步骤等。

3N问题控制方法见表2-5。

表2-5 3N问题控制方法

序号	质量问题描述	工位	质量管理分类			人为质量分类			控制方法			备注
			可控	可检	其他	不接受	不制造	不传递	不接受	不制造	不传递	
1	手动空调饰板下侧松动	2	○			○			手动确认无松动			

(续)

序号	质量问题描述	工位	质量管理分类			人为质量分类			控制方法			备注
			可控	可检	其他	不接受	不制造	不传递	不接受	不制造	不传递	
2	左后尾灯 Y 向高于叶子板	3		○		○			底边对其装配			
3	前门外窗槽条与钣金 Z 向离缝	4		○		○			确认高低一致			
4	后盖内板、水槽处灰粒、飞溅	5	○			○			检查无飞溅			
5	门槛 PVC 毛刺缺陷	4			○			○			检查毛刺	
6	前格栅开裂	3		○		○					检查开裂	
7	下水管脱落	2		○		○			安装到无松动			
8	钢圈表面划痕	3		○		○			禁止使用金属工具			
9	真空管路松	2	○			○			手动确认无松动			
10	换挡拉丝帽松	4	○			○			手动确认无松动			
11	储气筒漏气	5	○			○			水检泄露			

步骤 5：制作工位个性 3N 指导书。

重点是个性，每个工位都有一个 3N 指导书。个性体现该工位的不接受问题，不制造问题、不传递问题。个性 3N 指导书如图 2-7 所示。

序号	质量问题描述	工位	质量管理分类			人为质量分类			控制方法			备注
			可控	可检	其他	不接受	不制造	不传递	不接受	不制造	不传递	
1	手动空调饰板下侧松动	2	○			○			手动确认无松动			
2	左后尾灯Y向高于叶子板	3		○		○				底边对其装配		
3	前门外窗槽条与钣金Z向离缝	4		○		○			确认高低一致			
4	后盖内板、水槽处灰粒、飞溅	5	○				○		检查无飞溅			
5	门槛PVC毛刺缺陷	4			○						检查毛刺	
6	前格栅开裂	3	○				○				检查开裂	
7	下水管脱落	2	○			○				安装到无松动		
8	钢圈表面划痕	3	○				○			禁止使用金属工具		
9	真空管路松	2	○			○			手动确认无松动			
10	换档拉丝帽松	4	○			○			手动确认无松动			
11	储气筒漏气	5	○						水检泄露			

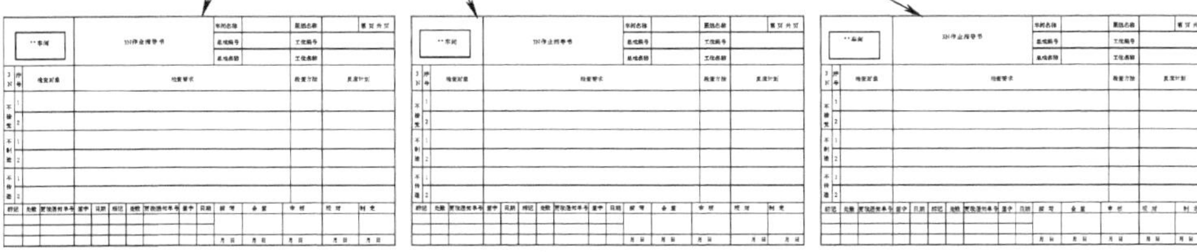

图 2-7 个性 3N 指导书

步骤 6：制定 3N 质量准则和标准。

形成过程质量的人为质量管理标准，见表 2-6。

步骤 7：制作《3N 执行记录表》（见表 2-7）。

对操作者每天发现的不接受、不传递的问题，及时进行记录。正常应该数量很少，所以并不会额外增加操作者的负担。

步骤 8：3N 作业指导书培训，及实现现场的可视化管理。

针对以上标准，在现场进行个性 3N 培训，同时在现场实现工位 3N 标准的可视化管理。

步骤 9：制造《3N 问题汇总统计分析表》（见表 2-8）

对操作者每天发现的不接受、不传递的问题，定期（每周）进行汇总、分析、采取对策。

步骤 10：全面开展、检查实施、持续改善

通过对现场工位 3N 执行情况的检查，制定持续改善的计划，进行管理。《3N 执行情况抽查记录表》见表 2-9。

以上 10 个步骤是实现 3N 的具体实践步骤和方法。我在很多企业进行质量改善指导时，都应用以上的步骤方法，取得了实际效果，提高了产品的合格率，提高了现场的质量意识，提高了全员的质量管理参与意识。这是关键。

表2-6 人为质量管理标准

				3N质量准则				分发号：	
版/次：A/0			ZL009—2009					共2页 第1页	

1. 范围

本准则明确了3N质量管理原则及实施3N的具体要求，旨在进一步强化工序质量的检查和控制，保证装配过程质量。

2. 引用(相关)标准和文件

3. 定义

4. 职责

4.1 质量检验科负责制订3N质量管理的原则及相关的要求，并对实施情况进行监督。

4.2 各车间负责生产过程中装配质量的自检、自控，确保产品合格转序。

5. 管理内容

5.1 3N管理原则：不接受不合格产品、不制造不合格品、不传递不合格品。

5.2 不接受不合格产品

5.2.1 操作工在装配前应对上一道工序的装配质量和本道工序的装配零件进行自检，发现不合格应予记录、标识和处理。

5.2.2 操作工应熟悉上一道工序的装配工艺及质量要求，在本道装配前应按《装配检验卡》或《检验指导书》的规定对上一道工序的装配质量进行互检，发现不合格按以下要求处理：

表2-7 3N执行记录表

		3N执行记录表							
	日期								工位：
	操作员签名								
	问题				数量				备注
不接收									
不制造									
不传递									
其他									填写其他发现的问题
本班结束后	班组长确认：								

表 2-8　3N 问题汇总统计分析表

3N 问题汇总统计分析表

车间：

序号	工序	操作者	发生时间	问题描述	3N 分类			原因分析	4M 分类				改善及预防措施	完成时间	改善效果	备注
					不接受	不制造	不传递		人	设备	材料	方法				
1																
2																
3																
4																
5																
6																
7																
8																
9																
10																
11																
12																
13																
14																
15																

表 2-9 3N 执行情况抽查记录表

编制单位：总装车间　　　　　2***年*月**日

班组	工序号	工序内容	分项检查					检查记录人	闭环情况	是否考核	备注
			3N应知内容	工艺内容	工检具使用	实物质量	3N记录				
主线一组	1700-1	驾驶室右后支撑装配	√	√	√	√	√	***			
	1700-2	驾驶室左后支撑装配	×	√	√	√	√	***	√		新进员工
	1800-1	空滤器装配	√	√	√	√	√	***			
主线二组	Jan-00	进气管装配	√	√	√	×	√	***	√		未自检（松）
	Feb-00	进气软管装配	√	√	√	√	√	***			
主线三组	Jan-00	油箱装配	√	×	√	√	√	***			
	Feb-00	真空筒装配	√	√	√	√	√	***	√		工艺不熟悉
	Jan-00	前围油管装配	√	√	√	√	√	***			
主线四组	Jan-00	右大小灯装配	√	√	√	√	√	***			
	Feb-00	左大小灯装配	√	√	√	√	√	***			

虽然 3N 管理可以解决大部分质量问题，但是却不能完全杜绝质量问题。追求零缺陷在后面还要详细论述。

下面通过具体案例对人为质量的管理改善进行分析研究。

2.2.4 过程人为质量改善关田法的案例研究

1. 案例概要

汽车装配工厂的质量问题改善，以人为质量为主的改善事例。其中，底盘装配线是样板线。

- 目的：优化生产工艺、流程，提高产品质量，最大限度地有效利用质量工具，提升工厂质量管理水平。
- 目标：现状是样板装配区域一次合格率为 85%，目标是三个月提高到 90%，降低返修成本损失。
- 现状：如图 2-8 所示。

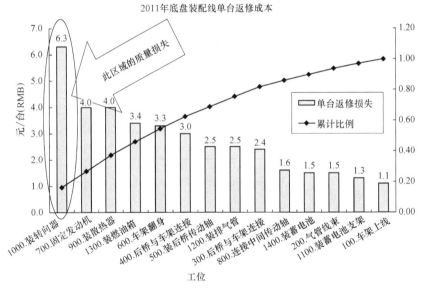

图 2-8 底盘装配线单台返修成本现状

2. 样板区域 QA 矩阵质量缺陷分析

综合统计汇总质量缺陷。有十个数据来源：工厂 AUDIT 审核、下道反馈、工位自检、质量门检验、调整反馈、检测线反馈、终检反馈、质量部门 AUDIT 检验、售后反馈、PDI 反馈。

QA 矩阵分析见表 2-10。

从十个方面，共汇总出 32 处、45 个质量缺陷。对 32 处质量缺陷从优先程度、影响程度两个方面进行评价，如图 2-9 所示。

表 2-10 QA矩阵分析

序号	来源	问题描述	频率 Help A %	频率(*) A R=1:5	材料成本 Help B 人民币/Y	材料成本(**) B R=1:5	人工成本 Help C min	人工成本(**) C R=1:5	重要性 工位	重要性 质量门	重要性 终检	重要性 Audit/TEST/PDI D	重要性 终端客户	优先级 A*(B+C) **A*D
1	AUDIT终检	动力转向器接头漏油	20.0	4	93	2	30	2	1	2	3	4		112
2	PDI终检	动力转向油壶下接头漏油	10.0	3	100	2	30	2			3	4		84
3	AUDIT质量门	动力转向油管干涉,磨损(与车架纵梁飞边)	30.0	4	100	2	30	2		2	3	4		96
4	AUDIT质量门	转向直拉杆开口销装配不规范	30.0	4	5	1	3	1		2		4		48
5	工位质量门	转向器固定螺栓力矩超差	50.0	5	5	1	10	2		2		4		135
6	工位	电瓶火插头线束损坏(被压坏)	5.0	3	10	1	15	2	1		3			9
7	工位	气管气源没劲(达不到扭矩)	30.0	4		1		1	1					8
8	工位	风扳机陈旧	100.0	5		1		1						10
9	工位	工具盒没地方摆放	100.0	5		1		1						0

第2章　精益核心的QCD改善落地

（续）

序号	来源	问题描述	频率 Help A %	频率(*) A R=1:5	材料成本 Help B 人民币/￥	材料成本(**) B R=1:5	人工成本 Help C min	人工成本(**) C R=1:5	重要性 工位	质量门	终检	Audit/TEST/PDI D	终端客户	优先级 A*(B+C) **A*D
10	工位	动力转向器内有残余油	100.0	5	10	1	5	1	1					10
11	工位	转向器油管缺少堵帽,堵帽易脱落	30.0	4	10	1	5	1	1					8
12	工位	转向器来料堆码\磕碰	30.0	4		1	5	1	1					8
13	工位	动转接头漏油（无铜芯,少铜垫片）	5.0	3		1	30	2	1					9
14	工位	非定量加注枪,需要盯住显示屏,易疲劳	100.0	5		1		1	1					10
15	工位	方向机加油设备油管磨损,漏油	50.0	5	100	2	30	2	1					20
16	工位	转向器加油弯腰幅度大,持续时间长	100.0	5		1		1	1					10
17	工位	转向器重,劳动强度大	30.0	4		1		1	1					0
18	工位	转向器固定螺栓不统一,状态整合	100.0	5		1		1	1					10

(续)

序号	来源	问题描述	频率(*) Help A %	频率(*) A R=1:5	材料成本 Help B 人民币/¥	材料成本(**) B R=1:5	人工成本 Help C min	人工成本(**) C R=1:5	重要性 工位	重要性 质量门	重要性 终检	重要性 Audit/TEST/PDI D	重要性 终端客户	优先级 A*(B+C) *A*D
19	工位	转向器右上一个螺栓不好拧/复紧	10.0	3		1	5	1	1	2	3	4	5	6
20	工位	转向器装配缺少并紧扳手	100.0	5		1		1	1					0
21	AUDIT	动转油管与发动机干涉	30.0	4		1	20	2				4		48
22	AUDIT	动转油管与熄火拉丝支架干涉	30.0	4		1	20	2				4		48
23	AUDIT	动转油管与水箱撑杆干涉	30.0	4		1	20	2		2		4		24
24	AUDIT	动转油管与交叉支架	20.0	4		1	20	2		2		4		48
25	AUDIT	动转油管固定支架	10.0	3		1	20	2		2				18
26	AUDIT	方向机加油螺塞松\渗油	5.0	3		1	20	2			3			27
27	质量门	转向器固定螺栓少色标	10.0	3		1	5	1		2				12
28	质量门	直拉杆固定少色标	10.0	3		1	5	1		2				12

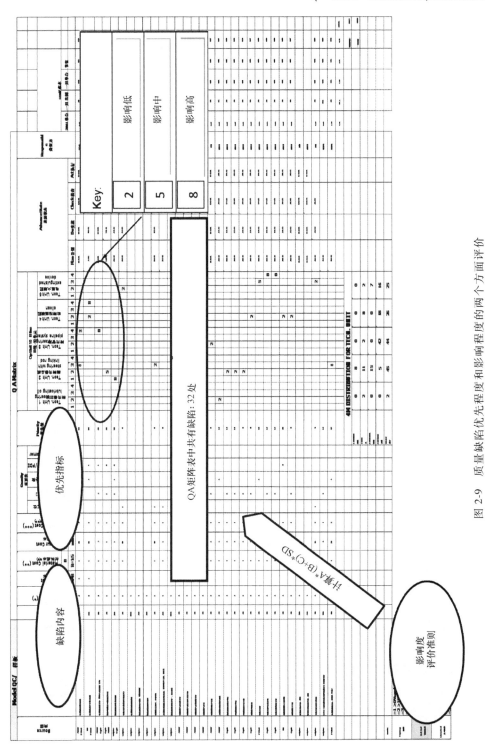

图 2-9　质量缺陷优先程度和影响程度的两个方面评价

3. 质量缺陷分类分析

对QA矩阵中的32处缺陷进行分类分析，结果如图2-10所示。

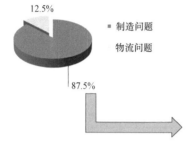
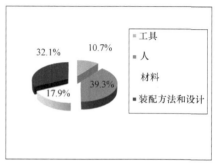

图2-10　缺陷分类分析

在32处质量缺陷中，有28处是制造过程中产生的问题，占比87.5%；有4处是物流过程中产生的问题，占比12.5%。

另外，从关田法的角度分类分析生产过程中的质量问题，其原因包括：

人的原因：11处，占比39.3%，数量最多，都是人为可控、人为可检的质量问题。

方法原因：9处，占比32.1%，数量其次，其中有一部分也是人的操作方法问题。

材料原因：5处，占比17.9%。

工具原因：3处，占比10.7%。

总体来看，人的操作问题约占40%，在方法和工具的原因中，有一些是人为可控问题，在材料原因中，有一些是人为可检问题。所以，在总体32处问题中，大部分是属于关田法定义的人为质量问题，即人为可控和人为可检质量问题。

4. 个性质量缺陷分类分析

针对以上32处质量问题，和操作工人共同讨论、分析每个问题发生的原因，并现场确认操作工人的操作质量，然后形成个性的3N操作标准，再将其落实到每项工作中，同时进行培训、实施、确认结果。具体流程如图2-11所示。

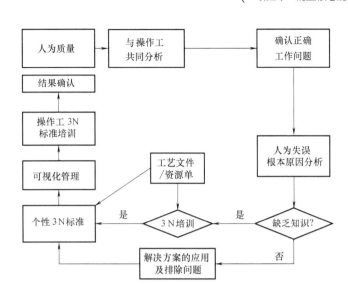

图 2-11　现场确认操作员工的操作质量

其中，和操作工人一起分析质量缺陷发生原因时，应用表 2-11 所示工具，切合实际地对现场的实际情况分步骤进行分析。

表 2-11　分析质量缺陷发生原因的工具—《人为质量分析表》

5.《3N作业指导书》的制定和实施

最终，根据分析的结果，制定出该工位的个性3N作业指导书，并加以实施，如图2-12所示。

3N作业指导书					车间名称	班组名称	装配六组	第1页 共1页
					总成编号	工位编号		63
第一总装厂		照片		2011年	总成名称	工位名称	保险杠装配（左）	
3N	序号	检查对象	照片	检查要求	检查方法		反应计划	
不接受	1	保险杠总成		保险杠外观无划伤、掉漆及裂纹现象	目测		拒收 报告班组长	
	2	保险杠合成		1. 保险杠固定支架无松动 2. 保险杠上雾灯固定无松动	目测		拒收 报告班组长	
不制造	1	工具工装		SP2860风动工具、10×12开口扳手、铜榔头	目测		及时更换	
	2	执行工艺		将合成好的保险杠装配到前保险杠左右支架上，并先预紧。如左右间隙不均，应适当在间隙小的一边加平垫圈调整；如有前倾现象，应在保险杠支架下面的两个固定位置加平垫圈予以调整	操作			
不传递	1	离合器油管		离合器油管无泄露，螺纹连接处要有色标	目测		记录随车卡 并报告班组长	
	2	洗涤壶水管		水管无泄露，无松脱	目测		记录随车卡 并报告班组长	

图2-12　3N作业指导书

在实施过程中，应定期或不定期地对整个实施过程进行指导和确认。表2-12是《过程质量检查培训表》，帮助发现问题，持续改善。

表2-12　过程质量检查培训表

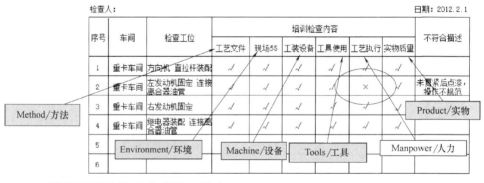

6. 样板区域总体改善成果（见表2-13）

总体32处45个问题，通过3N人为质量管理的实施，大部分得到了解决。人为问题从11处降到2处，同时通过不接受、不传递，还发现了许多材料、前道工序等的问题，最终问题总数从45个降低到10个。其他前后道工序也采用同样的方法，解决了大部分质量问题。

表2-13 样板区域总体改善成果

之前	工序1 转向器加油				工序2 装转向器总成				工序3 转向管路				工序4 动转油壶装配				工序5 电熄火装配				合计
	1	2	3	4	1	2	3	4	1	2	3	4	1	2	3	4	1	2	3	4	
4M①数据分布																					
1-Machine/设备	0				8				0				0				0				8
2-Man/人	2				11				2				8				2				25
3-Material/料	0				18				0				0				7				25
4-Method/方法	0				8				42				18				16				84
	2				45				44				26				25				142

之前	工序1 转向器加油				工序2 装转向器总成				工序3 转向管路				工序4 动转油壶装配				工序5 电熄火装配				合计
	1	2	3	4	1	2	3	4	1	2	3	4	1	2	3	4	1	2	3	4	
4M数据分布																					
1-Machine/设备	0				0				0				0				0				0
2-Man/人	0				2				0				0				2				4
3-Material/材料	0				8				0				0				6				14
4-Method/方法	0				0				11				4				0				15
合计	0				10				11				4				8				33

① 4M是指Machine（设备）、Man（人）、Material（材料）、Method（方法）。

可以看出，人为质量的消除，提高了装配一次合格率。同时也降低了质量问题处理的成本。原来第一位的质量问题，降至了第九位。下一步，持续对多发质量问题进行持续改善，如图2-13所示。

7. 人为质量管理汇总

质量管理虽然有很多科学的方法，但无论哪种方法都是人来应用、执行的，所以如果人没有强烈的质量保证意识，那么任何好的方法都是无效的。3N是过程质量控制的有效方法，同时也是提高人的质量意识的有效方法。这种方法的实施，关键要从下面两个方面入手：

- 责任到人。
- 定量管理。

这是过程质量管理的方法，也是过程质量管理的文化，是以人为本的质量

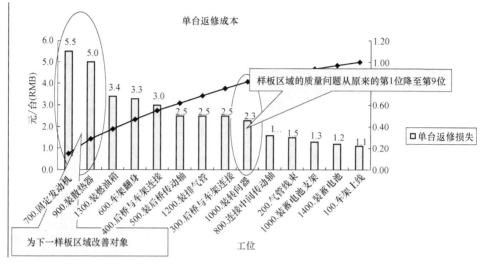

图 2-13 样板区域改善前后状况

管理。

2.2.5 质量的源流管理

1. 质量源流管理的核心

过程质量中的人为因素占主要原因。质量问题要在生产过程中进行控制，虽然人为质量的 3N 管理能够解决其中大部分问题，但是还做不到零缺陷。要想实现零缺陷，就要从质量问题的源头来控制，进行质量管理。

丰田人最先提出了过程质量的源流管理。

质量源流管理的出发点是零缺陷。以往的检查都是基于概率论的思路，看合格率为百分之多少，这种质量管理，在管理上就是允许不良发生的。因此，检查只能减少不良流出，解决不了质量问题，也减少不了质量问题。由此可见，不良为零不是检查出来的。

丰田人提出，在质量问题的发生源流解决问题，才能实现零不良，保证 100% 的合格品，才是最好的质量管理。

2. 源流管理的内容

源流管理的内容有三个：顺次点检系统 SUC（Successive Check System）、防错（POKAYOKE）、信息检查系统 IIS（Informative Inspection System）。

其中顺次点检系统 SUC 就是上面论述的 3N 人为质量管理和改善，不接受、不制造、不传递。

（1）防错

防错的出发点是不良为零，这也是新乡重夫先生在丰田的成功经验。新乡重夫先生总结了在丰田汽车时的指导经验，出版了《源流检查和防错系统》一书，如图 2-14 所示。

防错解决的问题有：

1）不需要特殊的注意力：具有即使有人为疏忽也不会发生错误的构造。

2）不需要特殊的经验：具有外行人来做也不会错的构造。

3）不需要高度的技能：具有不管是谁或在何时工作都不会出差错的构造。

例如常见的手机 SIM 卡，有一个缺角，这种有特殊的设计就是防错缺口，如果使用者插反了，就插不下去。这种设计可以防止因误操作将 SIM 卡插反。

图 2-14 《源流检查和防错系统》一书

防错是精益生产的一个重要组成部分，现在已经成为世界标准。

之所以会产生人为疏忽的原因，关田法的防错思想认为，是由于个人原因造成的人为质量问题，包括：

1）技能问题：知识+经验+熟练。

2）性格问题：比如，有的人具有容易发生交通事故的性格，有的人的性格则相反，这些性格当然也都会反映在工作中。

3）生理问题：比如，有的人具有身体和精神上的疲劳。

4）感情问题：感情不安定时，会产生不理性的动作。

5）责任心问题：没有认真负责的工作态度，是管理问题造成的人为质量问题。

6）执行标准不明确：例如装配后需要检查，但是检查什么，怎么检查？如果没有标准，就会造成靠经验执行。

7）不执行标准：标准和实际有差距（SOS 的符合率），但却强调理由不执行标准。

8）管理的本位主义：管理者"我们只负责装，零件好坏是供应商问题"。操作者："我只负责我的工序，这个问题是上道发生的"。

9）工作环境的不合理：包括时间安排、温度、照度、湿度、噪声，等等。

通过 3N 可以提高每个人的质量意识。

通过防错可以很好地控制 3N 以外的或人为的疏忽问题。

（2）信息检查系统 IIS

检查是新乡重夫先生提出的又一质量管理观点。在他所著的《工厂改善的原点志向》一书（图 2-15）中，是这样阐述的质量管理的检查："检查并不能减少不良，质量检查目的是为了发现不良，这是错误的。"新乡重夫先生认为，检查要以不良为零为前提,要发现质量问题的倾向,要防患于未然。

所以,这种检查不应该是以发现不良品为目的的检查,而应该是预防质量问题的检查。即使没有出现不良,从当前的信息状态中也可以预测可能出现的问题和倾向,就可以事先采取对策,防患未然。例如,工序能力 CP 值的分析、管理图的分析等,主要是质量检查和管理职能。质量部门的职责是防患于未然,制造部门的职责是保证质量的符合。

丰田人结合新乡重夫先生预防质量检查的理论,提出了信息检查,指出质量检查管理是以预防为主,不是鉴别好坏。

图 2-15 《工厂改善的原点志向》一书

3. 质量源流管理零缺陷

在 3N 的方法中,通过顺次点检系统 SUC,可保证工作中每个过程的产品质量、工作质量,提高人的质量意识,强化过程质量管理。

通过防错,防止因人为疏忽、管理疏忽而造成的质量问题,追求不良为零。

通过信息检查系统 IIS,评估过程质量管理能力和风险,提前采取质量对策,防患于未然。

这样的质量源流管理,使丰田生产系统保证了生产过程的质量,缺陷为零。

通过生产过程的源流管理,充分提高了人的质量意识,实现了以人为本的质量管理,实现了零缺陷的质量管理。在此基础上,进一步通过现场的 5S 管理、可视化管理和现场的三现主义,从而实现源流质量管理。

由此可见,零缺陷不是理想,是现实,是可以实现的。

图 2-16 所示为质量源流管理零缺陷的构成。

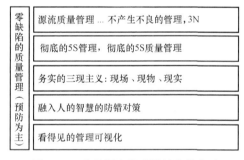

图 2-16 质量源流管理零缺陷的构成

2.2.6 零缺陷的质量战略经营

到现在为止,主要谈的质量问题是制造阶段的质量。而产品是包括设计、生产、消费几个过程的,这些过程毫无疑问,也要体现质量的保证。只有整个过程实现了高质量,才能保证我们需要的真正质量。产品全过程的质量,要根据产品所在的各个过程、对产品品质的要求条件进行考虑，产品品质的确定是质量战略经营的核心内容，可以分成以下 3 个阶段。

1）设计品质。

设计阶段的要求条件，包括产品规格、性能、外观等，顾客希望的是什么，真正的品质特性是什么，其代用特性如何设计，这些称为"设计品质"或"企划品质"。从企业角度看，是顾客乐意购买的品质，也称"目的的品质"。此品质应该是基于销售的、由设计部门和技术部门等探讨的品质。

2）制造品质。

制造阶段是实现设计质量的过程。在保证设计质量的前提下，制造过程特有的质量有两个，一个是一致性，每个产品的外观都是完全一致的，包括尺寸、颜色、形状，等等；另一个是每个产品的感觉的一致性，即色彩、光泽、光洁程度、凸凹度、重量、摩擦力、声音、口味、气味，等等。这是一个非常重要的指标，也是非常容易被忽视的指标。它体现了产品的保证能力和管理能力。

3）服务品质。

销售、维修、咨询等过程的顾客体验，问题处理的时间、方便性，等等，都是一种品质，被称为"服务品质"。这是顾客在产品使用时的品质保证、售后服务好坏的问题。以上 3 个阶段如图 2-17 所示。

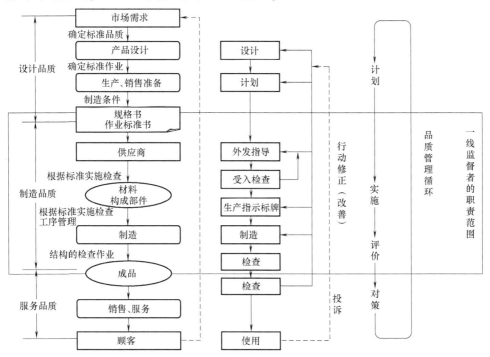

图 2-17　产品品质的 3 个阶段和管理概念

如果质量问题是因为先天不足而引起的，那就是设计的问题。精益的设计，是在设计阶段就充分考虑了产品的质量问题，通过设计得以规避。

雷克萨斯车在设计阶段，就考虑了减少风阻造成的噪声和震动，并以奔驰和宝马进行对标，目标是超过这两个厂家的相应指标。最终，在车身设计上，既拥有市场欢迎的外形，也成功地减少了风阻造成的噪声和震动，该指标超过了奔驰和宝马。有许多人不知道，其实这里成功地应用了田口法（TAGUCHI METHOD）。

田口法是田口玄一先生发明和创造的质量工学，对现在日本的质量起到了非常巨大的作用。该方法就是在设计阶段，通过设计规避产品的质量问题。其最大的特色是：零件、材料在制造阶段发生的品质问题和离散问题在设计阶段得到了排除，同时也考虑了商品对使用的物理环境的对应能力。

1982年该方法被美国学术界命名为TAGUCHI METHOD，并且在全球得以广泛应用。

1997年该方法得到"美国汽车行业殿堂奖"，是质量的最高荣誉奖。

在设计、制造、服务的整个过程中，质量地追求目标是魅力质量，如图2-18所示。

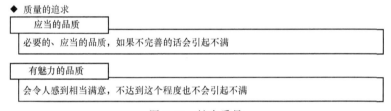

图 2-18　魅力质量

对这个全过程的管理如图2-19所示。

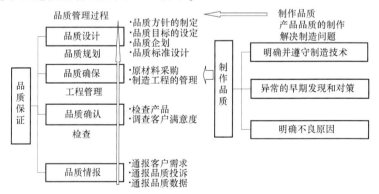

图 2-19　全过程的质量管理

从产品的全过程进行质量管理，才能实现真正的高质量，零缺陷。而这一高质量，零缺陷的管理，最终要形成组织的质量文化，零缺陷的质量文化。

2.2.7 零缺陷的企业质量文化

丰田人认为,不从根本上保证质量,则不可能全面地实施精益生产。准时化生产的重要前提是具备生产没有缺陷产品的能力。持续改进消除生产系统中潜在和已经暴露的各种影响准时化生产的问题。强化人们的风险意识和质量意识。形成自上而下的零缺陷质量企业文化。

关田法汇总了零缺陷企业文化框架,如图2-20所示。

图2-20 零缺陷企业文化框架

1. 以顾客为中心、以人为本

以顾客为关注焦点。企业不仅要向顾客提供产品与服务,而且要洞悉顾客的思想与要求,要时刻关注顾客的需求,并紧紧围绕顾客的需求开发产品、组织生产。精益生产方式对外能紧跟生产市场需要,能根据顾客的需求快捷地开发出顾客需求的产品,并凭借其优异的产品质量和优质的服务满足市场多样化的需要,使企业在市场竞争中表现出强大的灵活性和适应性,体现出用户至上的宗旨,从而让顾客满意;对内重视内部顾客需求,强调下道工序是上道工序的顾客,要求上道工序向下道工序提供100%的合格产品,这是标准化生产的重要前提,体现的是一种强制性的约束机制。

2. 以人为本、质量第一

以人为本、全员参与,强调人相对于组织的重要程度。人是组织之本,在现代强调无边界合作的情形下,缺乏全员参与就无法实现"质量第一"的理念。精益生产方式的企业始终坚持"质量第一、质量优先"的方针。精益企业规定,生产线上的任何工人在生产线出现问题时,都有权使生产线停下来等,问题解决后再恢复生产。这一规定,使质量问题在产生之初就得以消除成为可能。工人在识别问题、查找原因、解决问题方面不断积累经验,问题就会越来越少,生产线也就越来越不易停止，而且下线的产品质量也得到了保证。同时随着无效劳动和消耗的不断降低，质量成本也将大幅度降低。产品高质量带来良好的企业形象和较高的市场占有率，使付出的成本得到补偿，结果是质量、成本和产量三者达到整体优化，为企业带来可观的经济效益。

3. 以"零缺陷"为目标

"零缺陷"与"质量免费"是一种先进的现代质量管理理念，"第一次就把事情做对"已成为世界众多先进企业所追求的质量目标理念。精益生产方式认为，高质量应从设计开始，质量控制要从源头开始，只有进行全过程的质量控制，杜绝质量问题产生，才有可能实现"零缺陷"的目标，体现质量免费的真谛。精益生产方式不满足任何水平的质量，追求质量的尽善尽美、精益求精，把零缺陷作为奋斗目标，把持续改进作为实现零缺陷的根本途径。

4. 以"保证质量"为工作准则

"杜绝浪费、彻底降低成本"已成为人类生产活动中一种客观趋势，是现代企业质量管理理念之一，也是众多成功企业日益追求的目标。事实上，生产过程中零部件在制品储备量的减少使得前后加工工序之间的衔接更直接、更紧密。这就迫使每一位作业人员必须集中精力，增强注意力，确保产品质量。结果使作业人员的责任心和责任感都增强了，使"人人注重质量"成了一种必然和必须。这种以"减少库存、发现问题、改善现场、提高质量、降低成本"为周期的往复循环，是企业提高效益、增加利润、实现经营战略的一块重要基石。

5. 卓越的现场"5S"管理

5S活动的目标就是为员工创造一个整洁、舒适、干净、合理的工作场所和办公现场，该活动起于日本，现已成为全球各行各业竞相采用的现代现场质量管理理念之一。5S活动的核心和精髓是素养，如果没有员工队伍素养的提高，5S活动就难以开展和坚持下去。5S倡导者认为：保持工厂干净整洁，物品摆放明了有序、能最大程度地提高工作效益和员工的工作积极性，让员工工作更舒畅、更安全，可将资源浪费降到最低点，提高工作效率。也就是说，通过彻底贯彻5S，可以高质量、低成本、迅速而且安全地供应顾客所希望的物品。

6. 自主改善的企业质量文化

优秀的企业质量文化是企业文化的核心，它体现了企业员工的思想观念，决定着企业员工的思维方式和行为方式。从某种意义上讲，企业竞争的核心是企业文化的竞争，是企业质量文化的竞争。现代质量管理理念最基本的要求就是通过持续不断的培训，来不断地提高全体员工的整体素质。精益生产企业特别强调员工的素质教育以及能力培训，丰田公司把企业的教育培训作为公司人事管理工作的重要内容。通过有计划地实施企业教育，丰田努力把公司各个层次的工作人员都培养成具有独立工作能力、充满干劲和独特风格的丰田式人才。

2.2.8 日本质量管理的借鉴

日本质量的大事记如下：

1949年开始设立由企业、大学和政府人员构成的质量管理研究小组，并定期开办质量管理基础课程，将小组的成果传达给产业界。

1951年创设的戴明奖开始了日本质量管理的改革。经过20年的努力实施和贯彻，日本的产品走上了持续改进的道路。

1962年5月，第一个QC小组在JUSE注册，到90年代中期，共产生了约40万个QC小组，注册参与者超过300万人。

1970年它又创设了日本质量管理奖，评奖条件实际上提出了质量强国的目标。经过大约15年的努力和拼搏，日本人把"日本造"打造成世界名牌的象征。

1980年6月美国NBC播放了纪录片《日本能，我们为什么不能？》而引发强烈反响，从此美国公司开始利用各种质量管理理念和方法去改善产品竞争力。

1995年，日本发布了《TQM宣言》，标志着世界质量管理进入到一个新的阶段。

许多人认为："日本之所以能够后来发展成为超级经济强国同它的优质产品密不可分。"无论从广度还是深度上讲，20世纪日本的质量管理活动都是一个典范。

日本从20世纪60年代初开始，将质量管理的概念拓展为全公司质量管理（TQM），突出人的质量管理，突出过程的质量管理。

伴随着TQM活动的深入，人们日益认识到一线工人的重要性：没有这些工人的日常努力，就不可能实现所制造产品的符合性质量。具有创造性的质量组织QC小组（又称为品管圈）诞生了。QC小组组长由工人担任，并建立自主管理体系；小组选择的课题不仅包括减小缺陷、提高生产率、降低制造和检验成本，而且还包括设备维修、生产计划和其他方面的改进。

丰田汽车凭借其卓越的质量大量进入美国市场，并加剧了美国的质量危机，美国NBC甚至于1980年6月播放了纪录片《日本能，我们为什么不能？》而引发强烈反响，从此美国公司开始利用各种质量管理理念和方法去改善产品竞争力，包括重视戴明、朱兰等在日本成功的本土质量专家的意见，并在20世纪末在质量管理方面取得了一定程度的成绩。

丰田汽车对来源于美国的质量管理方法进行了发展创新，首创了QC团队质量改进方法、5S现场管理以及TPM全面生产维护、QFD质量功能展开和JIT丰田生产方式等，成功地应用了田口质量工学，普遍用于质量改进和质量控制，使质量管理涵盖了大量新的内容。质量管理的手段不局限于数理统计，而是全面地运用各种管理技术和方法，落实在现场，其核心是以人为本，以零缺陷为目标。

日本的质量管理特征是以现场为核心，以人的QC活动为动力，全员质量管理。

2.2.9 关田法的质量落地哲学汇总

1）质量的过程管理改善要从现场的人为质量的改善入手，方法是关田法的3N十步骤。

2）质量的系统管理就是要进行源流管理，就是追求零缺陷，防患于未然。

3）质量经营就是要关注设计质量、过程质量、服务质量，其中，设计质量是质量经营的关键。

4）质量文化就是以人为本的零缺陷质量文化，是保证质量的根基，是企业经营的根基。

5）质量就是品质。

6）产品的质量不仅仅是产品本身的课题，也反映了围绕产品的一系列因素的品质。

7）产品的质量，反映了组织的品质，组织的经营品质、管理品质和团队品质。

8）产品的质量，就反映了人的品质，反映了生产、管理、服务人的品质，这品质就是人的品德、品味、品行。

9）产品的质量，也反映了国家的品质。我们不但要有高速度的发展，更要有高质量的发展。这一国家战略，就是提高中国的国家品质战略。

所以，质量就是企业的品质，质量就是人的人品，质量就是国家的国力。

2.3 成本的现场改善落地

2.3.1 成本改善的常识

在企业做精益改善指导时，我经常会引用一些日本的生活经验。在日本，一般买台家用车是三个月的工资，买套住房是五年的年收入。这个三个月与五年指的是一般工薪阶层的收入，日本人平均年收入为500万日元左右。例如丰田的家用车花冠汽车，在日本基本型价格是75万日元左右，是3个月工资的价格。这是如何做到的？核心当然是通过彻底消除浪费实现的。

精益生产的思想就是：彻底消除一切浪费。这一点，丰田做到了极致。这极致也体现在商品的成本上。

价格是市场、客户决定的,而成本是自己决定的。精益生产就是在成本上进行了彻底消除浪费的彻底的改善,得以赢得市场,赢得客户。

我从事的有关一些成本方面的改善指导,大都是生产阶段的成本改善指导,其中也总结了一些经验和方法汇总到关田法中。根据我的这些工作经验和案例,下面重点阐述生产阶段的降本改善落地。

2.3.2 生产成本的要素和改善

1. 生产成本三要素

生产成本三要素为:材料费、劳务费、经费,见表2-14。

表2-14 生产成本三要素

成本	内容	比例
材料费	生产产品所需要的原材料、工具、工装等	约占成本70%
劳务费	用于人力方面的成本,包括工资、奖金、劳保、福利等	约占成本10%
经费	包括折旧费、专利费、动力等	约占成本20%

2. 生产成本三要素的四个区分

1)直接和间接的区分。

生产成本三要素,有些是直接用于生产的,例如工人、生产设备、原料等;有些是间接用于生产的,例如技术人员、分析测量用的仪器、设备的维护保养费用等。

2)变动和固定的区分。

生产成本三要素有些是与产品的生产数量有关的,例如工人的投入时间、材料的投入数量、设备的开动时间等是变动发生的成本;而有些是与产品数量没有关系的,例如办公人员的固定工资、设备固定折旧费,是即使没有进行任何生产,也会发生的固定费用。

根据以上的区分,生产三要素可以分成四个分类,如图2-21所示。

3. 成本改善关田法核心

变动成本是直接创造价值的成本,是可以看得见的成本,所以也是我们改善的重点。固定成本是不直接创造价值的成本,即使企业不生产,也会发生的成本。固定成本的增加,会直接增加成本的压力,这种压力就会直接反映到产品的价格上。

关田法成本改善的策略是,以直接变动成本为切入点,带动其他成本的优化。

从生产的环节降低成本,主要从以下方面入手,如图2-22所示。

下面通过具体成本改善实施案例,阐述现场成本的改善落地。

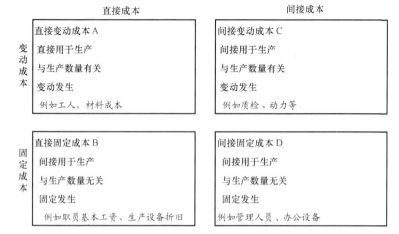

图 2-21 生产成本三要素的四个区分

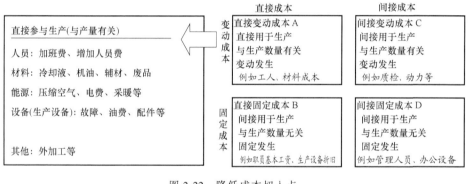

图 2-22 降低成本切入点

2.3.3 现场成本改善落地案例研究

能源成本是比较高的成本。在汽车行业，涂装环节、冲压环节都是用电大户。还有厂房的照明、采暖、通风也是电能消耗的主要原因。这些都可以从管理上得到一定程度的改善。

1. 能源降本改善案例研究

能源主要包括油、气、水、电，利用这些能源开动设备、生产、照明、零件清洗、工艺加温等。其成本是经费的主要成本，是降低成本的重点关注对象之一。我们对某生产企业降低生产成本10%的改善活动进行事例研究。

（1）企业的现场成本问题

随着产品类型的日益增加，该企业近两年新增设备64台，新增总功率1353kW，且产品类型较多，更换、调试时间与以往相比加长，造成无效的能源浪费，能源单耗（每个产品的耗能数量）面临较大难题。经过分析，突出的问题集中在压铸、热处理设备用能及分公司蒸汽消耗上。近三年电、蒸汽能源消耗情况推移见表2-15。

表2-15　某企业近三年电、蒸汽能源消耗情况推移

	产量/台	单耗/(元/台)	电能源消耗/(元/台)	蒸汽能源消耗/(元/台)	新增设备/台	新增功率/kW	备　注
20＊＊年	42699	184.5	133	27.59	22	316	
20＊＊年+1	42700	209.2	152	26.95	31	652.96	8~12月新进设备9台,主要是箱式多用炉、压淬线等功率611kW
20＊＊年+2	43900	192.2	136	14.66	33	700.2	铝合金熔化炉等

单耗在20＊＊年+2年经过了多方改善，有所降低，但仍有很多浪费，本年度根据成本优化的计划，继续持续降低单耗10%。对此现状首先进行了能源消耗的问题分析。

（2）能源消耗的问题分析

分析如图2-23所示。

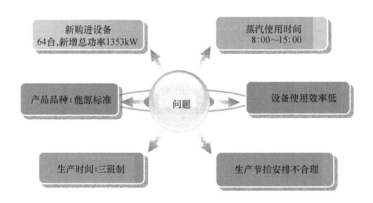

图2-23　能源消耗的问题分析

能源消耗的主要原因有六个方面：
1) 新增设备造成的能耗增加。
2) 各个品种的能源使用标准问题。
3) 三班制的生产、连续运转，生产时间的优化问题。
4) 蒸汽的使用时间问题。
5) 设备的使用效率。

6）生产节拍的合理安排。

从这 6 个方面考虑研究改善对策。

（3）能源消耗的问题改善对策

1）蒸汽用量改善

现状：蒸汽利用不连续，产生蒸汽的浪费。

考虑如何改善，以便进行集中生产，从而减少蒸汽的供应时间。

对蒸汽设备进行了工艺改善，提高了通用性，使用的设备从 7 台减少到了 4 台。

2）电力使用改善

① 集中生产。压铸生产单元耗电大户熔铝炉更新，且合理安排生产，生产一月，休息一月。热处理通过工位器具改进及生产合理安排：隔月交替停一台多用炉使用。

② 生产计划改善。优化生产时间：生产单元下半年取消三班生产，且逐步减少周末生产加班。

③ 照明采暖改善。车间、库房照明：手动开关改换为以光控开关为主、手动控制为辅，各单元落实责任人。空调使用改善：每年 3～5 月、9～11 月停用空调，其他时间按公司规定使用。

改善对策汇总如图 2-24 所示。

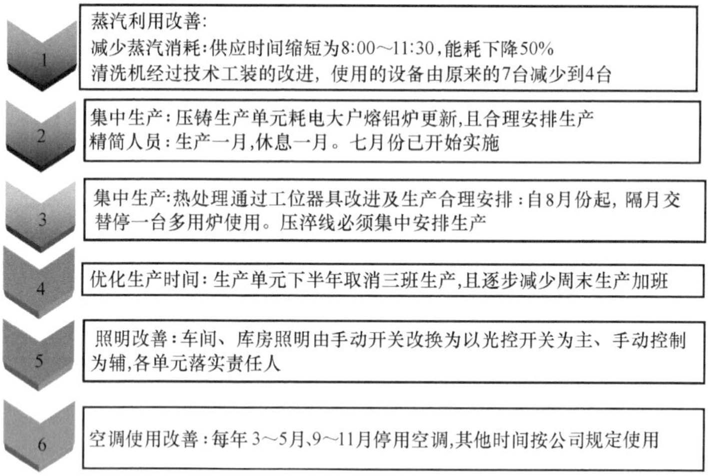

 蒸汽利用改善：
减少蒸汽消耗：供应时间缩短为8:00～11:30，能耗下降50%
清洗机经过技术工装的改进，使用的设备由原来的7台减少到4台

 集中生产：压铸生产单元耗电大户熔铝炉更新，且合理安排生产
精简人员：生产一月，休息一月。七月份已开始实施

 集中生产：热处理通过工位器具改进及生产合理安排：自8月份起，隔月交替停一台多用炉使用。压淬线必须集中安排生产

 优化生产时间：生产单元下半年取消三班生产，且逐步减少周末生产加班

 照明改善：车间、库房照明由手动开关改换为以光控开关为主、手动控制为辅，各单元落实责任人

 空调使用改善：每年3～5月、9～11月停用空调，其他时间按公司规定使用

图 2-24　改善对策汇总

（4）改善对策的实施

针对以上的改善对策，进行了具体实施。

蒸汽降本如图 2-25 所示。

图 2-25 蒸汽降本实施

用电的改善如图 2-26 所示。

图 2-26 用电的改善实施

同时,对设备的能源使用也进行了优化,如图 2-27 和图 2-28 所示。

图 2-27 设备的能源使用优化改善实施

设备操作调整：

更新后的熔化炉和转运包从早4:00～晚11:00一直开启，熔化炉每小时耗气33度，烘转运包每小时耗气4度。

鉴于此种情况，经现场多次试验，决定熔化炉在熔化的铝水温度达到660℃就关闭熔化系统，等到要出水前20～30min再打开熔化系统升温至680～700℃之间出水。中餐和晚餐时间都要关闭熔化系统。转运包除出第一包水前要烘1h外，其余都在出水前15min进行烘包，改变了从上班到下班都加热工作。

生产节拍安排：

根据现使用天然气熔铝炉、压铸机产能等分析，不仅可精简去毛刺人员3个，操作工2个，满足生产需求，且通过调整生产节拍，可使现有设备开一月，停一月，进行间歇式生产。

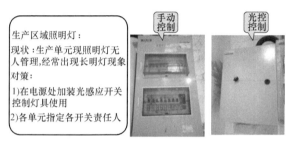

图 2-28 设备操作调整与生产节拍安排优化改善实施

厂区的大量照明是用电的又一个大户，其中管理上存在许多浪费，对此进行了照明用电管理改善，如图 2-29 所示。

生产区域照明灯：

现状：生产单元现照明灯无人管理，经常出现长明灯现象

对策：

1)在电源处加装光感应开关控制灯具使用

2)各单元指定各开关责任人

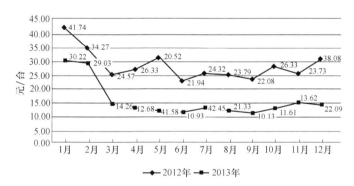

图 2-29 照明用电管理改善实施

(5) 改善对策效果

改善是一个持续的过程，要对过程的能源变化进行监控，验证改善成果。2012 年和 2013 年蒸汽单耗和电耗对比分别如图 2-30 和图 2-31 所示。

图 2-30 2012 年和 2013 年蒸汽单耗对比

从图 2-30 可以看出，蒸汽从 3 月 1 日开始实施降本以来，单耗费用 2013 年比 2012 年同期明显下降，预计当年可下降 50%，约每年节约 45.9 万元；从图 2-31可以看出，电单耗平均下降 10%以上，约每年可节约 50 万元；人员降本

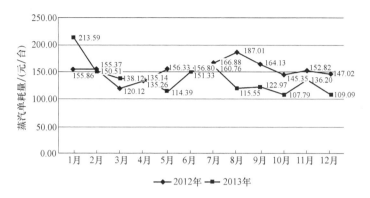

图 2-31 2012 年和 2013 年电消耗对比

35 万元。

（6）改善对策的后续持续改善

在改善取得初步成果的基础上，应进一步扩大改善成果，明确持续改善内容。具体如图 2-32 所示。

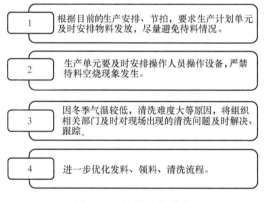

图 2-32 持续改善内容

（7）能源成本改善经验

生产能源的成本改善主要从两个方面进行。

1）设备开动的连续性。要考虑使用的连续性，防止间断，才能有效利用资源。

2）产品投入的连续性和合理节拍。应减少设备的空转。

3）再进一步考虑能源的使用量。例如用水的清洗工作，要考虑最佳的用水量，蒸汽，压缩空气要考虑泄露；照明要考虑尽量使用工位照明，尽可能减少广域照明。

如果连续集中生产，有可能造成在制品的增加。所以要权衡连续生产和在制数量的关系，进行能源成本的改善。

2. 现场材料降本改善案例研究

生产过程中的工具、工装、工位器具等，都是成本的构成。这些器具的使用量、使用寿命、使用品种都直接影响成本的大小，是经费的主要成本，也是降低成本的重点关注对象之一，见图2-22。

下面我们对某个生产单元降低生产工具成本的改善活动进行事例研究。

（1）课题背景

对于A公司而言，工具费用占制造费用总成本的18%，约1000万。本年度降低生产成本的目标为10%，意味着仅工具费用一项，将节约成本100万以上，因此，选择"工具费用降本"作为A公司降本活动的一个重要项目。

近年来，持续进行了工具成本的改善活动，每年都有一定的工具成本减少，2005—2012年产量与工具单耗对比图如图2-33所示。

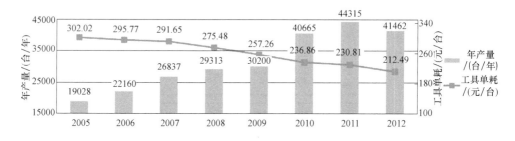

图2-33　2005—2012年产量与工具单耗对比图

（2）工具成本问题的分析和对策

问题一：进口刀具占多数，其采购、维护成本高。

问题二：新产品部分毛坯硬度提高，导致刀具耐用度下降，且使用量较大。

问题三：刃磨调整的方法其规范、改进、创新不足，耐用度波动明显。

问题四：设备老化、故障频发，导致刀具异常损耗增大。

这四个方面是这次降低工具成本的难点，也是切入点。对此，要统一思想、集思广益、明确目标、责任到人。将项目分解为四大板块，按技术专长确定责任人，确定各板块具体降本内容和目标。并根据以上四大工具降本板块，分别进行了分析，制定了对策，如图2-34所示。

1）刀具国产化：针对18种刀具，制定3项改善对策，用半年时间，降本目标为：15万元。

2）刀具技术改进：针对18种刀具，制定4项改善对策，用半年时间，降本

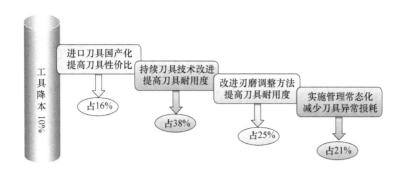

图2-34 工具成本问题对策

目标为：28万元。

3）改进刃磨调整方法：制定5项改善对策，用一年时间，降本目标为：24万元。

4）刀具管理常态化：制定4项改善对策，用一年时间，降本目标为：18万元。

（3）工具成本问题改善对策实施

1）刀具国产化。

B工序全部为进口刀具，共10品种，对其中5个品种、30把刀具进行国产化。经过对材质、耐用度、价格等试验比对，最终实现了刀具国产化，其价格下降40%~50%。虽然耐用度有所下降，但刀具的性价比提高了35%以上。刀具性价比对比表见表2-16。

表2-16 刀具性价比对比表

B工序刀具性价比对比表					
项目	价格/元	耐用度/h	生产总数/把	单耗/台	同时使用数/把
进口刀具	10906	3000	24000	0.454	8
国产刀具	4950	2800	22400	0.221	
差异	5956	200	1600	0.233	
单台实际差异	0.233/(h/台)		降低总成本		42432/元

2）刀具技术改进。

方法1：改进刀具材质，提升刀具耐用度。

将连杆CC和$\phi 11mm$钻头改用新涂层材质，经过试验，其耐用度提高，从350件/刀提升到500件/刀，减少换刀次数至2~3次/班，节约费用12万元。表2-17为连杆CC工序$\phi 10.3mm$钻头改进前后对比表。

表 2-17　连杆 CC 工序 φ10.3mm 钻头改进前后对比表

连杆 CC 工序 φ10.3mm 钻头改进前后对比表							
项目	材质	耐用度/h	价格/元	性价比	年耗量/支	年费用/万元	差异/万元
改进前	AAAAA 涂层	1050	1190	0.88	343	40.8	0
改进 1	BBBB 涂层	3850	4244	0.91	94	39.9	0.9
改进 2	CCCC 涂层	3500	2772	1.26	103	28.6	12.3

方法 2：改进刀具技术参数，提升刀具耐用度。

20 工序中的 4 组 180 支钻头，因产品毛坯材质发生改变，硬度高，钻头的耐用度均值只有 100h，经过改进刀具刃磨的相关参数，刀具耐用度提高了 56%，见表 2-18。

表 2-18　刀具刃磨频次和耐用度对比表

连杆 110 工序刃磨调整频次和耐用度对比表			
内容	调整频次(均值)/次	耐用度(均值)/h	JPH[①]/(次/h)
改进前	8	1854	14.6
改进后	3.5	2331	18.7
增幅(%)	56	20	22

① JPH：单位小时产量。

方法 3：结合设备综合效率（OEE）提升项目，减少换刀频次和时间。

10 工序设备综合效率提升项目，通过调整压板和刀夹之间的尺寸，清除刀片和压块之间的铜皮，采用使所有刀片的径向圆跳动控制在≤0.03mm 等方法、使耐用度得到了有效提高，见表 2-19。

表 2-19　设备综合效率提升项目对比表

10 工序设备综合效率提升项目对比表				
内容	换刀间隔/h	耐用度(均值)/h	设备综合效率	JPH/(次/h)
改进前	16.2	450	68%	16.8
改进后	24	648	82%	20
增幅(%)	48%	44%	21%	19%

3）刀具刃磨调整。

方法：改进刀具刃磨调整方法，提高刀具耐用度。

110 工序，其拉刀有 6 个品种，12 把刀具，通过对砂轮粒度、形状、磨削参数、进给量与速度的改进，以及在安装调整过程中的四项措施，调整频次下降了 56%，刀具耐用度提高了 26%，见表 2-20。

4）刀具管理改善。

方法 1：挖掘潜力进行技术革新，开展刀具修旧利废。

表 2-20　刃磨调整频次和耐用度对比表

内容	调整频次(均值)/次	耐用度(均值)/h	JPH/(次/h)
改进前	8	1854	14.6
改进后	3.5	2331	18.7
增幅(%)	56%	26%	28%

（表头上方：110工序刃磨调整频次和耐用度对比表）

对一些废旧刀具，进行改修和磨削，废物利用，见表2-21。

表 2-21　废旧刀具改进休磨再使用明细

产品/工序	名称/型号	方法	对应产品/工序	同时使用数/把	年节约费用/万元
90	M12×1.25	改进	70	22	2.5
180	120408 刀片	修磨	60	48	3.2
20	0246TF 刀片	修磨	20	1	0.6
140	120408（CBN）刀片	修磨	60	8	1.3
			140	4	0.9

方法 2：推行刀具异常信息反馈（见表 2-22），减少刀具异常损耗。

210 设备出现异常磨损，接报后，组织相关人员现场会诊，从设备、刀具、操作三个方面排查、分析、制定措施，并迅速实施，遏制了损失的继续发生。

表 2-22　刀具异常信息反馈表

序号	整改措施	计划时间	责任人
1	更换一组珩磨条,观察补偿是否异常	3.11	操作工
2	使用过程中出现异常及时反馈信息	即时	***
3	200 工序精镗孔尺寸按要求控制	3.11	操作工
4	检查珩磨杆及涨刀机构、砂条厚度	3.15	***
5	检查设备进刀顶杆、涨刀机构、脉冲补偿	3.20	***
6	统计砂条耐用度	长期	操作工

方法 3：依托刀具质量跟单，实施刀具改进常态化。

充分发挥刀具质量跟单作用，改进刀具刃磨调整，并将该工作融入日常工作中，图 2-35 所示为刀具改进前后耐用度跟踪对比图。

方法 4：实行新形式绩效考评，全面提升三个能力。

将刃调人员纳入矩阵考评，每月由矩阵方按十项考评标准打分，矩阵考评分权重为 40%；将一岗多能纳入员工绩效考评，如培训考核不达标，师徒都将被扣分，反之亦然；将工时完成率与刃调质量挂钩，实行双重加分或双重扣分。

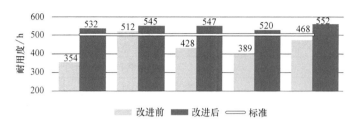

图 2-35 刀具改进前后耐用度跟踪对比图

（4）工具成本问题改善成果

经过以上的刀具改善，成果见表 2-23。

表 2-23 工具成本改善成果

改善项目	改善前	改善后	改善成果(%)
刀具国产化	品种 16 个，数量 198 把	性价比上升 32.6%	降低成本 16.86 万元，占比 16%
刀具技术改进	品种 15 个，数量 412 把	刀具耐用度提高 11.2%	降低成本 30.78 万元，占比 29%
刀具刃磨调整	品种 86 个，数量 847 把	刀具耐用度提高 7.23%	降低成本 37.24 万元，占比 35%
刀具管理改善	品种 1009 个，数量 4781 把	修旧利废 3.5 万元耐用度管理等	降低成本 20.91 万元，占比 20%

全年同比单台降幅：13.6%，改善收益汇总表见表 2-24。

表 2-24 改善收益汇总表

	1-11 月与预算相比、与同期相比改善收益汇总表	
工具消耗	2012 年 1-11 月实际单耗	220.11 元/台
	2013 年 1-11 月实际单耗	190.11 元/台
	1-11 月同比单台下降	30 元/台(13.6%)
	1-11 月总费用节约	105.79 万

（5）工具成本改善经验

工具、工装等的改善，这次是从四个方面进行的，分别是工具国产化、工具使用方法、工具废物利用、工具管理，都取得了一定的降本成果。工具、工装等的改善有时要从技术上进行分析，从技术管理上挖掘潜力。

一个工具的改善对成本贡献不是很大，但是在整个生产环节中，刀具、工装等用量是十分庞大的，积累起来的降低成本效果是非常大的，而且有持续降本效果。

2.3.4　关田法成本改善的汇总

关田法的成本改善结构如图 2-36 所示。

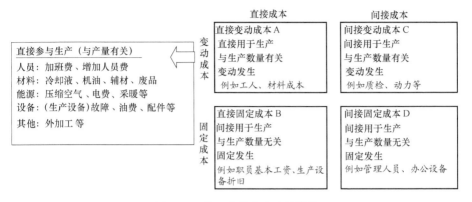

图 2-36 关田法的成本改善结构

成本的三要素为：材料成本、劳务成本、经费。材料成本是最大的成本，大幅度降低成本要从产品设计开始，属于成本设计范畴。制造阶段的成本主要从提高效率角度入手，属于成本管理阶段。

成本的类型有变动成本和固定成本。成本的改善要从看得见的变动成本入手，带动固定成本的改善。

结合以上案例研究，总体考虑三个方面的成本现场改善，并进行汇总。

1. 人的成本改善

人的成本改善，也就是提高人的工作效率。

从直接变动成本入手，首先考虑人的成本，这样也可以暴露其他的成本浪费。人的成本主要从人的工作效率上入手，其浪费结构如图 2-37 所示。

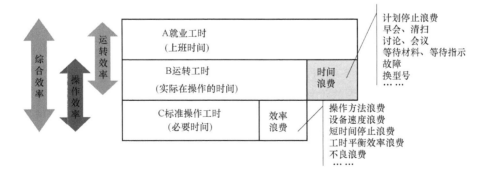

图 2-37 人的成本浪费结构

人的工资是固定成本，但是加班、增加人员数量、无效工作等，都属于浪费成本。人的浪费成本分析从以下几个角度进行。

从运转效率看，A 的就业工时为 8h，B 的运转工时却只有 7h，这两个之比，就反应了运转效率。造成这 1h 停止的原因有：计划造成的物料、生产指示等待；设备故障、调整等造成的等待；其他无计划的会议等，这些等待是需要改善的对象。

B 的运转工时。与 C 的标准操作工时相比，仍然会有些差距，这个差距是操作效率的浪费、是由操作方法的浪费，设备速度的浪费，短时间停止的浪费，工时平衡效率的浪费、不良浪费等造成的，这些也是改善的主要对象。

2. 材料的成本改善

材料的改善也是从看得见的成本浪费入手。

在生产现场，除用于产品生产的材料以外，冷却液、机油、辅材、废品、刀具这些也都是材料成本，都是应用于现场的生产中。这些改善要从三个方面入手。

（1）标准的实施效率

冷却液、机油、辅材、废品、刀具是否按标准用量、标准品种进行的？为此，要从以下方面寻找浪费。

1）是否按标准执行，包括品种和量。

2）实施标准是否做到了可视化。

3）设备、工装是否有泄漏。

4）废材、边角料是否可以用于其他场所，是否可以重新利用。

（2）标准的重新优化

标准并不是永远不变的标准，而是要根据实际生产情况，不断进行优化，以期达到最合理的状态。随着生产工艺、设备、材料等的变化，有些标准已经不适合了，已经由于标准本身就造成浪费了，所以要从标准本身考虑寻找浪费，进行改善。具体从以下视角进行分析。

1）各种辅材使用的标准是否最佳。

2）使用量是否可以减少。

3）使用频次是否可以减少。

4）使用损失是否可以减少。

5）标准的实施效率如何。

（3）刀具、辅材等的改善

材料费用、工具、工装、辅材等占有很大比例。这些物品是否真正能够达到原来设计的功能，是否还可以仅进一步优化，是否可以合并、简化，乃至取消？具体从以下视角进行分析。

1）现有刀具，辅材托是否最有效。

2）是否可以实现国产化。

3）是否可以延长实用寿命。

4）是否可以减少修理次数。

5）是否容易使用。

6) 是否可以简化工装。

7) 是否可以不要工装。

3. 经费的成本改善

(1) 能源的改善

生产的能源包括水、电、气等。这些成本，在某些生产环节占成本的比例非常大，因此能源的浪费直接造成生产成本的上升。改善从能源的终端使用开始进行。

1) 对照明从以下的视点进行浪费分析。

① 是否都用了节能灯（可以节约电费80%）。

② 是否实现了工位照明（不是广域照明）。

③ 是否实现了分时段照明（包括中午休息时关灯，晴天阴天开灯计划，上午下午开灯计划等）。

④ 是否充分利用了自然采光（玻璃的定期清扫，保持采光效果）。

⑤ 是否考虑了墙壁色彩，增减采光效果（例如利用白色，浅色）。

2) 对加温能源从以下的视点进行浪费分析（包括油漆车间、清洗车间等）。

① 生产计划的浪费（是否考虑了每天的升温、降温）。

② 设备、管路的保温状况。

③ 人员休息时的炉温损耗。

④ 换型、换漆等的次数、时间损耗。

⑤ 其他的能源利用效率。

3) 对动力的能源从以下视点进行浪费分析（包括机加工车间、总装线、冲压、焊装等）。

① 待机损耗：是否存在停机不断电。

② 摩擦损耗：设备的摩擦损耗。

a. 不合理的匹配：皮带轮传动的张紧度、齿轮传动的径向配合，角度凸轮传动的凸轮轴距，连杆传动的装配精度，花键传动的对中性，等等。

b. 零件的磨损：耗电，漏油水，精度降低

③ "大炮"打"蚊子"设备（存在能源和效率的浪费）。

④ 设备空转的浪费（存在能源和效率的浪费）。

以上这些动力能源的浪费是非常普遍的，同时也是最容易被忽视的动力的能源浪费。

(2) 设备的维护保养改善

成本改善中的设备改善，主要从降低设备故障、减少设备停机时间，及时发现设备隐患这几个方面进行。图 2-38 所示为设备浪费结构图。

对于生产现场，主要从自主维护和事先预防两个方面进行改善，避免一些设备故障，降低设备问题的影响程度。

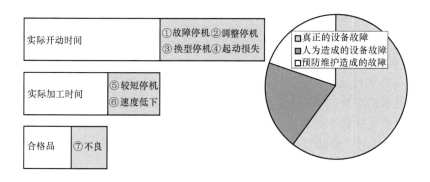

图 2-38 设备浪费结构图

这些工作不是靠设备专业人员,而是要靠实际操作设备的人员来进行。因为设备的状态、设备出现问题的先兆实际操作设备的人员是最清楚的。对设备进行正常维护和预防保养,要做到责任到人,规定明确。具体如下:

1)每个人、每个工位、每个过程对应的设备是否都有设备清洁润滑点检指导书或有关标准。

2)负责每个工位、每个过程的每个人是否都熟知本人所负责设备的清洁润滑点检指导书或有关标准。

设备发生故障之前,一定会有一些先兆,这些先兆大都会通过日常的设备点检被发现,能够及时得到处理,达到以预防为主的设备管理。所以,日常设备自主维护保养主要应从以下内容进行管理:

① 负责每个工位、每个过程的每个人是否都按时、正确点检,是否发现了问题,是否有记录。

② 负责每个工位、每个过程的每个人是否都按时、正确清扫,是否发现了问题,是否有记录。

③ 负责每个工位、每个过程的每个人是否都按时、正确润滑,是否发现了问题,是否有记录。

④ 哪个工位、哪个设备、哪个人因没有严格执行设备点检等出现了问题。

⑤ 哪个工位、哪个设备、哪个人因没有严格执行设备清扫等出现了问题。

⑥ 哪个工位、哪个设备、哪个人因没有严格执行设备润滑等出现了问题。

通过以上的管理,提高设备的可靠性,减少设备的损耗,进而降低成本。

(3)其他:委外加工等

一部分工作的委外加工,或请一些外部人员来参与生产等工作,这也是成本的一部分。这部分的成本,主要从合理性,效率性方面进行管理,具体为:

1）委外加工。

① 委外加工的配合情况、时间、质量。

② 委外加工内容的合理性，是否可以变成内部加工。

③ 委外加工的成本是否合理，是否符合市场价格，是否可以进一步优化。

2）外部劳务费。

① 时间上是否充分利用外部资源。丰田汽车临时工上班时间6h，上午3h，下午3h。

② 技能上是否充分利用外部资源。

③ 外部资源的标准是否合适，包括工资、劳保、加班等。

④ 外部资源的管理，例如是否根据时间进行调整；上下班时间、上下班人员数量等。

2.3.5 关田法的成本优化战略和方法

1. 革命性的降本

以上主要从生产阶段的成本改善进行了分析和案例研究，但这只是成本改善的一部分。成本的管理和改善分三个阶段：成本设计、成本采购、成本管理。大幅度革命性地降低成本，要从成本设计阶段进行。

成本设计降本的主要思维和路径如图2-39：

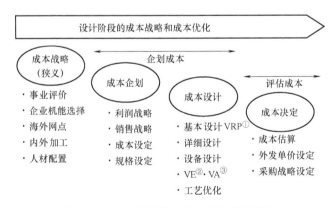

图2-39 成本设计降本的主要思维和路径

注：①Variety Reduction Program；②VE：Value Engineering；③VA：Value Analysis；VRP

图2-39中的四个阶段具体是指：

成本战略：产品的市场定位和基本功能。

成本企划：成本设计和流程设计。

成本设计：结构设计和工艺设计。

成本决定：生产管理方式和采购方式。

通过以上每一步的详细优化,达到既满足市场需求,又实现成本最大优化。以上内容将在另外著作中详细论述。

2. 持续性的降本战略和成本优化

商品成本设计后,实现这一设计的首要步骤就是采购环节。产品是有生命周期的,在整个产品生命周期期间,都会持续发生同样的采购。所以采购的供应商选择和管理,采购的批量和时间,采购的物流和库存等都左右了商品的成本。所以采购成本是一个持续性的成本,是成本优化的重要组成部分。采购成本的优化主要从以下方面进行考虑:

1)采购方针:采购品、采购厂家的选定。
2)采购业务流程:包括从采购品的选定至选定采购厂家及价格,以便更迅速、更便利、更低价地采购。
3)采购品的标准化。

具体采购降本战略的构成如图 2-40 所示。

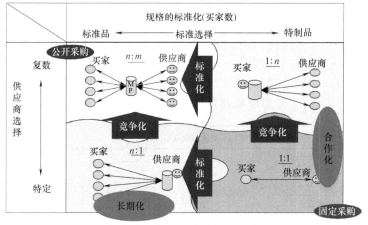

图 2-40 采购降本战略的构成

其中的关键词有:
标准化:采购流程的标准化、采购批量的标准化、采购零件的标准化。
竞争化:多方询价,竞争报价。
合作化:共同开发零件,共同设定成本和利润。
长期化:形成长期供应战略伙伴,保证成本的优化和稳定。
公开采购:非固定供应商采购。
固定采购:长期战略合作伙伴的采购。
通过以上每一步的详细优化,达到既满足产品需求,又实现成本最大优化。以上内容将在另外著作中详细论述。

3. 管理型的降本

在实现设计和采购后的阶段,就是实现设计的生产阶段。生产阶段的降本,在本节前部分主要阐述了关田法有关现场管理的降本。

在生产阶段,除现场管理的降本以外,作为生产阶段的战略降本也要通过管理改善进行降本。具体的生产阶段的战略管理改善内容和方法如图 2-41 所示。

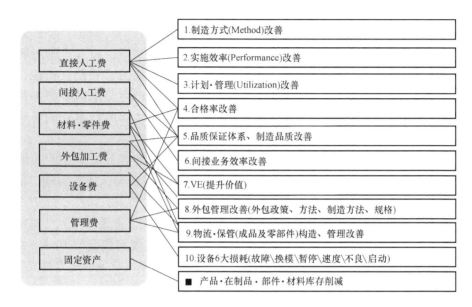

图 2-41　生产阶段的战略管理改善内容和方法

4. 关田法的成本改善落地的汇总

管理改善是不花钱、少花钱、办大事的管理方法。通过管理提高人和设备的生产效率,通过提高产品的合格率,通过优化物流的流程和方法,实现设计成本,乃至降低设计成本。

通过以上每一步的详细优化,达到既满足市场需求,又实现成本最大优化。以上内容将在另外著作中详细论述。

成本优化是一个直接创造利润的改善,是保证企业持续发展的改善,也是关田法的重要组成部分。

2.4　生产效率的现场改善落地

2.4.1　再谈效率

1. 先谈能率

我从二十世纪八十年代后期开始进入日本能率协会,以 IE 专家的身份专业从事改善的指导工作，从日本，到中国，乃至全球的许多国家，到现在经历了三十年 IE 的改善指导工作。工作中，经常有人问我，日本能率协会的能率是什么意思？

在此把"能率"这个词系统地说明一下。

能率的定义：是指把人的能力、机械设备的性能、材料的机能，彻底地发挥到极致。这个能率就是日本式效率的另外一个称呼。

以往日本是没有能率这个单词的，是在二十世纪初期，在日本推行科学的管理法时，创造出来的新词语。能率所追求的是：能力、性能、机能，是要把这些能最大限度地发挥到极致，也是日本文化中产生出来的对效率的定义和对效率的指向与追求。是继泰勒的科学管理方法之后的日本式的科学的管理法。

日本能率协会是 1942 年由政府主持成立的，专业从事推行能率的专业组织，对企业进行诊断、指导、出版等工作。其宗旨是：能率运动，注重实践，重点主义。

日本能率协会第一任会长伍堂氏说："管理不是系统，重要的是人，组织中的工作人员，管理者和经营者的思维和行动。"这是日本能率协会的 DNA。提高能率的最高境界就是人的思维革命和行动革命。日本能率的指导就是通过改善现场问题，提高能率，提高人的素质，提高企业素质。

日本能率协会成立到现在，已经有七十多年历史。日本的产业界今日的发展，背后都有日本能率协会的强大支持和指导。日本能率协会也出现了新乡重夫这样的具有国际影响的咨询大师，"新乡奖"被称为制造业的诺贝尔奖。现在日本能率协会有 9 个法人机构，2500 名专业咨询人员，集团构成如图 2-42 所示。其核心技术就是三大管理技术，即 IE、QC、VE[一]。这些技术应用到不同的企业、不同的项目中，可以提高效率，保证质量，培养人才，提高企业的核心竞争力。

这就是能率。"能率向上，能率向上运动。"是丰田人经常挂在嘴边的话、挂在墙上的目标、印在人们心中的文化。能率向上，就是提高效率（包括提高生产效率和工作效率），提高人的素质，提高企业素质。

2. 效率的本质

管理科学家德鲁克（P. F. Drucker）指出，生产效率是一切经济价值的源泉。所以，生产效率成为各个行业、企业等最为关心和追求的指标之一。

大野耐一先生说：使用合理、科学的方法来消除浪费，降低成本。这个合理且科学的方法就是 IE。IE 是消除浪费，提高效率的有效手段。

[一] VE：Value Engineering，价值工程。

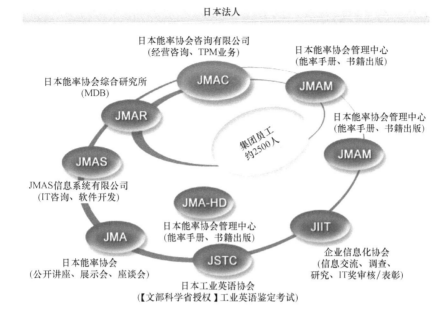

图 2-42　日本能率协会集团构成和功能

3. 关田法的 IE 定义

前面介绍了关田法的 IE 定义：工作浪费的定量化和改善技术，是管理改善技术，可用图 2-43 表示。

浪费有两类，一类是显性浪费，例如顾客投诉、产生的不良、工期的延误等；另一类是潜在的浪费，要通过比较、分析才能发现浪费的所在。

对浪费的改善有两个方向：分析型改善和设计型改善。分析型改善是基于现状的改善，而设计型改善是基于理想状态的改善。

使用 IE 技术，就能够定量地发现浪费，并有效地消除浪费，提高效率。

在实施工作中，关田法也总结了具体 IE 工具的应用，从宏观分析到具体分析的 IE 工具体系，称作关田法的 IE 7 个工具，如图 2-44 所示。

重点对象的选择，可通过 PQ 或者 P-MH 分析，在众多的生产对象中选择。PQ 分析用于选择生产数量的重点，P-MH 用于选择工时大小的重点。具体应用哪个工具，要根据改善的需求而定。

宏观定量浪费的抽样分析，是最常用、且非常有效的方法，可以用于人、设备等。其优点是短时间内定量确定浪费的重点内容，缺点是不能定量浪费的大小。

通过详细定量浪费的工序分析、平面布局分析和 4M 分析，就可以进一步明

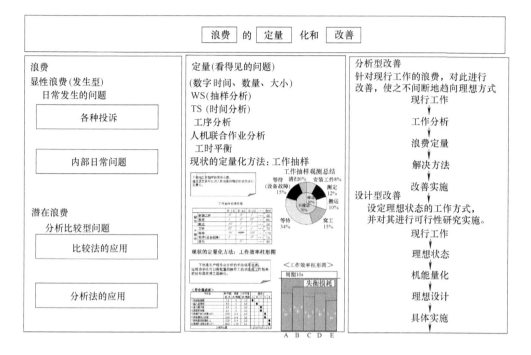

图 2-43 图示关田法的 IE 定义

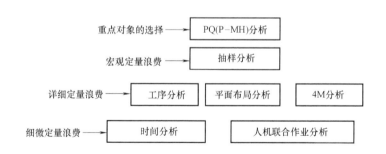

图 2-44 关田法的 IE 7 个工具

注：1. PQ 分析，即产品数量分析（Product Quantity Analysis）。
2. P-MH 分析，即产品和工时分析。

确抽样分析中的浪费是在哪里发生的，发生的程度，发生的原因，从而可以引出改善的具体方向。

　　细微定量浪费中的两个工具，时间分析和人机分析，是进一步的浪费分析，是把工作分解为工作要素进行分析，可以定量许多细微的浪费和原因。

以上是关田法中定义的 IE 7 个工具。这里不但定义了 7 个工具，也定义了浪费定量化的各个层次和各个层次的浪费水准。

下面根据几个提高效率的具体案例，阐述关田法效率改善落地的实践。

2.4.2 提高效率的案例研究

1. 流水线浪费定量化和提高效率改善案例研究

（1）案例概要

新生产线刚刚进入量产阶段，6 个主要工位组成，分别是：焊接站、插管站、装泵站、试漏站、总装站、终检站，并分别由 6 个操作员工进行操作，其中 1 个班长不在线。现状焊接工序受设备限制，出现了产效率的瓶颈。本课题旨在通过时间分析，人机分析等 IE 分析的手段提高生产效率 30%。工艺布局如图 2-45 所示。

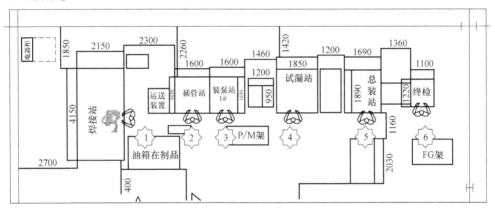

图 2-45　工艺布局图

（2）现状浪费的定量化

1）时间分析

流水线作业主要是人为的作业，包括安装、调试、取放、检测等。对于这种工作方式，对每个操作人员的工作进行详细的测量和分析，是定量浪费的有效手段。这里首先进行人员的时间分析。

流水线的作业时间分析，最常用的分析方法是把操作人员的工作内容进行要素分解，然后根据要素的顺序，进行现场时间测量。这也是作业时间分析的基本方法。

例如对第一个工位焊接站进行要素分解，其作业内容可以分成以下 11 个要素，对其进行时间测量，见表 2-25。

在测量时间的同时，对工作内容进行观察，提出改进建议。

表 2-25　时间分析

焊接站作业分析			1818					平均	MAX	MIN	R	改进建议
	作业内容		1	2	3	4	5					
1	将焊箱放到焊接站夹具上	时间	6	5	5	5	6	5.4	6	5	1	1. 控制面板影响操作，不安全 2. 从中转架取放油箱不方便 3. 加油管存放油箱太大，搬运不方便 4. 油箱孔位置不一致，需要调设备 5. 叉车故障影响生产
		读表	1824	2048	2312	2536	2800					
2	将焊好的加油管放到焊接卡具上	时间	6	6	6	5	5	5.6	6	5	1	
		读表	1830	2054	2318	2541	2805					
3	起动开关，进行自动焊接	时间	1	2	2	2	2	1.8	2	1	1	
		读表	1831	2056	2320	2543	2807					
4	对已焊好的油箱进行检验并记录	时间	33	41	42	31	37	36.8	42	31	11	
		读表	1904	2137	2402	2614	2844					
5	取出焊好的加油管并检查，放到挂钩上	时间	7	8	8	7	8	7.6	8	7	1	
		读表	1911	2145	2410	2621	2852					
6	取新加油管，组装 ABS 卡子，放到夹具上	时间	14	12	13	14	22	15	22	12	10	
		读表	1925	2157	2423	2635	2914					
7	将 NIPPLE 管放到夹具上	时间	5	6	5	5	4	5	6	4	2	
		读表	1930	2203	2428	2640	2918					
8	起动开关，进行自动焊接	时间	1	2	2	2	2	1.8	2	1	1	
		读表	1931	2205	2430	2642	2920					
9	取出油箱放到小工作台上，装单向阀	时间	18	18	19	22	23	20	23	18	5	
		读表	1949	2223	2449	2704	2943					
10	等待	时间	51	41	39	46	35	42.4	51	35	16	增加搴油及第一次捅管，31s
		读表	2040	2304	2528	2750	3018					
11	取出上一个焊好的油箱，放到检验台上	时间	3	3	3	4	5	3.6	5	3	2	
		读表	2043	2307	2531	2754	3023					
	周期时间	计	145	144	144	143	149	145	149	143	6	
	实际工作时间	计						103				
	增加工作台	计						134				

2) 人机联合作业分析。

在这条生产线上，操作人员要操作一些设备，例如自动焊机的操作等。这时要考虑定量人机联合作业的浪费情况，要使用 IE 的人机联合作业分析，见表 2-26。

用同样的分析方法，对其他的 5 个工位分别进行了时间分析和人机联合作业分析，6 个工位的分析情况如图 2-46 所示。

在时间分析的同时，要观察现场问题，考虑改善方法，见表 2-27。

表 2-26 人机联合作业分析

	作业内容	平均时间/s	人	设备
1	将待焊油箱放到焊接站夹具上	3.4		
2	调整装卡位置	2		
3	将焊好的加油管放到焊接卡具上	2		
4	调整装卡位置	3.6		
5	起动开关,进行自动焊接	1.8		
6	对已焊好的油箱进行检验并记录	36.8		
7	取出焊好的加油管并检查,放到挂钩上	7.6		
8	取新加油管,组装ABS卡子,放到夹具上	15		
9	将NIPPLE管放到夹具上	5		
10	起动开关,进行自动焊接	1.8		
11	取出油箱放到小工作台上,装单向阀	20		
12	等待	42.4		
13	取出上一个焊好的油箱	3		
14	将油箱放到检验台上	1		
	周期时间/s	145.4	145.4	145.4
		开功率	71%	96%

注：1.人
　　□人的等待时间：42.4s；▨联合工作时间：10.4s；■单独工作时间：92.6s，合计：145.4s。
　　2.设备
　　□设备的等待时间：6.4s；▨联合工作时间：10.4s；■单独工作时间：128.6s，合计：145.4s。

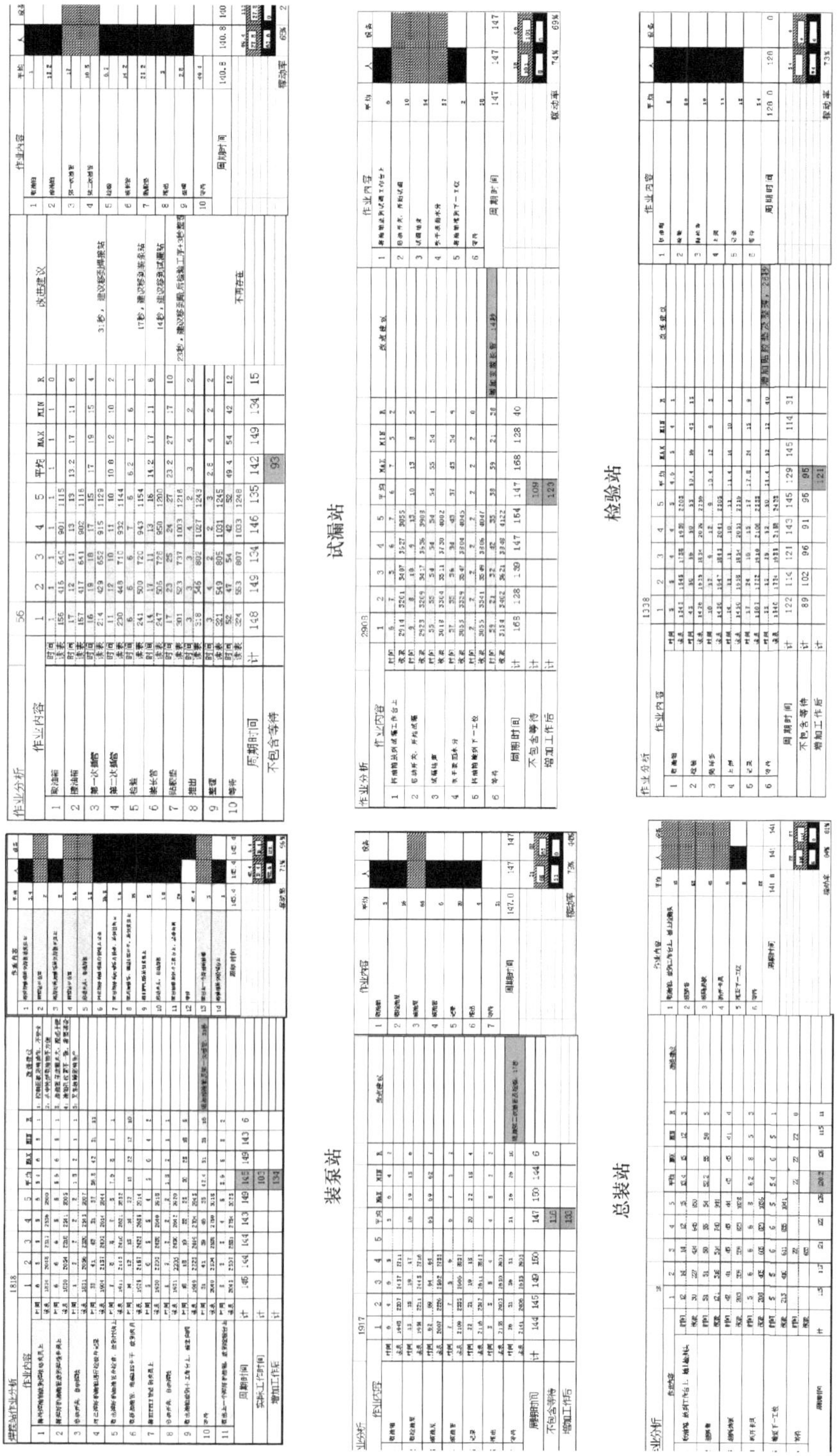

图 2-46 全工位时间分析

表 2-27 现场问题的发现和改善方法

焊接站作业分析		作业内容		1818	1	2	3	4	5	平均	MAX	MIN	R	问题改进建议
焊接站	1	将待焊油箱放到焊接站夹具上	时间		6	5	5	5	6	5.4	6	5	1	1. 控制面板影响操作,不安全
			读表		1824	2048	2312	2536	2800					
	2	将焊好的加油管放到焊接卡具上	时间		6	6	6	5	5	5.6	6	5	1	2. 从中转架取油箱不方便 3. 加油管存放箱太大,搬运不便
			读表		1830	2054	2318	2541	2805					
	3	起动开关,进行自动焊接	时间		1	2	2	2	2	1.8	2	1	1	4. 油箱孔位置不一致,需要调整设备
			读表		1831	2056	2320	2543	2807					
	4	第一次捅管	时间		16	19	18	17	15	17	19	15	4	5. 叉车故障影响生产
			读表		214	429	652	915	1129					
	5	第二次捅管	时间		11	12	10	11	10	10.8	12	10	2	31s,建议移到焊接站
			读表		230	448	710	932	1144					
捅接站	6	检验	时间		6	6	6	7	6	6.2	7	6	1	17s,建议移到装泵站
			读表		241	500	720	943	1154					
	7	装长管	时间		14	17	11	13	16	14.2	17	11	6	14s,建议移到试漏站
			读表		247	506	726	950	1200					
	8	贴胶垫	时间		17	23	25	24	27	23.2	27	17	10	23s,建议移到最后检验工序+3s整理
			读表		301	523	737	1003	1216					

3）流水线工时平衡分析。

最终汇总结果、分析，得出的总装线的平衡，如图2-47所示。

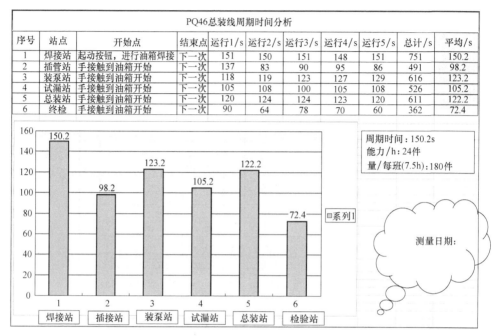

图2-47 线的平衡分析

线平衡率75.5%，第一工位时间最长150.2s，最后一个工位时间最短72.4s，工位间浪费非常多。

这样，在节拍时间为150.2s时，各个工位的等待时间如图2-48所示。

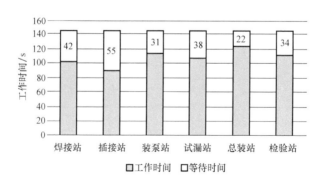

图2-48 各个工位的等待时间

（3）改善方案（第一步方案）

根据以上的调查分析，汇总问题和改善方案，见表2-28。

表 2-28　问题汇总和改善方案

序号	问　　题	改　善　建　议
1	6个工位循环时间不平衡,人员等待时间长	将插接站操作内容分开到其他工作站上,取消插接站操作员
2	焊接站工位循环时间长于其他工作站,造成人员等待	改进工艺,减少焊接冷却时间

改善方案实施前后的工位布局对比如图 2-49 所示。

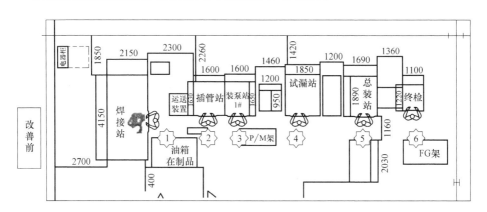

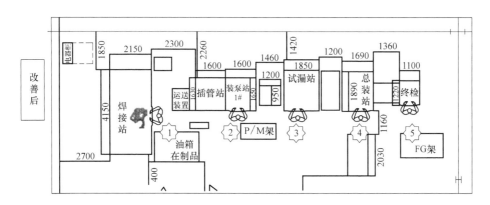

图 2-49　改善方案实施前后的工位布局对比

由原来的 6 个工位,优化成 5 个工位,节省了 1 个人。

(4) 改善成果(第一步方案)

第一步改善的成果工时分布如图 2-50 所示。

(5) 持续改善(第二步方案)

在第一改善方案的基础上,进一步对以下问题考虑改善方案,并进行改善实施。具体见表 2-29。

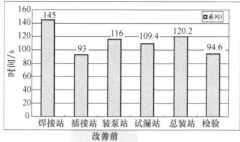 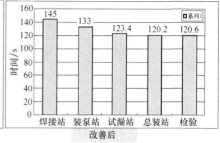

	改善前	改善后
人数/人	6	5
CT(生产循环时间)/s	145	145
编程效率	77.90%	88.50%

生产效率提高:17%

图 2-50 第一步改善成果的工时分布

表 2-29 第二步改善方案

序号	问题	改善建议	责任人	预计减少时间
1	油箱焊接后冷却时间太长,导致焊接站生产循环时间太长	制作吹气夹紧块,通过气冷缩短冷却时间	于海彬	20s
2	一次插管与二次插管工装位置太近,发生了相互干涉	将两工装位置分开,中间隔以传送带	于海彬	3s
3	ROV 插管工装操作不便,插接时间过长	改善 ROV 插管工装,使用拇指开关,以便于调整操作	于海彬	5s
4	ROV 插管与装泵站之间立柱妨碍工作	去掉立柱	于海彬	2s

第二步改善前后的情况对比如图 2-51 所示。

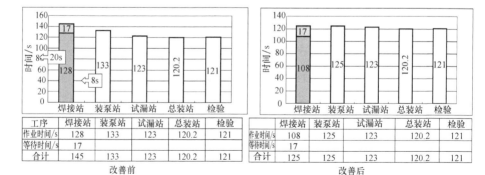

图 2-51 第二步改善前后的情况对比

(6) 改善汇总

1) 在保持 CT 不变的情况下，减少一名操作工，提高生产效率 17%（已完成）。

2) 缩短焊接时间 20s，再提高生产效率 14%。

3) 综合提高生产效率 31%。

4) 工时平衡达到 82%。

(7) 流水线 IE 改善案例分析研究汇总

本案例是使用了 IE 的经典工具时间分析和人机作业分析，定量了浪费大小、原因、地点，实施了改善，提高效率的案例，是比较典型的利用流水线效率改善的案例。

流水线的工作特点是：若干个操作工人在同一流水线上，按节拍时间完成不同的分工，同时产品也是按节拍时间，有规律地产出。

另外一种生产方式是，工序分别相互独立，同时节拍时间也不完全一样，这些工序分别分布在特定的生产区域内，这种方式就是下面的案例研究。

2. 设备加工生产浪费定量化和效率改善案例研究

(1) 案例概要

在汽车管线端部扩口加工区域，扩口单元处于正常生产状态，整个单元按两班每班 9 人进行生产。当前生产稳定，但在区域内部存在较多的搬运以及非必要的零件掉头作业现象，另外热缩工序存在瓶颈，使整个区域的效率受到限制。

希望尽量减少乃至消除非必要作业，改善瓶颈工序作业能力，将扩口区的整体生产效率提高。

其工序平面布置如图 2-52 所示。

(2) 扩口加工区域的 PQ 分析

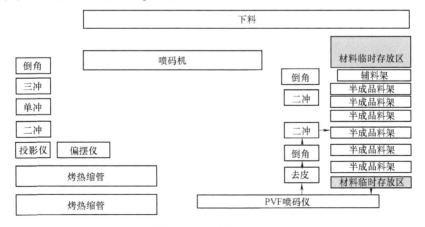

图 2-52　工序平面布置

扩口加工区域，对应不同品种的加工，但是每个品种所占比例不同。改善的一个关键是要对量大的主要产品进行改善，从而带动全体的效率提升。这里应用到 PQ 分析，也就是产品产量分析，具体分析结果如图 2-53 所示。

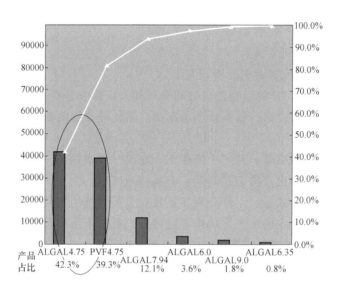

图 2-53 扩口加工区域的 PQ 分析

由 PQ 分析可以看出，虽然有 6 个品种的生产，但主要的是前两种产品的生产，所以下面的分析将以这两种产品为对象，进行浪费的定量化分析。

另外除 PQ 分析外，有时还采用 P-MH 分析，即产品和工时分析。

（3）现状问题的定量化

1）加工区域工作抽样分析。

与流水线作业不同，该作业区域的人员分布不是很有规律，同时作业内容和时间也大不相同。在这种情况下，定量人员的浪费，用 IE 的抽样分析是短时、且非常有效的分析手法。

对此作业区域的人员进行抽样分析，结果汇总如图 2-54 所示。

其中：

➢ 在 15 次抽样中，加工共计 86 人次，走动 16 人次，搬运 13 人次。故需尽量削减走动与搬运，减少加工过程中的浪费。

➢ 热缩工序每个循环约

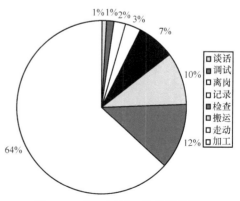

图 2-54 加工区域工作抽样分析

需1180s。

2）加工区域平面工序分析。

从抽样分析的浪费定量化中可以看出，人员的走动、搬运占有大部分比例，如何进行改善是提高效率的关键。但是在抽样分析中，只能看出走动、搬运的次数比例，具体走动、搬运的距离等并不能定量分析出来，这时采用的是IE分析方法中经常用到的平面布局工序分析。用该方法对整个工序流程进行分析，如图2-55所示。

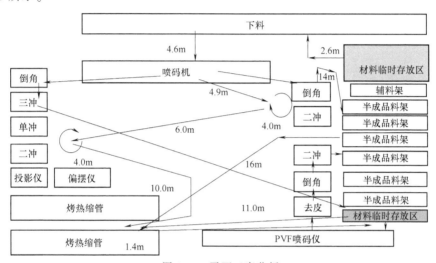

图2-55 平面工序分析

本案例是各种设备、各工序分布在一个区域中。通过工序分析，我们可以看出，各个工序之间移动和搬运是比较频繁的。造成这种移动的原因之一是工序、设备相互之间的位置和工序布局的需求。

从以上的分析中可以发现，为完成一个产品的全部加工，共需移动159.4m、19次。并可以定量地看出在哪个工序、要移动多少距离、为什么移动。

由此可见平面工序布局尚有许多可以改善的地方，以减少移动次数和移动距离。

3）加工区域人机联合作业分析。

这个作业区域的生产，还有一部分是人操作设备的生产加工，所以，也从人机联合作业的角度，定量浪费。具体人机联合作业分析见表2-30。

在整体的作业循环中，人的工作时间利用率比较高，但是设备的利用率只有60%左右，等待时间比较长。

（4）改善方案制定

汇总以上抽样分析、平面工序分析、人机联合作业分析的结果，综合各个分析定量的浪费大小和原因，汇总了改善方案，见表2-31。

表 2-30 加工区域人机联合作业分析

时间/s	动作	人	自动烤炉	手动烤炉
5	取自动烤炉成品			
8	放成品			
8	放样管(在自动烤炉与周转车之间走动)			
104	排管3次			
5	移动样管			
8	起动设备			
19	烤炉移动			
11	放成品			
175	在自动烤炉另一端排管		自动烤热缩管	
3	放样管			
2	走到手动烤炉			
43	处理手动烤炉的粘连管			
7	取扎带			
5	捆扎			
4	放扎带			
5	捆扎			
25	拆包装			
12	整理扎带			
8	扔垃圾袋			
132	在手工烤炉排管			
152	继续排管			
8	取排管工装			
140	热缩管定位			
12	取烤枪			
126	手工烤热缩管			
3	放烤枪			
34	取自动烤炉成品			
负闲时间合计/s		1161	718	623
空闲时间合计/s		19	462	557
周期/s		1180	1180	1180
利用率		98.4%	60.8%	52.8%

（5）改善方案的实施

通过以上的改善方案，首先进行整体的平面布局工序调整改善，改善前后对比如图 2-56 所示。

原有布局每三捆零件在扩口区的移动距离总计为 159.4m。进行平面布局改善后，每三捆零件的移动距离将减少 85m。

对减少移动距离的评估如下：

每天产量：月产量（260000 根）/工作天数（25 天）= 10400 根/天。

每天搬运距离：每天产量（10400 根）/300 根⊖×74.4m = 2579m。

同时根据表 2-31 的改善方案，制定了每个改善的改善卡，如图 2-57~图 2-60 所示。

⊖ 每个搬运批量为 300 根，每次搬运的距离是 74.4m。

表2-31 改善方案汇总

序号	问题点	改善方向	对策	负责人	完成日期	状态	改善卡号
1	PVF去皮倒角：两工序两人操作	工装改进，去皮倒角一次完成	与**联系，参考整体式刀头工装				C003
2	长管掉头多，人力及时间浪费大	保证流转顺畅	布局或工序调整				
3	扩口机闲置	增加设备利用率	长管扩口两台扩口机分别进行，减少掉头作业时间				
4	倒角机闲置		长管倒角两台倒角机分别进行，减少掉头作用时间				
5	喷刷机闲置		与顾客商议，对PVF以及ALGAL管使用同种颜色油漆				
6	二种扩口机拿辅料动作复杂	简化拿取	加高物料架				
7	下料记录时间太长	简化	1) 研究跟踪卡，留下必要项目 2) 可否采用扫描系统				C002
8	每班管接头产生可疑品多	接头包装盒小	改大包装盒，多批次				
9	取热缩管次数多，时间浪费大	减少拿取热缩管的次数	1) 能否将穿热缩管工位移到辅料架附近 2) 适量增加每包热缩管数量				
10	原材料暂存区5S	定区域放置	按照不同管径、管长分开放料，减少下料时的寻料时间				
11	现场工位器具取放不便	改定置定位	扎带等不易拿取				

(续)

序号	问题点	改善方向	对策	负责人	完成日期	状态	改善卡号
12	360°划色标速度太慢,工序独立(两次排管)	合并工序	改进工装,将划标记合并到烤热缩管工序中(合并成一次)				C001
13	烤热缩管时定位困难	改进热缩管架	在热缩管架上开U形槽				C005
14	烤热缩管冷却时继续占用热缩设备	减少或者消除冷却时间	改进热缩炉,将管材冷却更换到其他位置,减少热缩炉的等待				
15	烤热缩样管放置过远	减少走动	在热缩管炉附近增加样管存放处				
16	手工烤热缩管工位5S清理	区域清理	工位下有一个翻转烤热缩管工装,该工装仅用在一个产品上,且工装使用不便				C004
17	烤热缩管时浪费	增加热缩管工装	将热缩管塑料改到其他位置,减少热缩炉等待时间				
18	烤热缩管时浪费	改进热缩炉	改进热缩炉,换成双层烤热缩管				
19	扩口后放料距离远	减少搬运距离	存带热缩半成品移动距离长				
20	热缩管取料距离远		到半成品架取料移动距离长				

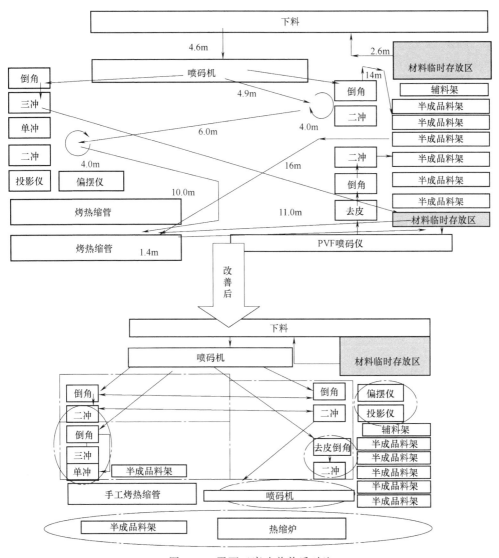

图 2-56 平面工序改善前后对比

(6) 改善成果

经过现场调研，应用 PQ 分析、作业分析、抽样分析等工具和方法，在管端加工区域结合实际提出了 20 条改善建议。经过与工厂管理人员及现场操作人员的共同确认，本案例在相关方面取得了以下改善成果，见表 2-32。

(7) 设备加工生产 IE 效率善案例分析研究汇总

这个案例中，用抽样分析、平面工序分析、人机联合作业分析 3 个 IE 分析工具，定量了该生产区域的浪费。

改 善 卡			编号：C001	
班组名称	端部加工区	工序名称	360°划色标	
小组组长	***	小组成员	***、***、**、***、***	
问题点	360°划色标速度太慢，需两次排管			
改善前： (附图或照片)		改善后： (附图或照片)		
改善方法、措施	改进360°划色标工装，夹持块改成快调试，可避让热缩管，这样可以直接烘烤后喷漆	改善效果	合并热缩管加热及360°划色工序，提高热缩工序的整体效率。减少工时175 s。合计提高效率175/2100=8.3%	
开始时间		完成时间		

图 2-57 改善卡 C001

改 善 卡			编号： C003	
班组名称	端部加工区	工序名称	PVF去皮倒角	
小组组长	***	小组成员	***、**、***、***	
问题点	PVF去皮倒角：两工序两人操作			
改善前： (附图或照片)	倒角去皮分两个工序进行，占用两台设备，两个操作人员。 	改善后： (附图或照片)	改进后仅需一台设备，一个操作人员操作。 	
改善方法、措施	改进刀头，做成整体式刀头，一次性完成去皮倒角	改善效果	减少一个操作工，减少一台设备的占用，整组效率提高50%	
开始时间		完成时间		

图 2-58 改善卡 C003

改 善 卡

编号：C004

班组名称	端部加工区	工序名称	烤热缩管
小组组长	***	小组成员	***、**、***、***
问题点	1.定位热缩管费时；2.热缩管样管取放费时，占用较多空间；3.烤热缩管样管放置过远，走动费时			
改善前： (附图或照片) 		改善后： (附图或照片) 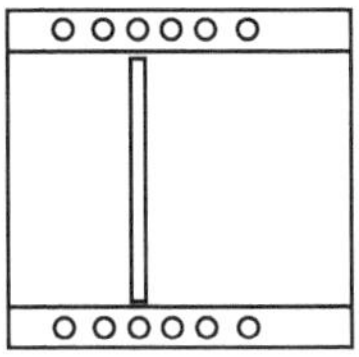	
改善方法、措施	在支撑架上加定位孔，使用定位销确定定位架位置	改善效果	取消样管，节约场地8m²，减少走动
开始时间		完成时间	

图 2-59　改善卡 C004

改 善 卡

编号：C005

班组名称	端部加工区	工序名称	烤热缩管
小组组长	***	小组成员	***、**、***、***
问题点	1.烤热缩管时排管费时；2.烤完以后有粘连现象			
改善前： (附图或照片) 		改善后： (附图或照片) 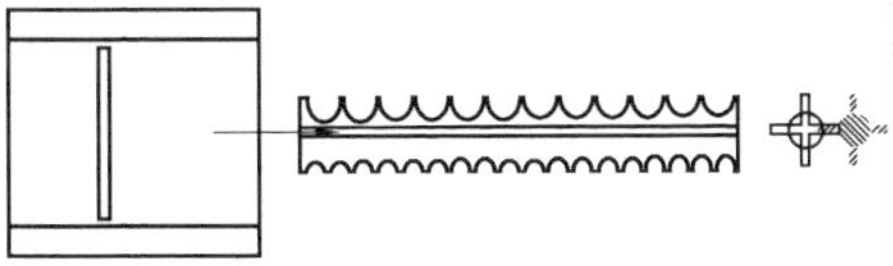	
改善方法、措施	在定位架上开U形槽	改善效果	方便直管定位，减少排管时间
开始时间		完成时间	

图 2-60　改善卡 C005

表 2-32 改善成果汇总

序号	改善内容	改善成果	成果指标
1	PVF去皮倒角;两工序两人操作	工序提高效率	50%
2	折合成端部加工区域	提高效率	2.80%
3	通过对现场布局改善	减少搬运距离	2579m/天
4	折合成端部加工区域	提高效率	1.50%
5	对下料工序人机联合作业分析改善	工序提高效率	26%
6	对热缩管区域的改善	整体提高工序效率	31%
7	通过对现场布局改善	节约面积	13m², 区域面积节省4.1%
8		总体提高劳动效率	18%

根据定量的浪费，制定了20个改善项目，分别对不同的作业情况进行了改善。改善的关注点主要是两个，一是移动的距离和次数，这是该区域当前最大的浪费；二是改善人的作业效率，缩短作业工时。

本案例也是一个使用IE的方法，进行浪费定量化和改善的典型案例。

2.4.3 效率改善的管理落地

1. 效率管理的基准

效率是投入和产出之比。但在具体的效率管理上，往往会涉及时间、单位小时的产量，单位小时的投入，等等。

时间是现场效率管理的主轴，而标准时间是效率管理主轴的基准点。标准时间的定义见表2-33。

表 2-33 标准时间的定义

① 在规定的作业环境下
② 使用规定的设备、工装和工具
③ 按照标准的作业方法和顺序
④ 充分理解工作的特点和注意事项
⑤ 具有该工作的操作熟练程度
⑥ 具有健康的身体和良好的努力状态
⑦ 完成一个单位的工作量所需要的时间这个时间需包含必要的余量时间

生产的标准时间是广义的概念，在不同的生产类型中，有不同的内涵。在这里把常规的生产分为三个类型：设备型、流水线型和单独型。每个类型的生产效率如图2-61所示。

2. 三种生产形态的效率改善个性

各种类型的生产在提高效率时，首先就要定量分析浪费，其常用的IE手法

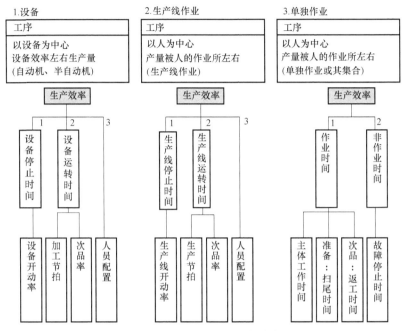

图 2-61 三种类型的生产效率

见表 2-34。

表 2-34 定量分析浪费常用的 IE 手法

分析手法		生产方式	1. 设备		2. 生产线作业		3. 单独作业
			开动率	生产节拍	开动率	生产节拍	
工序分析	1. PQ 分析	○					
	2. 工序分析	○					
开动分析	3. 作业日报		○(含开动计算)		○		○
	4. 抽样分析		○		○		○
	5. 连续开动分析		○		○		
设备分析	6. 设备能力分析			○(连续)			
	7. 设备运行时间表			○(节拍)			
作业分析	8. T/S(要素作业分析)					○	○
	9. 生产线编成分析					○	
	10. 联合作业分析			○(半自动)			○
动作分析	11. 标准时间(PTS)					△	△
	12. 动作分析			△		△	△
其他	13. 机能分析			○(加工量)		○	
	14. 记录			○(暂停)			

在进行提高效率的改善活动中，首先就要定量浪费。根据不同的生产类型，选择合适的 IE 手法，定量分析浪费的大小和原因，是成功地进行效率改善的第一步。

2.4.4 经营层面的效率管理落地

1. 生产系统的效率改善

在选择提高效率的工序和具体研讨、分析之前，有必要从生产环境条件和经营计划上的必要性等来研讨改善的层次，它包含：

1）以现在的工序系列和生产系统为前提的改善。
2）工序系统和生产系统的改善。
3）包括改变工艺在内的生产系统的再构筑。

在此基础上，描绘工序整体的理想状态，研讨个别的改善，如图 2-62 所示。

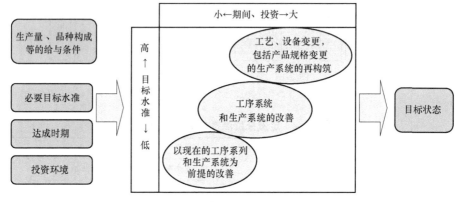

图 2-62 效率改善的水准和投入

以现状生产系统为前提的改善是投入最小的效率改善，同时也是提高现场管理水平的有效手段。大多数生产企业力图通过管理改善提高效率的做法，大都是使用这个方法，但是有一定的局限，很难达到突破性的效率提升改善。

对设备、工艺乃至产品规格等进行变更，以此提高生产效率，会产生突破性的效率提升，例如采用新工艺、高性能设备，但是会有比较大的投资，同时时间也比较长。一般不采用这种方法。

以现状生产系统为前提的改善，首先要考虑改善的重点，即：

1）在考虑工序间的负荷平衡时，瓶颈工序应最优先设定为改善对象。
2）在提高瓶颈工序生产率后，通过提高产量，进一步考虑提高设备的开动率，追求整个生产系统的效率最大化。瓶颈工序的选择如图 2-63 所示。

2. 结果管理和过程管理

提高效率，重点对策的进展管理是对日、周的过程管理，如图 2-64 所示。

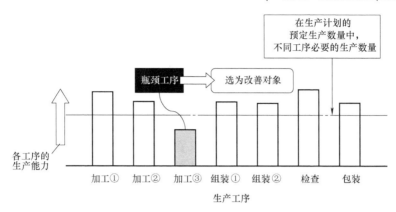

图 2-63 瓶颈工序的选择

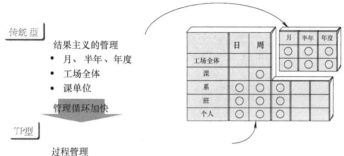

图 2-64 效率改善的过程管理

在效率过程管理中，要明确 5W1H：

What：① 改善课题的直观明确。

Where：② 对策对象明确（对象职场、对象产品）。

Why：③ 目标值明确。

④ 实行的优先顺序明确（贡献率、贡献度的设定）。

How：⑤ 实行步骤细分化。

When：⑥ 每个实行步骤的期限明确。

Who：⑦ 实施担当人明确（个人、全员分担）。

3．生产效率改善以及经营和管理

1）经营的成果即附加价值（市场价值－调配价值）。

经营，即持续增大这个附加价值的活动。

2）经营中的管理意义就在于挑战，减少机会损失。

管理者，就是考虑及发现机会损失，并予以对策，使之得以改善的负责人。

3）附加价值是统合了人、物、设备、能源的有机的系统产物，也是人的工作。

改善在于提高工作附加价值的有效性与效率性。

4）对工作的有效性与效率性进行测定，效果确认是管理的基本。

标准时间即管理者的管理工具。

5）标准时间的管理上的意义

① 管理者、作业者对管理浪费的认识手段。

② 附加价值增大的标准：自身不断提高基准值。

③ 通过改善浪费，提高管理水准。

④ 促进作业者自身的改善意识与行动。

⑤ 通过职员参与，提高自身标准认识。

⑥ 经营、管理、作业者共同认可的标准。

最后，关田法再次重复定义生产效率提高的定义：

"通过管理，把人的能力、机械设备的性能、材料的诸机能、彻底地发挥到极致。"

第 3 章

不同生产类型的精益改善落地

3.1 概论

3.1.1 关田法定义的生产模式和特点

对于生产模式的区分没有严格的定义，根据不同的角度，会有不同的生产模式区分。关田法的生产模式分四类：加工型生产模式、装置性生产模式、组装型生产模式、生产物流型生产模式。这四种生产模式基本能够覆盖主要生产环节。

1. 加工型生产模式

是由不同功能的加工设备组成的加工生产环节，例如齿轮加工环节，由车床、滚齿、磨床组成。

在这样的生产模式中，一人多机的课题、瓶颈设备的课题、总体设备效率的课题比较多。

在加工型的生产中，会有品种设备切换的工作环节，所以，品种切换的时间效率和计划切换次数也是这种生产模式改善的主要课题之一。

2. 装置型生产模式

主要是以大型设备为主，同时由一系列不同功能的设备组成一个工作环节，例如汽车行业的涂装环节、建筑业的混凝土生产环节、饮料啤酒的生产环节等。这样的生产模式，在整个生产过程中，人为的参与非常少，主要以监视和微调为主。

在该生产模式下，设备的开动连续性非常重要，设备的生产能力和质量保证能力就直接决定了生产效率和质量。

3. 组装型生产模式

主要是以人手工作为主。组装工作往往并不是一个人完成的，而是一组操作人员按组装的先后顺序，负责不同的组装工作，同时每个人负责的时间也尽量能够接近。这样按先后顺序、按基本用相同时间的工作量，完成一个产品的组装工作。例如汽车总装流水线，就是组装型生产。

在该生产模式下，生产的均衡和节拍是十分重要的。

4. 生产物流型生产模式

是主要以分类、包装、搬运为主的生产模式，包含生产企业的库房、零件上线、产品入库、出库等工作内容。

在该生产模式中，工作量非常不均衡，标准化也比较不易实现，可视化也非常重要。

关田法的生产现场分析和改善落地主要根据这四种生产模式，采用不同的诊断和改善方法。

3.1.2 关田法现场分析和改善定位

精益的思想就是彻底消除浪费。为了消除浪费首先就是要明确、定量浪费，然后进行改善、标准化。这也是我前面谈到的管理铁三角，如图 3-1 所示。

测量，就是为定量地明确问题（浪费）所在，大小，发生的时间，有关的人、设备和材料的过程，我把这一过程称作诊断。

要了解一个组织，只有现场才最能反映其全部情况，也只有现场才是最真实的，是这个组织的现在进行式。诊断的场所，就是现场，所以称作现场诊断。

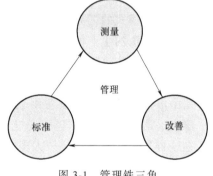

图 3-1 管理铁三角

将现场诊断的数据与标准进行比较，偏离标准的就是问题，也就是浪费。对这些浪费进行改善，并将改善的成果标准化，再循环利用"管理铁三角"，进一步发现问题，改善问题，实现成果标准化。

现场诊断有三个视点：

1）产品流程：生产过程中的节拍、设备、物料。

2）人：工作状态、工作责任心、工作热情。

3）管理：管理标准、管理可视化、管理的实施。

实际的生产现场，根据不同的流程，不同的产品，现场诊断和改善时侧重点将不同。

3.1.3 关田法的现场分析层次

现场的诊断有三个视点：产品流程、人和管理。

生产系统的分析，一般都从第一个生产环节开始，最后到总装环节，按生产流程的顺序，对生产流程中的现状和问题点进行分析和诊断。

我的诊断正好是和这个相反。我诊断的开始点是总装，按生产流程的反方向，对各个生产环节的现状和问题点进行分析和诊断。为什么呢？

生产系统的各个环节的课题和问题有两种可能性。

一种是这个环节本身形成的问题，例如生产产能不足、设备故障等；另一种是因为这个环节外部造成的问题，例如与下道工序的能力不匹配，又例如下道、下下道、或者总装的计划执行有问题，人员效率问题等，影响到本道环节，造成的问题。

如果按常规从生产流程的第一道工序开始进行诊断，就不容易区分因后道的问题引起的本道问题，也就很难进行有的放矢地改善对策。但是如果反过来，也就是说从总装这一最终生产环节开始进行分析，既能分析诊断出本道原因引发的一些问题点，又能分析出因前道造成的某些问题。

总的生产计划是按总装下线为主线，进行生产计划和物料计划以及人员安排的，然后根据这一主线，逐步计划前面各道工序的生产计划和物料等计划。那么生产最后环节总装的生产计划完成情况，也就代表了整个生产系统的完成情况。总装生产效率，也体现了整个生产系统的效率。但如果总装因某种原因不能按计划进行生产，即使最终完成了计划产量，生产时间也超出了标准生产时间。这时就会直接影响前道工序也不能按计划进行，直接影响到前道工序的生产进度，即使前道工序没有任何问题。而且总装的问题也会波及整个生产系统。这也是生产计划经常变更的其中主要原因。

所以，要保证生产系统按计划、高效地实施，首先要保证总装环节能按计划、高效地进行生产。为此，在进行生产现场的诊断时，诊断首先要从最终环节的总装开始，主要是分析诊断总装环节的现状和问题点，从中寻找出问题解决的方向和方法。

所以，诊断和问题解决的流程正好和生产的流程相反，才能高效、正确地诊断问题、解决问题，如图3-2所示。

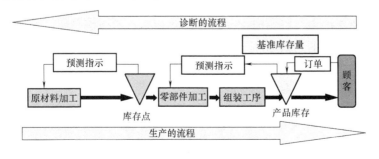

图3-2　诊断和问题解决的流程

我到一些企业去诊断分析生产系统时，企业的人员会按生产流程，首先介绍生产的情况和问题，最后到总装。但我都是拒绝，要求直接到总装环节，然后再一步一步看上一道的各个环节。其实，在很多企业，有经验、优秀的高层大多也是这样考虑的。看生产系统的情况和相应问题点时，大多首先看最后的总装环节。这样的人是精益的专家。

下面各节分别阐述关田法在加工型、装置型、组装型、生产物流型生产现场的应用。

整个生产系统流程的诊断分析和改善，将在另外的书籍中进行阐述。

3.2 加工型生产现场的改善落地

3.2.1 加工型生产的特点和痛点

1. 机械加工的现场改善

机械加工的生产，是各种不同设备组成的加工环节，例如齿轮加工，先滚出齿形，再进行精磨，可能还有热处理等，最终产品为合格的齿轮，再进入下一道装配工序。

精益生产中经常会有对设备进行改善，对每个设备的开动效率、换型问题、质量问题等进行改善。但在实际工作中，却存在着两个痛点：

1）单个设备的改善，往往做得再好，也并不能解决整体生产的效率问题。如何提高加工环节的整体加工效率？

2）设备综合效率（OEE），理论上是行得通的，实际有时操作起来，确实很难使用。

2. 设备综合效率应用的课题

$$设备综合效率 = 时间开动率 \times 性能利用率 \times 产品合格率$$

时间开动率的主要影响因素（停止浪费）是：设备故障停机、设备换型。

性能利用率的主要影响因素（速度浪费）是：设备暂停、设备低速、空转。

产品合格率的主要影响因素（不良浪费）是：不合格产品、试制产品。

设备综合效率的判断标准（定性）和计算公式是比较明了的，大多的教材、大多的老师也是这样教的。但在实际生产现场，真正用来分析、诊断、判断设备的综合效率却不是一件容易的事情。

实际的生产现场有各种各样的设备，加工不同的零部件，生产组织也是各有不同。

对时间开动率，在有些工序中，有些设备的时间开动率有可能比较高，但是真正经过几个前后道工序加工下来，总体的时间开动率并不是很高，与每台的高开动率有所矛盾。

对性能利用率，在现场的实际判断和分析中，更是比较难于理解和判断。对于暂停怎么样才能判断？低速、空转更是难于具体量化。

产品合格率也是这样，一个设备的最终产品即使是合格的，但是有时是一次加工结束的，有时可能还要返工，有时可能还要退回上道工序。

因此在现场把设备综合效率实际落地，确实需要一定落地的经验和套路。

经营层要综合判断设备的总体系统状况和课题。

管理层上要具体判断设备总体的问题和改善方向。

关田法针对以上特点和痛点，结合在生产现场进行改善指导的经验和体会，总结了一些解决这些痛点的实战方法，使加工型生产的改善，能够在现场真正得以实施，得以落地。

3.2.2 设备综合效率案例研究

1. 加工型现场的分析和改善

设备综合效率的改善落地步骤如下：

1) 设备开动台数总体分析（开动台数）：宏观地诊断为完成某个零部件加工，整体加工流程的工作效率和问题点。

2) 设备时间开动分析（开动时间）：在整个上班期间，设备并不是连续运转的，有规定的开停机时间，有设备的准备时间等。真正的开动时间是去除了这些时间。要分析实际开动的时间和问题点。

3) 设备调整切换分析（切换时间）：设备加工时，会产生换型、换刀、调整的情况，一般是停止设备进行的。换型、换刀的计划、方法、时间，等等，都能暴露一些管理上、计划上、技术上的问题点。

4) 设备的加工工序分析（性能时间）：加工过程中，每台设备除正常（性能发挥时间）加工外，会发生物料时间、检查时间，辅助加工时间，等等，从这些细微之处诊断，分析每个设备的情况，有助于发现一些具体的问题。

5) 设备工艺节拍分析（价值时间）：可以将整个设备对零部件进行加工的过程分成一些详细的步骤，例如，将装件、进刀（时机、速度、长度）、每个加工节拍时间的离散等过程产生的问题累加起来，就是一个很大的问题，会直接影响到设备的效率。这方面也往往是被忽略的部分。对此分析，寻找问题，进行解决。

这里的关田法主要从：开动台数、开动时间、切换时间的宏观分析，以及性能时间、价值时间的微观分析，共5个方面，来分析设备的系统的整体运转情况，寻找问题点，研究解决方案。

下面就从一个具体事例来看如何应用。

2. 关田法综合效率分析改善应用事例

（1）关田法综合效率宏观分析

1）改善对象生产系统概要。

总体现场的调查概要和设备分布图如图3-3所示。

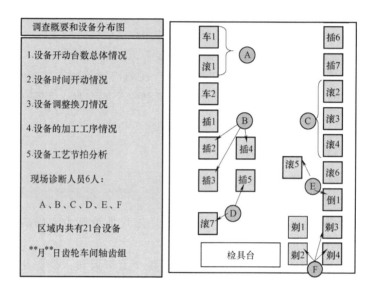

图3-3　调查概要和设备分布图

注：车＝车床；滚＝滚齿机，插＝插齿机；倒＝倒齿机；剃＝剃齿机

该机械加工环节是齿轮机加工的生产现场，共有21台设备，其中有滚齿机7台，插齿机7台，倒齿机1台，剃齿机4台，车床2台。

加工不同的齿轮，需要经过多道工序，使用不同设备。有些设备是1人操作一台，例如车床。有些设备1人操作两台、三台，例如滚齿机。最多1人操作四台设备，例如剃齿机。

该机加工生产单元作息时间是9：00到17：00，所以实际的现场诊断分析就是按此时间段，共有6个人同时对这21台设备进行了全天连续的调查分析诊断，分别负责不同的设备。

2）设备开动台数总体分析。

重点看设备的开动情况，哪些设备在开动，哪些设备没有开动，以此来初步判断生产计划的课题、设备保养故障课题、计划工序配合课题等。

当天大部分的设备都是全天开动进行生产的，有一些设备全天没有开动，还有一台滚齿机和一台倒齿机，上午因开动，下午因故障没能开动。设备总体开动情况如图3-4所示。

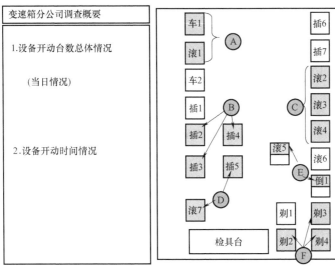

图 3-4 设备总体开动情况

注：滚5、倒1，均表示设备开动半天。

下面从以上设备总体开动情况诊断和分析总体的机加工生产效率。

在总体 21 台设备中，有 6 台停用，开动 15 台。对没有开动的 6 台设备进行进一步的调研，发现：

1 台发生故障已经一个月；3 台受故障设备影响；2 台缺料

6 台(停机设备) = 1 台故障(已经一个月) + 3 台(受故障设备影响) + 2 台(缺料)

以上停机都不是计划停机，所以，

设备台数开动率为：15 台/21 台 = 71.43%。

主要课题是：① 设备故障的维修体制（一台设备发生故障，却长期得不到维修）

② 设备故障的预案（3 台设备受故障影响停机）。

③ 生产计划问题和预警机制（缺料）。

3）设备开停机时间分析（开动时间）。

这个机加工区域的标准工作时间为早 9：00 到晚 17：00，在这个时间段内，还有一些计划停止的时间，可以将其分成两类：

第一类是管理计划停止，例如开机前的点检，保养时间。

第二类是操作延误停止，例如晚开机、早停机等。

根据以上的定义，通过全天对设备的调查分析，结果如下：

白班：480min（9：00—17：00），其中：

早晨设备预热启动 10min；

上午休息 10min；

午饭休息 30min；

中午晚开 7min；

提前结束 10min。

整体共 67min 停止时间，实际设备工作时间 423min。这样，在 480min 的时间内，设备时间开动率为：423min/480min = 88.13%。

注意：管理标准是：设备操作工轮流午餐，不在时应有班长顶替，不停机。

这里的主要课题是：① 管理计划课题，例如早上预热的时间浪费等问题。

② 管理执行课题，开停机的时间遵守问题。

4）设备的故障影响分析。

加工过程中有两台设备发生故障，一台滚齿机，一台倒齿机（见图 3-4），各停机 4h，总体故障停机时间为 8h，因此：

全天 15 台设备的投入时间为：423min×15 台 = 6345min

全天 15 台设备的实际开动时间为：6345min−480min = 5865min（一台滚齿机和一台倒齿机各停 4h）

设备故障停机时间开动率为：5865min/6345min = 92.43%

5）设备换刀调整分析（切换时间）。

在一天的调研分析中，部分设备发生换刀等的工作，发生情况如下：

3 台剃齿机换刀一次，约 240min = 3 台×80min/次。

3 台滚齿机换刀一次，约 180min = 3 台×60min/次。

1 台车床换刀 2 次，约 18min = 2 次×9min/次。

1 台滚齿机加油 1 次，约 18min/次。

在开动的 15 台设备中，有 8 台设备进行了换刀作业，累计共用了 456min。

设备的有效开动时间为：5865min−456min = 5409min

设备换刀停机时间开动率为：(423min×15 台−456min)/423min×15 台 = 92.23%

这里的主要课题：① 切换计划课题：如何减少切换次数。

② 切换时间课题：如何优化切换时间。

6）设备的宏观开动率。

在本案例中：

设备台数开动率 = 71.43%；

设备时间开动率 = 88.13%；

设备故障停机时间开动率 = 92.43%；

设备换刀停机时间开动率 = 92.23%。

所以，设备台数开动率、设备时间开动率、设备故障停机时间开动率、设备换刀停机时间开动率为：

53.66% = 71.43%×88.13%×92.43%×92.23%

以上的分析是对整体设备系统的宏观、定量分析。在此基础上，进一步从微观、定量的角度分析本设备系统的课题和问题。

（2）关田法综合效率微观分析改善

1）设备的工序性能利用率（性能时间）。

6位诊断分析IE工程师对15台开动设备进行了连续观测和分析。主要观测和分析设备的工作状态，以此来判断合理的、正常的设备加工时间，例如加工时间和状态，同时也判读不合理、有可能改善的设备时间，例如等待、空转、暂停等影响着性能的状态。其中，对三台剃齿机和两台插齿机的连续观测分析分别见表3-1和表3-2。

表3-1 对三台剃齿机的连续观测分析

开始时间 9:10:00

设备1				设备2				设备3			
时间	时长	状态	描述	时间	时长	状态	描述	时间	时长	状态	描述
9:12:50	0:00:15	暂停	卸料-装料	9:13:10	0:00:05	暂停	卸料-装料	9:12:40	0:00:34	等待	未卸料，等待
9:13:05	0:01:35	加工		9:13:15	0:02:10	加工		9:13:14	0:00:16	暂停	卸料-装料
9:14:40	0:00:30	等待	未卸料，等待	9:15:25	0:00:30	暂停	卸料-装料	9:13:30	0:01:33	加工	
9:15:10	0:00:20	暂停	卸料-装料	9:15:55	0:02:15	加工		9:15:03	0:00:53	等待	未卸料，等待
9:15:30	0:01:45	加工		9:18:10	0:00:10	暂停	卸料-装料	9:15:56	0:00:15	暂停	卸料-装料
9:17:15	0:00:08	暂停	卸料-装料	9:18:20	0:02:15	加工		9:16:11	0:01:29	加工	
9:17:23	0:02:02	加工		9:20:35	0:00:40	等待	未卸料，等待	9:17:40	0:00:42	等待	未卸料，等待
9:19:25	0:01:30	检查		9:21:15	0:00:11	暂停	卸料-装料	9:18:22	0:00:13	暂停	卸料-装料
9:20:55	0:00:12	暂停	卸料-装料	9:21:26	0:02:14	加工		9:18:35	0:01:35	加工	
9:21:07	0:01:28	加工		9:23:40	0:00:14	暂停	卸料-装料	9:20:10	0:01:18	等待	未卸料，等待
9:22:35	0:00:19	等待	未卸料，等待	9:23:54	0:02:14	加工		9:21:28	0:00:17	暂停	卸料-装料
9:22:54	0:00:17	暂停	卸料-装料	9:26:08	0:00:10	暂停	卸料-装料	9:21:45	0:01:35	加工	
9:23:11	0:01:49	加工		9:26:18	0:02:17	加工		9:23:20	0:00:37	等待	未卸料，等待
9:25:00	0:00:45	等待	未卸料，等待	9:28:35	0:00:10	暂停	卸料-装料	9:23:57	0:00:15	暂停	卸料-装料
9:25:45	0:00:12	暂停	卸料-装料	9:28:45	0:02:10	加工		9:24:12	0:01:28	加工	
9:25:57	0:01:53	加工		9:30:55	0:00:15	暂停	卸料-装料	9:25:40	0:00:44	等待	未卸料，等待
9:27:50	0:00:15	暂停	卸料-装料	9:31:10	0:02:15	加工		9:26:24	0:00:16	暂停	卸料-装料
9:28:05	0:01:50	加工		9:33:25	0:00:15	暂停	卸料-装料	9:26:40	0:01:25	加工	
9:29:55	0:00:22	等待	未卸料，等待	9:33:40	0:02:20	加工		9:28:05	0:00:40	等待	未卸料，等待
9:30:17	0:00:18	暂停	卸料-装料	9:36:00	0:00:08	暂停	卸料-装料	9:28:45	0:00:17	暂停	卸料-装料
9:30:35	0:01:45	加工		9:36:08	0:02:08	加工		9:29:02	0:01:28	加工	
9:32:20	0:00:26	暂停	卸料-装料	9:38:16	0:03:02	等待	未卸料，去卫生间，等待	9:30:30	0:00:44	等待	未卸料，等待
9:32:46	0:01:49	加工		9:41:18	0:00:15	暂停	卸料-装料	9:31:14	0:00:16	暂停	卸料-装料
9:34:35	0:00:30	暂停	卸料-装料	9:41:33	0:02:17	加工		9:31:30	0:01:25	加工	
9:35:05	0:01:50	加工		9:43:50	0:00:18	暂停	卸料-装料	9:32:55	0:00:48	等待	未卸料，等待
9:36:55	0:04:01	等待	未卸料，去卫生间，等待	9:44:08	0:02:02	加工		9:33:43	0:00:17	暂停	卸料-装料
9:40:56	0:00:15	暂停	卸料-装料	9:46:10	0:00:13	暂停	卸料-装料	9:34:00	0:01:27	加工	
9:41:11	0:01:44	加工		9:46:23	0:02:12	加工		9:35:27	0:00:33	等待	未卸料，等待
9:42:55	0:00:28	暂停	卸料-装料	9:48:35	0:00:08	暂停	卸料-装料	9:36:00	0:00:17	暂停	卸料-装料
9:43:23	0:01:45	加工		9:48:43	0:02:20	加工		9:36:17	0:01:33	加工	
9:45:08	0:00:27	暂停	卸料-装料	9:51:03	0:00:12	暂停	卸料-装料	9:37:50	0:03:42	等待	未卸料，去卫生间，等待
9:45:35	0:01:45	加工		9:51:15	0:02:13	加工		9:41:32	0:00:18	暂停	卸料-装料
9:47:20	0:00:20	等待	拧抹布	9:53:28	0:00:17	暂停	卸料-装料	9:41:50	0:01:25	加工	
9:47:40	0:00:20	暂停	卸料-装料	9:53:45	0:02:08	加工		9:43:15	0:00:42	等待	未卸料，等待
9:48:00	0:01:50	加工		9:55:53	0:00:17	暂停	卸料-装料	9:43:57	0:00:18	暂停	卸料-装料

表 3-2 对两台插齿机的连续观测分析

插齿机 1

序号	开始时刻	结束时刻	所用时间/min	状态	类别	描述
1	9:06:32	9:15:00	8.5	开机	1 加工	加工
2	9:15:00	9:19:10	4.2	开机	2 等待	等待卸料
3	9:19:10	9:20:17	1.1	开机	3 调整	卸料、上料
4	9:20:17	9:28:20	8.0	开机	1 加工	加工
5	9:28:20	9:29:00	0.7	开机	3 调整	卸料、上料
6	9:29:00	9:35:57	7.0	开机	1 加工	加工
7	9:35:57	9:36:14	0.3	开机	2 等待	等待卸料
8	9:36:14	9:37:00	0.8	开机	3 调整	卸料、上料
9	9:37:00	9:45:16	8.3	开机	1 加工	加工
10	9:45:16	9:46:37	1.3	开机	2 等待	等待卸料
11	9:46:37	9:46:56	0.3	开机	3 调整	卸料、上料
12	9:46:56	9:55:03	8.1	开机	1 加工	加工
13	9:55:03	9:56:11	1.1	开机	3 调整	卸料、上料
14	9:56:11	10:04:06	7.9	开机	1 加工	加工
15	10:04:06	10:06:28	2.4	开机	2 等待	检测等待
16	10:06:28	10:07:42	1.2	开机	3 调整	调整程序
17	10:07:42	10:15:16	7.6	开机	1 加工	加工
18	10:15:16	10:15:47	0.5	开机	3 调整	卸料、上料
19	10:15:47	10:23:24	7.6	开机	1 加工	加工
20	10:23:24	10:24:18	0.9	开机	3 调整	卸料、上料
21	10:24:18	10:31:49	7.5	开机	1 加工	加工
22	10:31:49	10:32:14	0.4	开机	2 等待	等待卸料
23	10:32:14	10:32:53	0.6	开机	3 调整	卸料、上料
24	10:32:53	10:40:21	7.5	开机	1 加工	加工
25	10:40:21	10:40:55	0.6	开机	3 调整	卸料、上料
26	10:40:55	10:48:31	7.6	开机	1 加工	加工
27	10:48:31	10:49:05	0.6	开机	3 调整	卸料、上料
28	10:49:05	10:56:51	7.8	开机	1 加工	加工
29	10:56:51	10:57:17	0.4	开机	3 调整	卸料、上料
30	10:57:17	11:05:09	7.9	开机	1 加工	加工
31	11:05:09	11:05:36	0.5	开机	3 调整	卸料、上料
32	11:05:36	11:13:20	7.7	开机	1 加工	加工
33	11:13:20	11:28:11	14.9	停机	5 计划停机	上午休息
34	11:28:11	11:36:30	8.3	开机	1 加工	加工
35	11:36:30	12:14:47	38.3	停机	5 计划停机	午餐

（续）

			插齿机2			
序号	开始时刻	结束时刻	所用时间/min	状态	类别	描述
1	9:06:40	9:15:02	8.4	开机	1 加工	
2	9:15:02	9:19:30	4.5	开机	2 等待	
3	9:19:30	9:20:00	0.5	开机	3 调整	
4	9:20:00	9:27:43	7.7	开机	1 加工	
5	9:27:43	9:28:15	0.5	开机	3 调整	
6	9:28:15	9:35:23	7.1	开机	1 加工	
7	9:35:23	9:36:10	0.8	开机	3 调整	
8	9:36:10	9:44:24	8.2	开机	1 加工	
9	9:44:24	9:44:50	0.4	开机	3 调整	
10	9:44:50	9:46:13	1.4	开机	2 等待	
11	9:46:13	9:54:39	8.4	开机	1 加工	
12	9:54:39	9:55:21	0.7	开机	3 调整	
13	9:55:21	10:03:45	8.4	开机	1 加工	
14	10:03:45	10:04:21	0.6	开机	3 调整	
15	10:04:21	10:11:39	7.3	开机	1 加工	
16	10:11:39	10:11:56	0.3	开机	3 调整	
17	10:11:56	10:19:32	7.6	开机	1 加工	
18	10:19:32	10:20:06	0.6	开机	3 调整	
19	10:20:06	10:27:10	7.1	开机	1 加工	
20	10:27:10	10:27:46	0.6	开机	2 等待	
21	10:27:46	10:29:03	1.3	开机	2 等待	
22	10:29:03	10:31:09	2.1	开机	3 调整	
23	10:31:09	10:38:44	7.6	开机	1 加工	
24	10:38:44	10:39:13	0.5	开机	3 调整	
25	10:39:13	10:47:38	8.4	开机	1 加工	
26	10:47:38	10:48:14	0.6	开机	3 调整	
27	10:48:14	10:55:27	7.2	开机	1 加工	
28	10:55:27	10:55:55	0.5	开机	3 调整	
29	10:55:55	11:03:37	7.7	开机	1 加工	
30	11:03:37	11:03:53	0.3	开机	3 调整	
31	11:03:53	11:11:23	7.5	开机	1 加工	
32	11:11:23	11:27:20	15.9	停机	5 计划停机	
33	11:27:20	11:27:43	0.4	开机	3 调整	
34	11:27:43	11:35:20	7.6	开机	1 加工	
35	11:35:20	12:13:43	38.4	停机	5 计划停机	

表 3-3 汇总和分析

设备名称	等待时间/min	暂停时间/mihn	调整检查时间/min	时间小计/min	单机实际开动时间/min	单机运转效率	单机主要问题点	备注
1 车床 1	45	15	5	65	405	83.95%	零件经常被铁屑缠住检测仪器有时需等待作业期间等待 97 次	换刀两次共 18min
2 滚齿机 1	44	41	7	92	423	78.25%	油不足加油 18min 作业期间等待 88 次 零件经常需打磨	
3 剃齿机 2	45	44	4	93	343	72.89%	取料路径太长	换刀 80min
4 剃齿机 3	16	28	3	47	343	86.30%	待检约 30min	换刀 80min
5 剃齿机 4	46	33	15	94	343	72.59%	刀具工人去取	换刀 80min
6 插齿机 2	23	48	20	91.1	423	78.46%	加工过程暂停确认	
7 插齿机 3	14	79	20	113.1	423	73.26%	加工过程暂停确认	
8 插齿机 4	39	24	22	84.4	423	80.05%	设备经常需调整精度	
9 插齿机 5	14	42	4	60	423	85.82%	非定期搬运停机	
10 滚齿机 7	14	23	4	41	405	89.88%	批量搬运停机检查	加油一次 18min
11 滚齿机 2	15	30	25	70	393	82.19%	三个拍子设备是上下道工序等待，特别工作节拍不一致经常等待	换刀 30min
12 滚齿机 3	30	22	10	62	393	84.22%	是滚齿机 4	
13 滚齿机 4	63	5	10	78	393	80.15%	非定期停机检查	
14 滚齿机 5	19	6	22	47	183	74.32%	经常故障	故障停机 240min
15 倒棱机 1	8	20	14	42	183	77.05%	故障已经	故障停机 240min
16 车床 2							缺料	全天停机
17 剃齿机 1							故障影响一个月	全天停机
18 插齿机 1							故障影响一个月	全天停机
19 插齿机 6							故障影响一个月	全天停机
20 插齿机 7							缺料	全天停机
21 滚齿机 6								
综合性能利用率 1						79.96%		

对 15 台的设备的连续观测数据进行了整理分析。主要分析影响各设备性能利用率的因素。从等待时间、暂停时间、调整时间、对单个设备进行了分析整理，然后综合分析这个加工区域的总体工学性能效率。汇总和分析见表 3-3。

在 15 台加工设备中，从设备等待、暂停、调整的三个角度，对连续分析的数据进行统计汇总，其中单机工序性能利用率最高的是滚齿机 89.88%，最低的是剃齿机 72.59%；设备工序性能利用率为：79.96%。

从单机的主要问题点可以看出产生等待、暂停、调整的主要原因。

2）设备节拍时间利用率（价值时间）。

① 设备加工节拍的离散分析。

设备加工的节拍是根据工艺、材料和设备的性能，综合判断制定的标准加工时间，所以，每次加工的节拍时间应该是基本一致的。但实际上，在每个节拍加工过程中，因各种因素的影响，会使每次加工的节拍时间有所不同。这就是加工节拍时间的离散。

造成这种离散的主要原因有两种。一是硬件原因，例如装卸料的难易度、零件搬运的重量、工装夹具的精度等。二是人的因素，包括对标准的理解、遵守程度，管理的要求和落实情况。

根据以上观点，对这些加工设备的加工节拍时间和组成这些时间的工作内容进行了调查分析，见表 3-4。

表 3-4 加工节拍时间分布分析

设 备	节 拍	时 间	主要问题
剃齿机	节拍时间	104s	未卸料,等待
	最大时间	141s	调整机床参数
	最小时间	101s	寻料、取料
	加工次数	117 次	
	STDEV	28.28	
滚齿机	节拍时间	162s	修理（打磨）
	最大时间	169s	擦零件
	最小时间	158s	送加工完的零件
	加工次数	88 次	修理零件
	STDEV	7.78	
插齿机	节拍时间	7.2s	等待卸料
	最大时间	8.7s	调整程序
	最小时间	7s	加冷却液
	加工次数	110 次	检测等待
	STDEV	1.06	

从上面的数据可以看出，每台设备的加工节拍时间都有一些离散，有些设备的加工节拍离散得比较大。例如剃齿机，最大加工节拍时间为141s，最小加工节拍时间101s，与标准节拍时间离散程度约为40%。这其中有很多因素是标准执行原因和管理原因，有些是可以得到改善的。但在这里很难具体明确能够改善多少、结果如何。

根据以往的经验和数据，初步判断有5%的改善空间，所以：

设备节拍时间利用率为95%。

② 关田法综合效率微观分析总结。

设备性能利用率（性能时间）为：79.96%。

设备节拍时间利用率（价值时间）为：95%。

设备微观利用率为：75.96% = 79.96%（设备性能利用率）×95%（设备节拍时间利用率）。

（3）关田法综合效率分析

1）产品合格率。

根据最终产品的数据，该设备加工的产品合格率为99%。

2）设备综合效率。

设备综合效率 = 时间开动率×性能利用率×产品合格率 = 53.66%×75.96%×99% = 40.35%。

（4）加工型现场的分析汇总和改善

1）具体分析的内容。

① 设备开动台数总体情况。主要是考虑非计划停机的停机情况。由于生产计划和产能的调整，有些设备是计划停机的。但是本次的设备停机是应为故障和缺料的影响，所以要作为问题来考虑。

② 设备时间开动情况。在整个上班期间，设备并不是连续运转的，有规定的开停机时间，有设备的准备时间等。真正的开动时间是去除了这些时间。

这里主要分析管理、计划的问题点。

③ 设备调整换刀情况。设备加工时，会产生换型、换刀、调整的情况，一般都是停止设备进行的。换型、换刀的计划、方法、时间，等等，都能暴露出一些管理上、计划上、技术上的问题点。同时也要考虑型号切换的时间、步骤和问题点。

④ 设备的加工工序情况。在加工过程中，每台设备除正常加工外，会发生物料时间、检查时间、辅助加工时间，等等，从这些细微之处诊断，分析每个设备的情况，有助于发现一些具体的问题。主要关注等待、暂停、调整时间。

⑤ 设备工艺节拍分析。整个设备对零部件进行加工的过程，实际也可分成一些详细的步骤。例如装件、进刀时机、进刀速度、进刀长度，每个加工节拍时

间的离散，等等，产生的问题累加起来，就是一个很大的问题，会直接影响到设备的效率。这方面也往往是被忽略的部分。

2）改善的方案和实施。

根据以上问题分析和汇总，以提高单位小时产量（JPH）为主要目标制定了整体改善方案。总体综合效率从 40.35% 提高到 75%，JPH 从 7.1 台提升到 11.5 台，计划改善实施 5 个月时间，改善方案见表 3-5。

通过 5 个月的现场改善实施，达到了预定改善目标，具体改善成果见表 3-6。

3.2.3 关田法设备综合效率改善汇总

1. 关田法设备综合效率

1）不仅关注单一设备，还综合考虑形成整个产品加工链上的设备系统。

2）结合现场的实际情况和可操作性。把设备综合效率分成：

① 设备宏观开动效率 = 设备台数开动率 × 设备时间开动率 × 设备故障时间开动率 × 设备切换开动率。其中：

设备台数开动率（开动台数）：开动的台数/产品加工链上的设备总数

设备时间开动率（开动时间）：开动设备的合计停止时间/（开动设备的台数×8h）

设备故障时间开动率（故障时间）：故障的时间总和/（开动设备的台数×8h−合计停止时间）。

设备切换开动率（切换时间）：产品切换总体停止时间/（开动设备的台数×8h−合计停止时间−切换总体停止时间）。

② 设备微观利用率 = 设备性能利用率 × 设备节拍时间利用率，其中：

设备性能利用率（性能时间）：设备加工过程中，去除等待、确认等时间外的时间。

设备节拍时间利用率（价值时间）：在每个产品加工过程中，真正创造价值的时间。

③ 关田法设备综合效率 = 设备宏观开动效率 × 设备微观利用率 = 设备台数开动率 × 设备时间开动率 × 设备故障时间开动率 × 设备切换开动率 × 设备性能利用率 × 设备节拍时间利用率

2. 关田法设备综合效率的管理

（1）综合判断设备的总体系统状况和课题主要从以下两个方面进行

1）总体设备系统的开动效率。

2）总体设备系统的开动状态。

（2）总体设备系统的开动效率（时间效率）

单个生产设备的效率如何，并不能决定整体设备系统的效率。效率的基本定义是投入和产出之比。对于设备上，直观上就是判断在投入的时间内，真正开动起来的时间是多少。当然，通过一些数据也可以判断设备的时间效率，但是有时往往并不能完全反映实际情况，因为判断的视点和标准不一样。

表 3-5 改善方案

序号	单位	生产单元	JPH现状/台	班次	JPH管理提升目标/(台/h)	措施	时间节点	通过增加设备、部分零件外协来提高JPH提升目标/(台/h)	措施计划	时间节点	年底JPH目标/台
	变速	装配线	20.00	单班,有时延班	24.00	1. 进行细致的流水线作业平衡分析 2. 利用流水线椭圆部分,细分工序 3. 实施标准化作业 4. 部分工序线下合成 5. 延长日加工时间至10h	5月30日				
		齿轮车间	7.10	三班	7.37	1. 进一步细致产能分析 2. 适当调整产品设备布局 3. 采用"连进式"计件考核制 4. 优化物流方式,采用"喂料制" 5. 优化工艺,改进工装,提高有效时间的产出 6. 做好分析设备综合效率基础统计及分析工作,提高设备的开动率,做好设备的预防性维修 7. 实施标准化作业,减少设备、工装、刀具加工的调整时间 8. 优化工件检测流程,缩短零件检测周期	5月30日	11.5	二轴加工为瓶颈工序;二轴外购 2500 件/月(从6月到10月);更新二轴插齿机投产;一轴精齿机投产;一轴齿组转车从至盘齿机加工的老盘类零件转移至新倒齿机,倒档齿轮至新倒齿机;一档齿轮、倒档齿轮外购	10月30日	14.2(规划中)

箱	车间		班次		改善措施	日期	备注	日期	状态
	热处理车间	5.60	三班			11.6	中间轴热处理外协	5月31日	14.2（规划中）
	箱体（压铸）	7.10	三班	10.60	1. 加强模具的维护，提高模具使用寿命 2. 实施标准作业，减少模具更换时间 3. 加强设备预防性维修，提高壳体生产一次性合格率	6月15日	11.5	外购变速器壳压铸件5000只/月	6月30日	14.2（规划中）
	箱体（壳体）	7.50	三班	8.34	1. 合理利用有效工装夹具，提高二次装夹速度 2. 实施四班三运转工作制 3. 优化工件检测流程，缩短零件检测周期 4. 做好分析工作及设备综合效率基础统计及设备的开动率，做好设备的预防性维修	6月10日	11.5		6月30日	14.2（规划中）

表 3-6 改善成果

车间	JPH/台				
	现状	5月末	6月末	10月末	年底目标（规划中）
装配线	20	24	24	24	24
齿轮车间	7.1	7.37		11.5	14.2
热处理车间	5.6	11.6			14.2
箱体（压铸）	7.1	10.6	11.5		14.2
箱体（壳体）	7.5	8.34	11.5		14.2

对于设备时间开动分析，我认为首先最直接的方法，就是关注开机、停机的台数。例如加工环节共有 10 台设备，在某个时间点上，有 6 台在开动，那么这个时间点上的设备时间开动率就是 6 台/10 台＝60%。

（3）总体设备系统的开动状态（状态效率）

对于以上描述的加工型生产现场的诊断和分析视点，就要从两个方向来考虑。

首先要诊断分析单个设备本身的状况、开动的时间、开动时的开动质量、效率；切换的方法和切换效率，加工过程的方法和方法的效率；设备故障的现场和原因，设备自主保养的状况和水平，等等，通过这些来诊断设备的效率。

同时，一个产品要通过多个不同设备的加工才能最终形成需要的零部件。这时就要总体关注这些设备的情况，相互之间加工能力的匹配，上下道设备的节拍的匹配，设备间的物流转运，设备间的在制设定，等等。因为即使一台设备的加工效率很高，但是如果上述情况仍然存在很多问题，那么结果是低效的。所以既要诊断单个设备本身的状况，也要同时诊断构成该零部件加工的整个流程所有设备的状况。这两个缺一不可，同样重要。这就是加工型现场的关田法视点。

（4）小结

设备综合效率课题解决的关田法，是基于现场实际改善落地的实践方法。

本节通过案例介绍了实际分析和改善的关田法应用。但是在各种生产形态下的应用方式并不是完全一样的，有关这些内容，将在今后论著中更详细地阐述。

3.3 装置型生产现场的改善落地

3.3.1 关田法的装置型生产模式

装置型生产主要是以设备为主，大都是由一些大型设备组成的生产环节，如图 3-5 所示。

图 3-5　装置型生产

我经历的生产企业有各种类型,如汽车行业的涂装环节、纺织业生产、饮料啤酒生产、混凝土生产等则都属装置型生产。

这种生产环节,主要由大型设备进行工作,人为干预得比较少,人的工作主要是监视、调整、上下料,同时是连续性生产,有些甚至是24h连续运转。因此,设备的效率就决定了生产的效率。

这些装置型生产环节,因生产的产品不同,设备的组成和管理重点也不完全一样。

这一节首先将通过具体的实例,阐述不同装置型生产的关田法分析和改善落地。再进一步总结经营层和管理层对这一类型的生产环节的关注、管理重点。

3.3.2　装置型生产诊断和改善案例研究

这是一个制造工业用帆布的纺织企业,是我曾经指导过的精益改善装置型企业之一。

1. 精益改善的愿望和出发点

企业的主导产品为高性能低缩浸胶涤纶帘子布、帆布,有三大系列近百个品种,是国内帘帆布行业规模、品种、设备工艺领先的企业。

企业已有十多年的发展历史,市场在变化,客户在变化,但生产系统和生产管理系统仍然没有很大的变化。企业经营者考虑对生产系统管理进一步改善、提高,具体目标是希望在原有基础上,提高生产效率,提高产品质量。

2. 现场的诊断分析和生产系统精益战略计划

产品主要是工业用帆布,生产流程如图3-6所示。

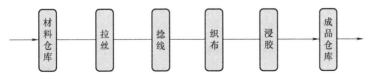

图 3-6　帆布生产工艺流程

帆布生产，从拉丝、捻线、织布、浸胶，到入库的整个过程，都是由大型设备连续生产完成的。

根据企业的要求，对企业进行了为期一周的诊断分析。

第一天，拜访了企业方A董事长，B副总，C处长和公司主要领导，对公司的生产状况、产品结构、生产流程等现状和课题进行了交流。同时也个别访谈了与生产有关的领导。从现场的改善、生产能力的提高、质量的提升、产品的开发、市场的开发等一系列工厂管理、企业经营等方面，确认了企业的现状和课题。

第二天，在B副总等的陪同下，对新旧两个工厂进行了现场诊断和初步分析。

在拉丝、捻线、织布、浸胶等主要工艺过程中，直接观察分析了设备的运行状态、管理状态人员的工作状态、工作方法、材料的物流状态、管理方法、现场管理的文件等。同时也在调查的过程中，询问了现场管理人员，工作人员的具体情况，从产品质量、加工工艺、过程控制、人员技能等方面进行了调查分析。

这种装置型生产企业，设备起着举足轻重的作用。各个工序之间的设备平衡决定了工厂的生产能力；设备的维护保养决定了产品的质量竞争能力；人员对设备的管理和使用决定了生产系统计划的实施效率；中间过程的材料、在制品的计划和管理决定了物流的效率和质量。根据以上的视点和初步诊断分析的结果，经企业经营层、管理层的确认，明确了企业的课题。在市场高速发展和激烈竞争的前提下，企业的主要课题是：

（1）从经营的角度

超越竞争对手AA和BB（QCD），提高知名客户的销售额比率等。

（2）从管理的角度

1）保证产能：在4大工序间的产能中，捻线是瓶颈。

2）提高产能：为进一步对应市场和新客户开发。

3）提升质量：减少人为质量，降低设备质量，改善材料质量等。

4）现场物流：减少在制品，优化流程和计划。

5）操作标准：提高人员的技能和操作标准。

为此，首先针对管理课题，对生产系统进行诊断分析、改善、优化和标准化，以提升产能和质量。

第三天和第四天对现场进行了详细地诊断分析，并且梳理分析出为提高生产效率和提升产品质量的主要问题点和课题。

1）缩短换型时间。现状是3~6h/次，2~3天进行一次换型，造成了大量的浪费。

2）减少空头率。在拉丝、捻线和织布过程中，有许多设备并没有完全装满线头,虽然设备在运转,但现状是有空头15%,而且这些空头位置大都是正常的。

3)提高过程质量。现状:2%的损耗。在生产过程中,因各种质量问题,造成约有2%的废品,同时也影响了生产效率。

4)减少设备故障。现状是约有2%的设备故障,造成停机,实际在开动过程中,仍有许多临时的暂停和调整时间。

5)优化设备速度。现状速度为9500r/min,根据工艺和设备生产能力,该速度并不是最优的设备速度。

6)提高人员能力。解决现场人员的不必要等待问题,提高操作技能和分析解决问题的能力。

最后,通过和企业共同讨论,制定了总体改善方案,如图3-7所示。

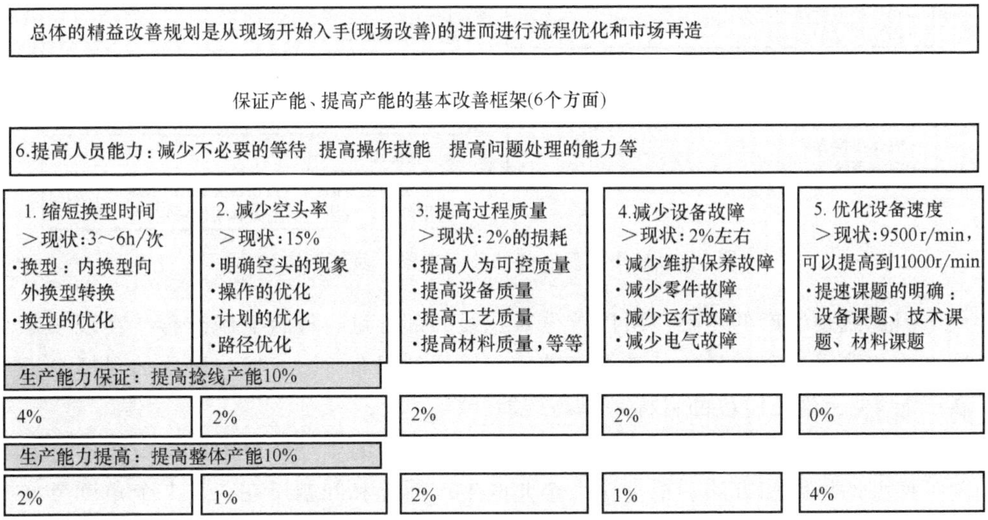

总体的精益改善规划是从现场开始入手(现场改善)的,进而进行流程优化和市场再造				
保证产能、提高产能的基本改善框架(6个方面)				
6.提高人员能力:减少不必要的等待 提高操作技能 提高问题处理的能力等				
1.缩短换型时间 ▷现状:3~6h/次 •换型:内换型向外换型转换 •换型的优化	2.减少空头率 ▷现状:15% •明确空头的现象 •操作的优化 •计划的优化 •路径优化	3.提高过程质量 ▷现状:2%的损耗 •提高人为可控质量 •提高设备质量 •提高工艺质量 •提高材料质量,等等	4.减少设备故障 ▷现状:2%左右 •减少维护保养故障 •减少零件故障 •减少运行故障 •减少电气故障	5.优化设备速度 ▷现状:9500r/min,可以提高到11000r/min •提速课题的明确:设备课题、技术课题、材料课题
生产能力保证:提高捻线产能10%				
4%	2%	2%	2%	0%
生产能力提高:提高整体产能10%				
2%	1%	2%	1%	4%

图3-7 改善总体框架计划

总体的精益改善规划是从现场开始入手(现场改善)的,进而进行流程优化和市场再造。

总体考虑将提高效率分成两阶段进行。第一阶段,主要提高前道捻线产能10%,同时包括设备故障的优化。

第二阶段,提高整体产能10%,主攻设备速度优化。

在整个改善过程中,始终贯穿人的能力的提高。首先从人的工作效率出发进行改善,进而提高操作技能,最终实现人的问题的发现,提高处理问题的能力。

3. 具体的改善实施

和企业签合同,实施具体的改善指导。

根据基本改善框架，和企业人员共同研究制定了具体改善方案。

（1）缩短换型时间的改善方案（见图3-8）

1. 缩短换型时间 >现状：3～6h/次 ·换：内换型向外换型转换 ·换型的优化	各车间更换品种频次						
	品种更换	工业丝车间	捻织一车间		捻织二车间		
			捻线	织布	捻线	织布	浸胶一车间	浸胶二车间
	品种更换频次(次/月)	12	55	206	46	193	11	32

①停机换型与不停机换型的分开
不停机换型作业，一定要不停机实施。
·事先能够准备的事项一定要事先准备

②停机换型作业向不停机转化
改变停机作业的方法，使作业不停机就能完成
·换型作业方法的改善
·换型流程的改善

③功能的标准化
换型作业所需功能的标准化
·形状(安装螺栓的沟槽)(拧紧的沟槽高度)
·成套更换方式
·定位挡块

④采用中介模具
通过中介模具，使停机换型作业时间缩短
·制作n个中介定位模具一次到位锁紧

⑤采用并行作业
同时作业，缩短停机时间

⑥排除调整
把调整改成调节
·安装刻度
·改成定位销

⑦采用机构化
·自动工具更换器械 ·自动位置定位挡块
·利用油压、气压，实施夹具或位置定位

图3-8 缩短换型时间的改善方案：步骤和方法

因捻线是生产的瓶颈，所以首先对捻线的部分进行样板实施改善，在现场掌握方法和取得一定成果的基础上，进一步扩展到织布阶段。第一阶段的目标是提高产能4%，第二阶段的目标是提高产能2%。

基于SMED（快速换型）方法，在这个装置型的生产环节中，关田法量身定制了换型的思路和方法。根据这个企业的生产情况和问题所在，从7个角度考虑换型的改善实施。

图3-8中，⑥的调整是模具换上之后的调整，时间不确定，还需要一定的经验，不顺利时可能需要数小时，占了大部分换型时间。

1）分析在装模具过程的精度，减少不必要的调整。

2）分析、总结调整的经验，进行标准化。

3）通过刻度、定位等方法，减少调整时间。

通过以上改善手法，调整的时间大幅度减少，降低了原来平均调整时间的90%。

改善中把各个阶段的经验进行汇总，在制定出标准的同时，在不断改善的基础上，不断把改善成果标准化，形成该企业的管理标准。

（2）减少空头率的改善方案（见图3-9）

```
2.减少空头率
>现状：约15%
•明确空头的现象
•操作的优化
•计划的优化
•路径优化

实际最多能运行多少头？
实际运行多少头？
• 不同时间、 不同设备、不同线
• 不同品种、 不同人员、不同区域
• 空头的数量、空头率
```

步骤1 设备的台数、每台理论头数、可能运转头数的分析和改善 　　　理论运转头数差＝每台理论头数-可能运转头数：故障、型号对应等 　　　目标：提高可能运转的头数
步骤2 实际运转头数现场改善实施(连续3～6个月) 　　　实际运转头数差＝可能运转头数-实际运转头数：计划、实施、管理问题 　　　目标：提高实际运转的头数
步骤3 线棒换棒时间：现场分析改善(不同设备、不同人员、不同品种等) 　　　线棒换棒离散度（标准偏差） 　　　目标：降低线棒换棒标准偏差

图 3-9　减少空头率的改善方案

如图 3-9 右上角图片所示，纺织帆布的原材料化纤丝以"卷"的形式装在设备上，一台设备装有近百个丝卷。但现状是，正常开动的设备仍然有 15% 的空丝卷头没有丝卷，这当然影响设备的效率。

标准的设备综合效率＝时间开动率×性能利用率×产品合格率，这里的性能利用率的主要影响因素是指低速和小暂停。但这个考虑思路并不能完全应用到这里。设备按标准速度运行，在没有小暂停的情况下，设备因并没有完全负载，而有一些是空头，直接影响了生产效率。

关田法对装置型生产设备的性能利用率进行了再定义，即在设备性能利用率时，要考虑设备的负载率，也就是说，在该企业的设备性能利用率中要考虑三个因素，低速、暂停和负载率。在这个案例中就重点考虑了设备负载率，即空头率。

整体实施分成三个步骤。

步骤 1，解决可能性。明确现状设备的实际可能负载率，因为有些是装载头的故障，有些是装载头不通用，不能对应大部分的品种等。通过分析，定量明确问题点和可能达到的装载率。目标是提高可能运转的头数。

步骤 2，根据上一步骤的成果，对设备故障、装载头通用性、生产计划等进行优化改善，再从管理上提高计划的可靠性和落地实施，进一步降低空头率。目标是提高实际运转的头数。

步骤 3，线棒也有更换的作业，不同品种的更换时间不同，目标是降低线棒换棒标准偏差。另外，不同设备、不同人的更换时间也不同，要对此进行现场改善。

换型在设备综合效率里,主要从时间开动率进行考虑,重点是对换型的工作内容进行改善。但是在这个案例中,人员的换型技能直接影响到换型的时间效率。所以关田法在这里也进行了重新定义,考虑了换型人员技能的因素,即换型从操作流程方法和人的换型技能两个方面进行改善。

(3)过程质量的改善方案(见图 3-10)

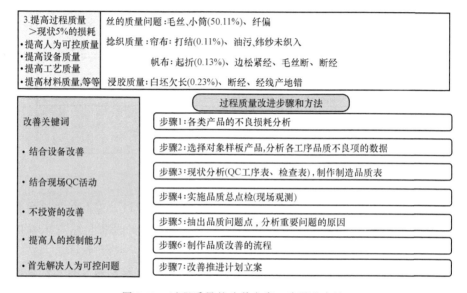

图 3-10 过程质量的改善方案:步骤和方法

根据关田法的过程质量分析方法,本案例中的质量问题分为三种:

1)来料的问题。例如毛丝、纤偏等,占质量问题的大多数。

2)生产过程中的问题。例如打结、起折等。

3)环境的问题。例如油污,灰尘等。

对这些问题进行分类,分别采取对策:

1)针对来料的问题:首先通过 3N,发现问题,保证不流入下道。其次对采购和供应商进行指导。

2)针对生产过程中的问题:首先对设备进行改善,解决设备造成的一些问题。同时,通过过程质量的 3N 优化工艺,保证质量责任到工位。

3)针对环境的问题:首先解决环境的灰尘,然后进一步对设备的跑冒滴漏进行治理。

切记关田法的过程质量的改善原则:

1)不花钱改善。

2)以人为可控、人为可检问题为主的管理改善。

(4)设备故障的改善方案(见图 3-11)

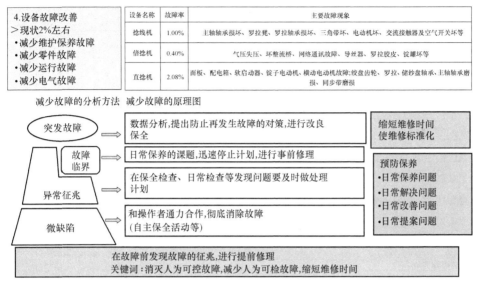

图 3-11 设备故障的改善方案

1)主要的设备故障是因为零部件的损坏。对故障进行分析、汇总,在原来的预检、预修的设备管理环节中,增加了预换,根据设备的使用时间和状态,预先进行更换。

2)其中轴承部分损坏比较多。对损坏的轴承进行分解、分析、采取对策。

① 通过自主保养,定期加油、紧固、点检。

② 清扫设备的灰尘,减少对轴承等转动部分的损坏。

3)设备的改善提案制度。设备维护保养不单是设备部门的工作,更是操作人员的工作。最先发现问题的是现场人员,最知道哪里可能出现问题的也是现场人员,通过设备的改善提案制度,可及时发现隐患,防患于未然。

4)设备维修人员设定 MTTR(平均故障维修时间)、MTBF(平均故障间隔时间,Mean Time Between Failures)的管理指标,同时制订维修计划,提高维修质量和效率,并提高现场的反应速度。

关田法的设备管理核心是:现场为主,维修为辅;防患为主,修理为辅;人员改善为主,设备改善为辅。

(5)优化设备速度

图 3-12 所示为设备提速改善方案。

在前述的一系列改善前提下,分析、研究设备的提速方案。

现状是设备的速度为 9500r/min,设备的设计速度为 11000r/min,所以设备的速度应该还有约 15% 的提升可能性。

提速目标:在现有基础上再提速15%

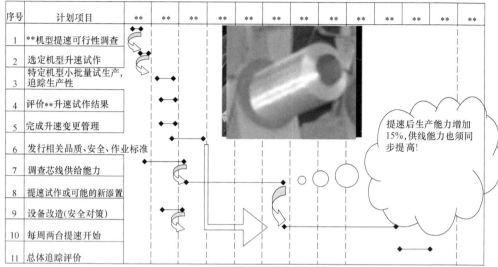

图 3-12 设备提速改善方案

但是由于设备的状态、材料的种类等不同,实际能够提速多少需要认真论证、研究,逐步加以实施。为此,制定了提速15%的研究实施计划。这期间,通过不断提速,不断总结提速的经验,不断进行持续改善,在花费一定时间之后,逐步达到了提速的目标。

(6) 提高人员能力

提高人员能力的改善方案见表3-7。最后贯穿整体的改善活动,最后落实到人的改善。

表 3-7 提高人员能力的改善方案

| 利用 IE 的工具,对人员从不同角度进行分析,寻找浪费 |
| 明确必要的操作技能,管理技能,从中寻找需提高的课题 |

分析手法		问题解决	必要能力	
			操作技能	管理技能
工序分析	1. 设备操作工序分析	操作顺序,内容		
抽样分析	2. 作业日报			
	3. WS(抽样分析)	价值时间,非价值时间		
	4. 连接运转分析	个案分析		
作业分析	5. 要素作业分析(TS)	操作的准确性、可靠性分析		
	6. 联合作业分析	工作配合分析		

(续)

分析手法		问题解决	必要能力	
			操作技能	管理技能
动作分析	7. 标准时间	基本时间分析		
	8. 动作分析	基本动作合理性分析		
其他	9. 机能分析	各个部分的机能分析		
	10. 记录			

减少不必要的等待，提高操作的技能和问题处理的能力等，最终是要靠人来解决所有问题的。这一点，开始大家理解得不充分，大都谈设备的问题，原材料的问题，希望我们从这些角度给予指导，解决问题。

首先我们对现场进行定量地分析，例如利用以上工具，就会发现以前没有觉察到的问题，或者是即使以前觉察到，但是也不知道多少的问题，得以将之量化，使大家认识到定量化的重要性，也学习到了一些方法、工具。

再进一步实施改善。首先从样板开始，当取得一些小的成果后，就树立了改善的信心，同时也掌握了基本的改善方法。核心人员再组成各种项目组，负责各种项目的改善实施，又锻炼了管理能力和培养人的能力。

在这个过程中，为企业培养了一批精益管理人员。

（7）总体改善计划（见图 3-13）

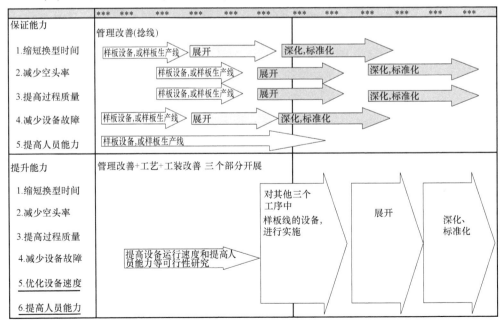

图 3-13　总体改善计划

(8) 改善实施成果

通过两个阶段的改善,取得了以下成果。

1) 产能提升了 23%。

2) 质量提升了 11%。

3) 人员能力提升了 20%(通过改善实施的评价体系,该体系在另外书籍中详细论述)。

(9) 精益战略

同时和企业一同制定了精益战略规划,进行持续改善,如图 3-14 所示。

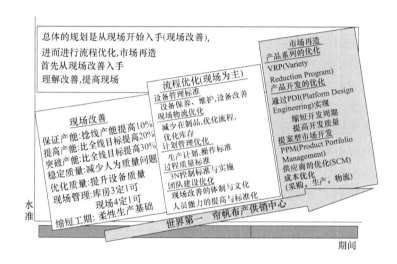

图 3-14 精益战略

(10) 总结

综上所述,装置型生产模式的诊断和改善主要从①缩短换型时间;②减少空头率;③提高过程质量;④减少设备故障;⑤优化设备速度;⑥提高人员能力 6 个方面进行,是装置型生产模式诊断,分析,改善的比较有代表性的案例分析。适合于作为管理层的管理实施重点,也是现场改善实施的具体参考案例。

3.3.3 装置型生产模式分析和改善汇总

1. 装置型生产模式特性和管理改善重点

(1) 生产特性

1) 其大批量生产和连续生产的典型生产模式,不允许计划外的停止。所以一般是按 100% 的生产能力,计划每年和各个时期的生产计划。

2) 切换时间非常长,切换程序复杂。

3）产品的生命周期比较长，产品生产品种比较少。

4）根据节假日进行定期设备维护保养，这时需事先准备库存对应市场。

（2）现场生产管理特性

1）误操作会造成很大的人身事故和公害危险，现场人员安全和安全操作是管理第一需要。

2）过程中很难确认产品质量，有质量问题时，会造成批量质量问题。所以原材料管理和设备质量管理尤为重要。

（3）现场人员管理

1）在装置型生产环节中，人员以监视为主体工作，正常状态是人员比较少。但切换时，需另外增加人员，且是重体力劳动。平时在进行监视工作时，应尽量收集设备状态，并将信息及时反馈给设备维修保养部门。

2）人以监视为主，有安全规定和操作规定，但是没有标准作业和标准时间的概念，容易忽视人的效率，造成的人的工作不到位。应该用工作日报这种科学合理的工作方法进行管理。

3）设备连续运转、人员交替上岗、共同改善的活动很难开展，大都是设备改造的方案，因此方案实施的时间和费用较多。所以在管理上应主要以自主设备维护为主，及时发现隐患。

4）因为设备按计划、按节拍进行生产，需要安定的生产条件，不太需要人的主观能动性，习惯与常规工作，对问题点的发现比较迟钝。合理化提案制度的实施，可以提高人的主观能动性。

5）以设备为中心的生产环节，产品问题都认为是设备自身问题，而忽视人的因素。管理上应对设备的自主保养进行评价和考核，解决人为问题。

2. 装置型生产模式管理的关注重点

（1）设备停线的关注重点

装置型生产模式，设备的起动和停止比较复杂，例如本例中的浸胶工序，停止后再起动需要加温，需要处理凝固的胶等；又例如在汽车生产的涂装环节，干燥漆炉停止再起动也需要加温，前处理工序停止时要拉空线，起动时又要铺线，这都将影响生产。这样的设备原则上需要24h连续生产，为此，保证连续不间断的生产是第一重要的因素。这里就首先要从计划上保证前后道生产连续性，也要不产生后道的堵塞现象。

但是实际上仍然会有一些停止的现象发生。这里主要有两种原因。

一是整个工序中的瓶颈工序造成的停线现象。如果各个环节的节拍时间不一致，就会在节拍比较快的工序产生过多的在制品，当超过一定的允许数量后，就会造成堵塞停线。这种情况的现场管理不是根据工序能力进行生产组织，而是根据各个工序间的节拍平衡组织生产，并且在适当的节点设定必要的在制品存储区域,避免因瓶颈造成临时停线。

二是设备故障引起的临时停线。装置型的生产模式,有各种设备组成的生产单元,有直接生产设备(浸胶、喷漆)、传输设备(传输链、起重机)、辅助设备(通风、照明灯),设备构成和功能比较复杂,容易出现各种问题、故障,以至造成停线的影响。因此设备管理就显得尤为重要。在日常操作管理工作中,应主要加强自主维护保养,包括点检、清扫、加油、紧固等。同时自主发现设备的故障前兆,提前处理问题。在日常计划管理中,要做好关键点故障管预防。

(2) 设备切换的关注重点

这类生产模式是连续不间断生产模式,基本没有停线切换的工作,但是定期的维护保养是必要的。常规的做法是利用休息的间隙,进行设备的定期维护保养。一年之中会有几次长假的计划,设备专业维护保养一般是根据这些长假的安排,进行必要的维护保养。但是在维护保养之前,维护的计划是十分重要的,包括:根据一段时间的运行,可能或已经出现的问题梳理,备件和易损件提前准备、维护的工时事先规划、维护质量的保证、检验方法和体系等。一般是先有全年停机维护计划,然后再有每次维护保养的具体计划。

例如,我曾经指导过的一家装置型企业,其设备维修部门事先设备维护计划的制定就是KPI考核的一个重要指标。要事先对设备情况进行评估,分析设备状况,制订详细的设备维护计划,见表3-8。

所以切换的管理主要是年度维护保养计划和每次保养计划的可靠性,特别是每次保养计划前要充分收集运行数据,规划详细维护保养计划。

(3) 设备负载率关注重点

关田法中考虑了设备负载率的指标即设备的实际运行时的负载数量,例如标准乘坐4人的乘用车,当只有1个人或2个人乘坐时,其负载率为25%或50%。在装置型的生产设备上,例如本例中的空头率、涂装车间的车间距等,就是设备负载率的具体表现。

在实际的设备运行现场,设备负载率往往是容易被忽视的管理指标。

我曾经指导经历过的一家汽车企业,其中有一个车桥喷涂线。在悬空的传送链上,按一定间隔固定着钩子,车桥挂在钩子上,进入喷漆间喷漆,烘烤。我多次到现场,发上传送链上的钩子有一些是空的,没有挂车桥就进入喷漆间了。再进一步确认,发现不同形状的钩子对应不同的车桥,所以有些钩子是空的。另外,有时来不及,就放空一些钩子。这样,实际上约有30%的空钩在运行,实际的工作效率最多只有70%,这就是负载率为70%。

为此,进行了改善。首先制作通用的钩子,能对应所有车型。另外对工艺进行改进,消除了空钩,负载率达到了100%。这一个改善工作就提高效率30%。

第3章 不同生产类型的精益改善落地

表3-8 设备切换计划

连休期间电力施工计划（全体）

项目	8/17 六	18 日	19 一	20 二	21 三	22 四	23 五	24 六	25 日	26 一	27 二	28 三	29 四	30 五	31 六	9/1 日	2 一	3 二	备考
SSS 连休																			
SGW 连休			■	■	■	■	■	■	■	■	■								
SSA 1期GD车间可停电期间								■	■	■	■	■	■	■	■	■			
SSA 1期FF车间可停电期间								■	■	■	■	■	■	■	■	■			
SEA 及 SPA 全体停电期间								■	■	■									
临时电 A（400A）——既存							(FOR 受电室改造、1-4期设备改造工事用临时电源)												
临时电 B（200A）——新设							(FOR 细线PASSBOX、线连休工事用临时电源)												
细线——高压电缆更换																			
细线——变压器更换																			
细线——密集母排的端末处理					■	■													
细线——检测						■													
细线——排气室低压																			
变压器导轨的延长				■	■	■													
架台的制作及安装					■	■	■												
变压器的安装						■	■												CRANE吊装要
电柜的安装							■	■											
电缆的敷设及桥架（变压器电柜）							■	■	■										
电缆的敷设与连接（配电室电柜）								■	■										
电柜—现场电源盘电缆的敷设（低压电柜）									■	■									
1期工厂——高压									■	■									(BY 安装公司)
高压电缆更换										■	■								
高压电柜的拆除及重新吊装安装										■	■								CRANE吊装要
3期工厂——高压											■	■							
高压电缆更换												■	■						
检测													■						
主受电室——高压																			
LBS-3的拆除													■						
新高压柜及转接柜的安装													■	■					
LBS-4的安装及转接母排吊装安装														■	■				
LBS-2与LBS-3间高压母排重新连接															■	■			
LBS-4高压电缆的重新连接																■	■		
检测																	■		

这种空钩现象、空线头现象、空车位现象，就是关田法考虑的负载率，对装置型生产环节的生产效率有时影响非常大，是管理重点。

(4) 设备速度的关注重点

如果设备按一定节拍进行设定，则运行速度是固定的，但是实际工作中，速度也有可能变化。例如有些生产线，因不同产品所用的工艺时间不同，有时用调整传送速度的方法进行调整，可能会造成速度低于标准速度，影响生产效率。又例如有些涂装线，因涂料等的影响，有时会降低设备运行速度，以保证喷涂或烘干的时间。这样也会直接影响到生产的效率。

类似这样的情况，不应被动地降速，而是应该积极地考虑影响速度的原因进行改善。

另外，有时即使没有降速，现行速度也仍有一些可以提高的可能性。例如我在一家漆包线的生产企业进行指导，多年来，通过不断优化设备，提高线速，提高了设备的生产能力和效率，如图 3-15 所示。

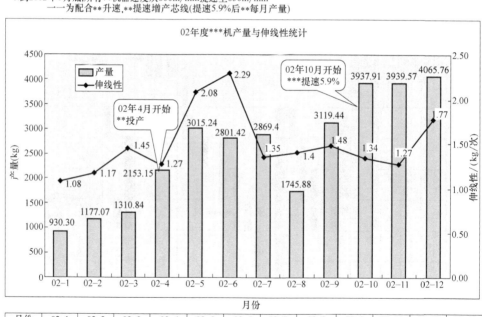

图 3-15 设备速度与生产效率

3. 装置型生产模式的管理改善全貌

以上通过具体的案例，说明了装置型生产模式管理层实施改善指导的方法和步骤，同时也阐述了对这种生产模式应有的管理关注点。

装置型生产模式根据产品的不同，客户要求的不同，既有常见的问题和改善方法，也有特定的问题和特定的改善方法，这时，也会有特殊的管理关注点和经营关注点。

这些问题将在装置型生产模式的专著中详细进行论述和分析。

3.4 组装型生产现场的改善落地

3.4.1 组装型生产现场改善的落地点

1. 组装型生产的特点和问题

图 3-16 所示是典型的组装型生产。

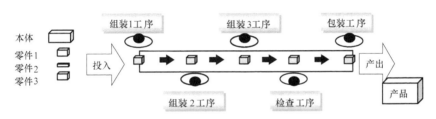

图 3-16 典型的组装型生产

在这种组装型流水线生产的诊断分析和改善中，经常应用到工时平衡分析，以确定相对标准作业节拍各个工序的工作量，其中：

工时平衡率 = ∑各工序标准工时 ÷ (生产线瓶颈工时 × 作业人数) × 100%

生产线工时平衡是对生产的全部工序进行均衡化，调整作业负荷，以使各作业时间尽可能相近的技术手段与方法，目的是消除作业间不平衡导致的效率损失以及生产过剩。

2. 组装型生产改善落地的关田法

在实际工作中，工时平衡的改善并不能很好地解决这种类型生产中的问题点。因为这种类型的生产连续性是非常重要的，但在实际生产过程中，会有各种因素，造成生产线的停线。这些停线有可能是设备故障问题，有可能是工位问题，有可能是质量问题，也有可能是缺料问题等。

同时，在实际工作中，也会有各种因素的影响，从而造成生产线不能按时开线,或提前停线,等等。

这些问题点的影响,远远大于工时平衡的影响,而且大部分的企业都存在着不同程度的这类问题。

以上述问题为出发点,结合我在几百家组装型生产企业改善指导的经验,我总结了组装型生产现场改善落地的关田法,其核心内容是组装型生产现场改善的六大"杀手锏",具体如图3-17所示。

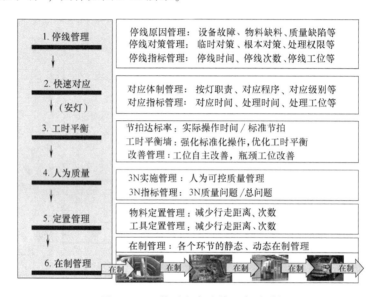

图3-17 组装型生产改善六大杀手锏

这就是组装型生产现场改善的重点,是组装型生产现场改善的六大落地点。只有有效控制这六点,才能真正解决问题,提高效率,保证生产。

下面根据具体事例,说明在组装型生产中,关田法的改善六大杀手锏的实际应用。

3.4.2 组装型生产现场改善的落地案例分析

结合以上对组装型生产流水线诊断的视点和重点,通过案例,看它们在流水线现场如何实现,最终综合分析出改善方案落地的方法。

某卡车装配线,共27个工序,72名操作工,混线生产不同类型的货车。

具体诊断分析的背景是:

根据销售计划,需进一步提升现有生产线的生产效率。为此,需要通过现场诊断,明确问题点,形成改善方案。

1. 现场分析计划

4个人通过一天对生产线调查计划的实施,分析诊断生产线的改善课题。计划见表 3-9。

表 3-9　分析诊断生产线改善课题计划

现场分析内容（2014 年 12 月 3 日星期三 8：30-17：00）

改善对象：＊＊总装线(关田铁洪,＊＊＊,＊＊＊,＊＊＊)

JPH 调查：每小时实际下线台数,定义总装线下线车辆后轮离线
停线调查：实际记录生产中停线、开线时间(精确到秒),确定停线原因
开停时间：明确实际开线和停线时间(早上,中午,晚上)
线速调查：了解各时段实际线速,以及调整线速的原因(线速是指链板节数/时间)
车位调查：抽样测量某车前轮到其后车前轮的距离(链板节数)
空车位调查：包括空车位个数、时间、原因
工位瓶颈：了解整条生产线最大装配时间、最小装配时间及工位
走动调查：了解人员取料、工具等最远走动距离、工位(最远走动距离的前十位)
工作抽样：了解人员实际工作和其他比例(等待、行走、确认、离岗)

首先，要真实地反映生产线的现实情况和问题，一定要从开线到下线的全过程，连续、无间断地进行现场调研和取样。该生产线的作业时间是 8：30-17：00，所以现场诊断分析的时间也定位此时间段。

JPH（单位时间产量或小时产量，Jobs Per Hour）是汽车工业一个常用的评价生产效率的用语。工作量或单位时间工作量，是工业工程学科应用于加工制造业时经常涉及的一个重要变量，反映了单个工艺设备、工序机组、流水线，甚至整个工厂的生产能力。JPH 有设计 JPH 和实际 JPH，本次诊断分析是实际 JPH 的诊断分析。即连续测量生产线最后一个工位每个小时的下线车量台数。

通过一天 JPH 的实际调查分析，就可以从总体上分析出这条生产线的效率和问题点的方向，再综合其他的调查分析进行判断，提出问题的解决方案。

以上调查要包含生产线开停时间的调查。因为在实际的生产现场，虽然计划了开线、停线、中间休息、午餐的时间，但是由于各种原因，特别是管理原因，往往致使不能按原计划开停机，有时会造成晚开线、早停线的现象，直接影响工作效率。

可以看出，这个调查分析是诊断该生产线的管理课题。

2. JPH 调查分析

了解每小时实际下线台数，定义总装线下线车辆后轮离线。全天关注下线工位的产量，记录下线时间，统计下线台数，见表 3-10。

将以上数据进行汇总分析，结果见表 3-11

一天连续对该线的 JPH 调查分析如下。

表 3-10 JPH 分析记录

12月3日总装线现场调查

		1	2	3	4	5	6	7	8	9	线速,m/min	理论 JPH	实际 JPH
8:30–9:30	下线台数										3.16	19.74	17
	下线时间	8:35	8:43	8:46	8:49	8:52	8:58	8:58	9:01	9:04			
	下线台数	10	11	12	13	14	15	16	17		3.16	19.74	
	下线时间	9:07	9:10	9:14	9:19	9:20	9:22	9:25	9:29				
9:30–10:30	下线台数	18	19	20	21	22	23	24	25	26	2.86	17.86	17
	下线时间	9:33	9:36	9:39	9:45	9:45	9:47	9:51	9:55	9:58			
	下线台数	27	28	29	30	31	32	33	34		3.00	18.75	
	下线时间	10:05	10:06	10:09	10:12	10:17	10:20	10:26	10:30				
10:30–11:30	下线台数	35	36	37	38	39	40	41	42		2.79	17.44	16
	下线时间	10:33	10:39	10:42	10:48	10:49	10:53	10:56	11:02				
	下线台数	43	44	45	46	47	48	49	50		2.79	17.44	
	下线时间	11:05	11:10	11:14	11:17	11:20	11:23	11:27	11:30				
11:30–13:00（11:45–12:15 中午 30 分钟午餐时间）	下线台数	51	52	53	54	55	56	57	58		2.79	17.44	16
	下线时间	11:35	11:37	11:41	12:15	12:18	12:21	12:24	12:28				
	下线台数	59	60	61	62	63	64	65	66		2.79	17.44	
	下线时间	12:31	12:34	12:39	12:43	12:46	12:50	12:53	12:58				

时段	项目												
13:00–14:00	下线台数	67	68	69	70	71	72	73	74		2.79	17.44	16
	下线时间	13:05	13:10	13:14	13:18	13:22	13:24	13:28	13:32		2.79	17.44	
14:00–15:00	下线台数	75	76	77	78	79	80	81	82		2.79	17.44	16
	下线时间	13:34	13:37	13:41	13:44	13:48	13:52	13:55	13:58		2.79	17.44	
	下线台数	83	84	85	86	87	88	89	90		2.79	17.44	16
	下线时间	14:02	14:05	14:09	14:15	14:18	14:19	14:25	14:28		2.79	17.44	
	下线台数	91	92	93	94	95	96	97	98		2.79	17.44	16
	下线时间	14:32	14:34	14:38	14:41	14:45	14:48	14:52	14:56		2.79	17.44	
15:00–16:00	下线台数	99	100	101	102	103	104	105	106		2.79	17.44	
	下线时间	15:00	15:05	15:10	15:12	15:16	15:22	15:25	15:28		2.79	17.44	
	下线台数	107	108	109	110	111	112	113	114				
	下线时间	15:32	15:37	15:38	15:43	15:46	15:50	15:54	15:56				
16:00–17:00	下线台数	115	116	117	118	119	120	121	122				
	下线时间	16:01	16:05	16:08	16:12	16:16	16:18	16:23	16:26				
	下线台数	123	124	125	126	127	128	129	130				
	下线时间	16:29	16:32	16:38	16:40	16:43	16:48	16:50	16:52				

1. 8:35分开线，16:50停线（最后一台16:52分下线），共生产130台。
2. 每30min测线速1次，当天有调速4次。
3. 有2台无动力推下线，1台缺件下线。
4. 无色表示"A系列"，黄色表示"X系列"，浅蓝表示"H系列"。
5. 当天无空车位。

表 3-11 JPH 调查分析汇总

JPH(单位小时产量(下线台数))/(台/h)								
20		10:30 白色：A系列		11:27 浅灰色：X系列		13:24 深灰色：H系列		
19		下线时间		下线时间		下线时间		
18								***？
17	9:29	10:30						***？
16	9:25	10:26	11:30	13:00	13:59		15:56	16:52
15	9:22	10:20	11:27	12:53	13:55	14:52	15:54	16:50
14	9:20	10:17	11:23	12:50	13:52	14:48	15:50	16:48
13	9:19	10:12	11:20	12:46	13:48	14:45	15:46	16:43
12	9:14	10:09	11:17	12:43	13:44	14:41	15:43	16:40
11	9:10	10:06	11:14	12:39	13:41	14:38	15:38	16:36
10	9:07	10:03	11:10	12:34	13:37	14:34	15:37	16:32
9	9:04	9:58	11:05	12:31	13:34	14:32	15:32	16:29
8	9:01	9:55	11:02	12:28	13:32	14:28	15:28	16:26
7	8:58	9:51	10:56	12:24	13:28	14:25	15:25	16:23
6	8:58	9:47	10:53	12:21	13:24	14:19	15:19	16:18
5	8:52	9:45	10:49	12:18	13:22	14:18	15:16	16:16
4	8:49	9:45	10:48	12:15	13:18	14:15	15:12	16:12
3	8:46	9:39	10:42	11:41	13:14	14:09	15:10	16:08
2	8:43	9:36	10:39	11:37	13:10	14:05	15:05	16:05
1	8:35	9:33	10:33	11:35	13:05	14:02	15:00	16:01

时间段	8:30-9:30	9:30-10:30	10:30-11:30	11:30-11:45 12:15-13:00	13:00-14:00	14:00-15:00	15:00-16:00	16:00-16:50
线速-1(m/min)	3.16	2.86	2.79	2.79	2.79	2.79	2.79	2.79
线速-2(m/min)		3.00						

JPH/台

1）在 8h 工作时间内，JPH 分别为：17 台、17 台、16 台、16 台、16 台、15 台、16 台、16 台，其中，最大的 JPH 为 17 台，最小的 JPH 为 15 台，平均 JPH 为 16.13 台，共下线 129 台。可以看出，早上的工作效率最高，然后逐渐下降，下午三点左右最低，JPH 为 15 台。比计划提前 10min 停线下班。如果按最后一小时的工作速度，JPH 可以是 18 台。

2）每台的下线间隔时间比较离散。最长间隔时间为 8min，最短间隔时间为 3min 标准间隔时间为 3min30s（210s）。

3）线速早上最快为 3.16m/s，从 10 点后调至 2.79m/s，影响了 JPH。

3. 停线调查分析

全天连续观测总体停线次数、每次停线时间、每次停线原因。

调查结果汇总如图 3-18 所示。

从以上现场调查分析数据可以看出：

1）全天共停线 15 次，总停线时间为 1028s，约合 17min。每台车组装节拍时间为 3.5min，影响约 5 台车产量。其中：最长停线时间 260s，最短停线时间 10s。

2）午餐前的一个小时停线时间最长，为 290s；午餐后第一个小时和下班前最后一个小时停线时间最短，为 15s，且只停一次。

3）15 次停线的主要原因是设备故障、车型切换、瓶颈工序。

4）设备故障发生在早上刚开线时，故障原因是发动机刮保护链，这反映了设备的维护保养问题，也反映了事先确认疏忽的管理问题。

停线调查：实际记录生产中停线，开线时间，精确到秒，停线原因

	停线时间	停线时长	原因
1	8:37	180s	发动机刮保护链
2	8:57	60s	切换车型
3	9:47	90s	?
4	9:52	18s	?
5	10:11	30s	?
6	11:02	120s	?
7	11:18	10s	?
8	11:27	30s	?
9	12:36	30s	?
10	12:51	260s	?
11	13:47	15s	?
12	14:33	50s	?
13	14:51	90s	?
14	15:00	15s	?
15	15:26	30s	?
共	15次	1028s	

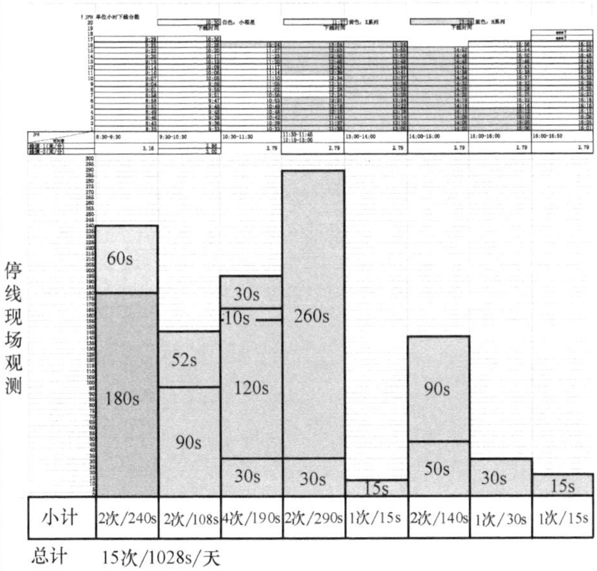

图 3-18　停线调查分析结果汇总

5）早上第一小时还发生了切换车型的停线现象，虽然只有6s，但也反映了计划的高效性和切换车型的技术问题。

4．瓶颈工序分析

平时常采用工时平衡的方法测量每个工序的作业时间，然后根据节拍时间计算整体流水线的工时平衡率，从中寻找出瓶颈工序，进行分析、改善，以期提高工时平衡率。这种方法非常费时，在短时间的现场诊断中不适用。

工时平衡率是一个平均值，即使同样的工时平衡率，最长时间的工位和最短工位的时间之差也有大有小，所以实际的浪费也有大有小，不能完全反映实际问题的关键所在。

在实际操作中，往往集中在几个工时长的工序进行测量分析，找出关键瓶颈，研究分析改善方案。这几个瓶颈工序如果得以改善，则整个流水线的工时平衡和工时效率就会提高。在关注工时最长的几个工序的同时，还要关注工时最短的几个工序，明确浪费的工序和内容。

以此方法论，对该生产线进行了瓶颈工序分析，其结果如图3-19所示。

从上述调查分析中可以看出：

1）瓶颈工序在发动机套合工序平均节拍时间为211s，最长时间为256s；驾驶室套合工序平均节拍时间为209s，最长时间为232s。

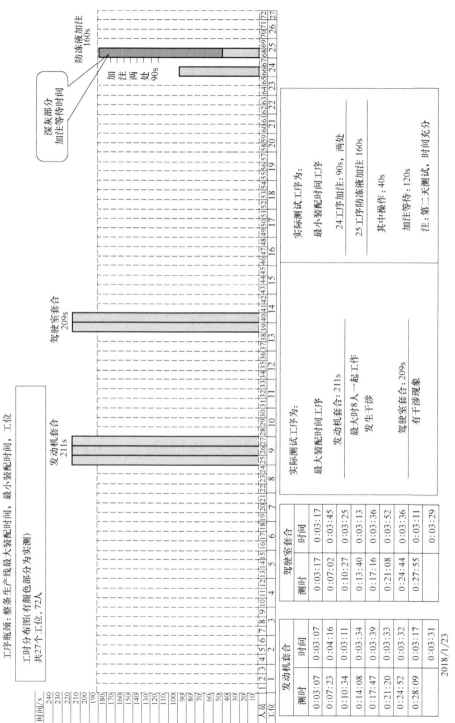

图 3-19 瓶颈工序分析

以上两个工序都是套合工序，套合时要发生很多孔位的同时对齐，这样就十分耗时，特别是有时会出现孔位偏斜，更增加了套合时对齐孔的时间。

2）发动机套合工序标准配有 3 人，但是由于该工序用时较长，影响了前后道工序，有时使前后道工序的人员都集中在这一点工作，高峰时可达 8 个人，产生了人员的互相干涉，进一步影响了该工序的作业时间。

3）时长最短的工序是：机油加注工序，时长为 90s；防冻液加注工序时长为 160s（其中加注操作 40s，然后拿着加注枪自动加注的时间为 120s）

防冻液加注工序可以通过自动设定加注量，从而消除 120s 的拿着加注枪的工作，这样就有可能与前道工位合并，在 180s 时间内完成两个作业，并减少 1 人。

5. 人员作业效率分析诊断

（1）抽样分析

表 3-12 为抽样分析设计表。

（2）抽样分析实施

按表 3-12 对该生产线的 72 名操作工，根据抽样要素，随机进行抽样调查。

一天共进行 9 次抽样分析，其结果见表 3-13。

表 3-12　抽样分析设计表

工段一：44 人，2 名检查员
工段二：28 人，1 名检查员
12 月 3 日底盘线共计 72 人

序号	抽样要素 随机时间	装配	取料	走动	等待	确认	不在
1	8:54						
2	9:36						
3	10:30						
4	11:04						
5	11:36						
6	12:36						
7	13:46						
8	14:30						
9	15:20						
合计							
比率							

表 3-13 抽样分析结果

一、人员分析

工段一：44人，2名检查员

工段二：28人，1名检查员

12月1日底盘线共计72人

序号	抽样要素 随机时间	装配	取料	走动	等待	确认	不在
1	8：54	正正正正正丅	正正正下	正正丅	正正一	下	一
2	9：36	正正正正正一	正正下	正正一	正下	正	正丅
3	10：30	正正正正正正	正正	正一	正下	正	下
4	11：04	正正正正正下	正下	正一	正正下	丅	
5	11：36	正正正正正下	正正下	正	正	正正	
6	12：36	正正正正正	正一	正	正正正	正一	丅
7	13：46	正正正正正丅	正丅	正正正	正	一	正丅
8	14：30	正正正正丅	正丅	正正	正正正	丅	
9	15：20	正正正正正	正正一	正正一	正正		
合计							
比率							

（3）抽样结果分析

对以上现场抽样分析结果进行汇总和分析，如图 3-20 所示。

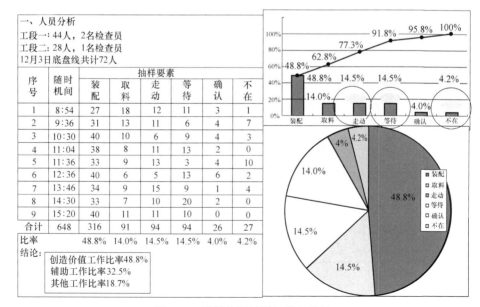

图 3-20 抽样分析结果汇总和分析

根据对现场人员工作状态的抽样分析可以看出：

1) 直接创造价值的装配时间比占为 48.8%。
2) 辅助性工作的取料占 14.0%，确认占 4.0%，走动占 14.5%，合计占比为 32.5%。
3) 非有效工作的等待占 14.5%，不在占 4.2%，合计占比为 18.7%。

从中可以看出：

1) 非有效工作约占 18.7%，实际的有效工作只有 81.3%（直接+辅助）。
2) 有 4.2% 的工作时间内人员不在岗位，体现了生产线管理的课题。
3) 辅助工作中的走动占 14.5%，说明在工位分布、物料投放、工具使用方面还有很多可以优化的地方，常规应在 5% 之内。
4) 取料占 14.0%，也同样说明了物料的摆放地点、摆放方法，物料的包装处理以及工具等问题。常规也应在 5% 之内。在下面的走动调查中可发现一些具体问题。

（4）走动分析

在进行现场人员抽样调查的同时，进行走动调查，发现了一些操作过程中的问题点，见表 3-14。

表 3-14 人员走动情况调查

序号	问 题 点
1	人员抽样中的第 5 次，离岗人员较多，其中 8 号门和 9 号门的检查员 11:30 分就吃饭 建议：车间要加强对此时间段人员的管理
2	总装下线处复紧轮胎工位 建议：操作工在进行点漆操作时可将漆笔随身携带，以避免二次走动。同时建议将加注工序的年轻人员和此工序的操作工进行调整
3	装轮胎工序吊装轮胎都靠人工搬运，劳动强度大，尤其是大车轮胎（500 车型），同时大车的后轮装 2 个轮胎，存在节拍跟不上的风险。 建议：装备胎的人员和加注防冻液工序的检查调整人员在装大车时分担装轮胎工序的部分工作
4	"小福星"左大灯空位偏，操作工无法操作 建议：列入质量整改项目，进行跟踪整改
5	工位旁的工具箱没有可视化（照片） 建议：进行可视化，标明零件名称和件号
6	装保险杠工位的物料和合成区之间存在操作工自取料和换料现象 建议：保险杠合成区按序合成，并送料上线
7	8 号、9 号质量门两门相对，此处有 3 名检查人员，其中质量门 2 位，线上检查调整人员 1 名，从观察看，此 3 人 80% 以上的时间是空闲的 建议：对此处人员工作量进行测算，精简人员

（续）

序号	问 题 点
8	装电瓶支架工位，支架装在右侧，物料却投在左侧，操作工需要跨线取料 建议：物料投放到右侧
9	调发动机上线处人员的安全意识需加强 建议：本工序人员要戴安全帽，同时其他工序的人员不能站在发动机下操作
10	翻车架工位正常应一个人在操作，但是此工序却有2人，其中1人有很大的空间时间，大部分时间在等待 建议：对此工位进行分析，测算工作量
11	前保取料：96步，每10个需要取料一次 建议：调整前保装配区，例如内饰线下线处
12	内饰线玻璃取料：100步，同时需要自己选择和装载，距离远，费时 建议：调整玻璃装配区，例如内饰线下线处

1）时间管理上，上午的开线时间为8：30-12：00，部分检查工位的人员11：30就离岗吃饭。

2）前保取料要步行96步，正常人每步的距离是70cm，每分钟80m。96步约为67.2m，约50s，来回100s。同时取回物件时负重行走，实际行走速度还要多于此时间。在抽样分析中，走动的时间占总体作业时间的15%，也说明了这一浪费现象。

（5）车位分析

主要分析车位间距的情况，车辆前轮到其后车辆前轮距离（链板节数）的抽样如图3-21所示。

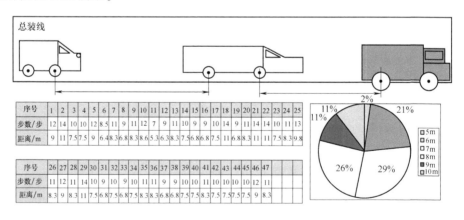

图3-21 车位间距分析

共有22个车位：

1）最大间距14步，为11m（每步75cm），最小间距7步，为5.3m。

2）如果都按 7 步来控制车的间距，JPH 可以提高 1 台。

6. 现场分析结果汇总和改善方案（见表3-15）

表 3-15　现场分析结果汇总和改善方案

序号	分析	结果	问题点	解决方向	目标成果
1.	JPH 分析	全天 8h 下线 129 台	下线间隔离散，最长间隔时间为 8min，标准间隔时间为 3min30s	保持按标准节拍 200s 投放	每小时增加 1 台车，共 8 台
	线速分析		线速不能保持一致	保持线速为开线时的 3.16m/s	全天增加 5 台车
	开停分析		JPH 波动大，全天下线 129 台		
2. 停线分析		停线 15 次，合计 1028s	设备故障问题，人为可检问题	开线前预检修设备，消除故障时间	全天增加 1 台车
			混线生产课题，切换停线损失	混线排产，减少车型切换停线时间	
			提前停线 10min	按时停线	全天增加 3 台车
3. 瓶颈工序		发动机套合 256s，标准 210s	套合孔位偏斜	工艺调整，保证孔位标准	
			人员操作干涉	标准化操作，不超越工位工作	
			最短工序为机油注工序，90s	加注油和前道防冻液工序合并	减少操作工 1 名
4. 抽样分析		装配时间占比为 49%	等待占 15%，不在占 4%	管理上消除不在现象，减少等待时间	
			取料占 14%，物料摆放包装，工具等问题	物料去包装上线，优化摆放位置	
			前保取料要步行 96 步	前保工序移动到组装工序旁	
5. 车位调查		最大间距 14 步，为 11m；最小间距 7 步，为 5.3m	按 7 步来控制车的间距	消除空车位	JPH 可以提高 1 台
总体		成果 1			每天增加 25 台车
					提高劳动生产率 19%
		成果 2			减少操作工一名

在这些课题解决方案中，重点考虑：

（1）混线生产

1）排产的混线排查（物流）。

2）工艺的混线装配工艺（总装）。

3）目标：统一线速（降低节拍时间）。

（2）停线管理

1）真正的停线。

2）计算的停线（影响工时）。

3）彻底的停线原因分析（各部门）改善。

4）明确停线权限人，停线标准。

（3）岗位优化

1）不在占4%，等待占14%，走动占15%。

2）工位器具的优化超前装配；人员干涉的改善。

（4）工时平衡改善

结合混线生产，要进行人员的实际工时平衡（装配、检查、加注等）。

（5）线速优化

1）结合混线生产，工时平衡改善。

2）优化线速，减少等待现象。

（6）车位优化

1）根据车型、车架尺寸，进一步优化。

2）优化车位间距，控制空车位（偶有发生）。

这一案例，按以上改善方案，通过4个月现场改善，减少了停线，提高效率19%（实际结果）。

7. 案例分析总结

运用关田法的六大杀手锏，通过具体案例，详细论述了流水线型现场分析和改善案制定的全过程。包括：JPH调查、停线调查、开停时间、线速调查、车位调查、空位调查、工位瓶颈、走动调查、工作抽样，共9项调查诊断和分析。

在调查分析中应用了IE的一些基本工具：时间分析和抽样分析。但是单纯应用标准的方法和工具并不能真正科学、真实地反映动态变化的工作现场，所以要根据IE思维，设想、设定具体的调查分析方向和方法。这时需要三现的具体实践，才能非常客观地设定调查诊断的计划和实施。

同时，现场是一个动态的形态，即是生产计划实施的现场，也是产品工艺落地的现场，更是管理育人落地的第一线。所以本案例也是通过从上班到下班全天连续的现场调研，才能真实、客观地了解在线生产计划落实得如何，工艺标准实施得如何，管理育人落地得如何。这一点，是非常重要的！

3.4.3 组装型生产现场管理关田法的经验之谈

组装型生产日常的管理是非常重要的。其管理的重点关田法汇总了以下三点。

1）附加价值创造率：关注瓶颈工序。
2）系统开动率：关注时间效率。
3）人的工作效率：关注人员效率。

1. 瓶颈工序

（1）瓶颈管理的意义

总装这个工序是拉动整个生产链的龙头，大都是由一些操作工人组成流水线进行作业。这种生产经常会采用工时平衡来判断总装线的效率。管理层也会向经营层汇报工时平衡的数据，例如通过改善，提高了多少工时平衡率。

但是单看工时平衡时非常片面的，有时也是非常危险的。因为工时平衡的前提是：

1）是标准时间或者平均测量时间构成的工时平衡。
2）不包括一些异常点，如停线、低速、等待、故障等。

所以，从某种意义上说，仅关注工时平衡是一种理想化的状态，是一种定性的状态（看起来好像是定量的），但并不能完全反映实际动态的生产状况。实际的生产并不是按这个工时平衡墙来进行的。

实际真正影响生产线的关键是瓶颈。这个瓶颈直接决定了整个生产线的节拍，影响整体的效率。因而不从瓶颈上解决问题，只是泛泛地从各个工序上看问题，解决问题，有时即使问题解决了，也不会提高整个生产线的效率，这种问题的解决也只会增加浪费时间，如等待。所以解决生产线的问题，就是解决瓶颈问题。

这也是我分析组装型生产线的一个技巧。我不看工时平衡如何，也不会面面俱到地看每个工序，而是看哪道工序的在制比较多，哪道工序经常造成停线，这道工序就是整个生产线的瓶颈，这道工序就决定了整个生产线的效率。整个生产线中很多工序的等待，停止等浪费就是因为这道工序引起的。重点关注瓶颈工序，并对其实施改善，就会达到事半功倍的效果，直接解决整个生产线的效率问题。

（2）瓶颈的分类和管理

在我的经验里，瓶颈可以分成两种。

1）工艺瓶颈：工艺上标准时间最长的工序。因为有工装、设备、工艺水平的因素，会产生一些不可避免和比较难于拆分的工艺，造成工艺时间比较长，形成了工艺上的瓶颈工序。这里通过混流生产的排产方式，有些是可以解决和减轻的。这方面将在其他专著中另做详细论述。

2）管理瓶颈：因管理问题产生的瓶颈工序。根据我的经验，在实际生产中，真正影响工作效率的，并不一定是工艺瓶颈，反而常常是一些其他问题的影响远远大于工艺瓶颈的影响，是管理瓶颈。下面就此重点阐述。

我经历的一个生产线，其工时平衡有78%，水平不高，管理层和经营层也非常希望通过提高工时利用率来提高生产效率，拉动整个生产链，为此，总经理和我专项讨论了这件事，他也很为难，但并不知道问题的关键是什么。

经过我的分析，虽然工时平衡有问题，但是现场并不是完全这样的。首先生产现场会经常出现设备故障，这时就不能正常生产。有时会出现物料缺料，只好调整计划；同时操作中因各种工序原因，工人会主动停线处理等。而且这些问题的工序在某段时间内是固定的，形成了设备故障瓶颈、物料缺料瓶颈、工位问题瓶颈。这些瓶颈问题对生产的影响远远大于工时平衡的影响。我把这些瓶颈定义为管理瓶颈。要提高这条生产线的效率，关键是解决这些管理瓶颈的问题。

1）通过管理，设备故障有许多是可以预防的。在这个案例中对以往发生的设备故障问题进行分析，采用了三个管理改善手段。

① 开线前，提前检验设备的运转状态，事先发现问题。

② 工间休息为上午10min，下午10min，其他时间维修人员上线检查设备，及时发现问题。

③ 把预检、预修的设备管理上加了预换环节，对易损件根据寿命和状态在故障前进行更换，事先预防问题。

结果：设备故障率降低了80%。

2）物料缺料也有很多管理问题的存在，对此，采用了两个管理改善对策。

① 规定在途物料不能排产。在途物料的排产，实际没按时到达的现象非常多，造成停线或切换。

② 正向投料。不是工序要料，而是物料根据计划和现场进度，正向投料，保证生产的连续性。

结果：基本消除了缺料现象。

3）工位问题。这条线有很多停线点，同时没有停线标准。对此进行了两项管理改善。

① 根据工艺，设定了标准停线点，规定了标准状况，减少了50%的停线点。

② 规定了停线标准和停线责任人。

结果：停线次数，从每天50次，降低到每天12次。

这些设备故障、物料缺料、操作责任，都是管理瓶颈。要真正解决生产线的效率问题，在关注工艺瓶颈的同时，一定要重点关注管理瓶颈。这个管理瓶颈往往是容易被忽视的瓶颈，也是人为不可避免的瓶颈。实际上，有大部分的管理瓶颈通过管理改善是可以消除或减少的。

工艺瓶颈一般是固定的,但管理瓶颈却是动态的,随着时期、产品、人员的变化,也会变化。所以生产的动态现状是实际解决问题的关键。

经营层对这类生产的诊断,在关注停线的同时,就要重点关注管理瓶颈。瓶颈的问题,特别是管理瓶颈问题直接关系到设备的投资回报率。

这些在基本的管理数据中应该有所反应。如果没有,那就是管理问题。

2. 时间效率

组装流水线是按一定的速度,按同一方向进行运转、传送零件,最终形成产品的。所以,线速和产品间隔决定了生产节拍,再考虑每日的开线时间,就决定了当日的生产数量。

但是这是理想状态,实际组装线一般都会因为某些原因产生一些停线,或低于计划线速的运转,投入的时间和实际工作时间的比例就是时间效率,最终影响产品的节拍和产出。影响实际工作时间的因素主要是停线和低速。

我经历了许多企业,真正按计划、无停线地组装生产线基本是不存在的。关键是如何控制停线时间在允许范围之内,并明确知晓停线的原因所在。有一些企业,计划生产的产量和实际产出差别比较大,其中有一部分时间是停线影响,但是即使是去除停线影响,实际产出仍然和应该产出的数量对不起来。

例如我指导过的一家工厂,厂长认为,如果每天停线40min左右,那么剩下的时间就是实际的产出时间,但是当与实际产量进行对比时,却发现是对应不起来的。到现场经实际分析发现,8h之内实际停线119min,相差

图3-22 时间效率的分析

79min,产量的差距就在这里,这是管理上的问题。这里造成停线的原因是:设备故障、物料供应、产品质量、人员效率、瓶颈工序、我称作停线的五大"杀手"。

停线和低速的诊断主要是根据生产停线记录,将实际产量与当日的计划产量进行比较分析,如图3-22所示。

管理的重点在于:可以通过开线时间、停线时间、实际产出这三个数字判断实际的生产效率和管理课题。

判断指标:480min之内停线15min之内。

3. 人员效率

流水线作业主要是操作人员按一定的工序顺序,在流水线的各个工位,按标准时间,同时完成该工位的操作。

这些人员的工作效率,就会直接影响到整体生产线的工作效率,也会造成上

述停线、瓶颈工序问题。同时人员的效率也可反应生产管理的课题。包括对标准作业的培训指导课题，对标准执行的要求精度课题，出现问题时的对应速度和质量的课题。许多经验可以说明，生产线的很多问题大多是管理问题，而这些管理问题就会体现在工人操作效率和质量上。出了问题，计划执行不了，标准做不到，管理人员有时会说员工的素质不好，但是错了！丰田人，特别是丰田的管理干部绝对不会这样说，他们会认为是自己的管理问题，是管理者的问题。关田法的定义是：不是工人没做到，是我们没有要求到，是我们本身就没做到。

因此，在对停线瓶颈进行管理的同时，更重要的一点要看人、看人的工作效率、工作热情、工作态度。

看人的工作效率，通过现场瞬间抽样（5min），就可以了解。操作人员在完成一个节拍的工作时间内，通过许多动作的组合，形成不同的作业工步，这些动作和工步可以分成三大类。

第一类：直接创造价值的工作。例如拧紧、压入、注入等。

第二类：辅助创造价值工作。例如取放、确认、定位等。

第三类：无效工作。例如等待、寻找、过度走动等。

这三类工作就决定了操作人员的效率。对于第一类，要考虑如何更高效，更便捷的操作方法；对于第二类，要考虑如何减少，合并或取消辅助工作；对于第三类，要考虑如何取消无效工作。要看人的工作热情和工作态度。

在以上三类中主要是看第三类：无效工作中的等待和寻找。

等待是作业中有时会发生的时间，但是有些人会利用等待的时间，整理物料、清理垃圾、确认文件。

寻找是工作时间的浪费。所以，认真负责的人，平时就会关注什么东西。放在哪里，如何放置，如何取放会简单、快捷等，这样就会减少不必要的寻找。这是管理到位，认真负责的态度。

所以，通过对人的效率诊断，能发现操作上无效工作的多少，能发现管理上人的工作热情和工作态度。

所以通过对人的效率诊断，能发现操作上无效工作的多少，能发现管理上人的工作热情和工作态度。

4. 关田法经验之谈汇总

经营层对组装环节的诊断有以下三点：

1）瓶颈工序：管理瓶颈是因管理问题产生的瓶颈工序。主要关注设备故障、物料缺料、人员操作

2）时间效率：判断指标：480min之内停线不超过15min。管理系统记录停线时间和实际产出时间相差5%以内。

3）人员效率：看人员的无效工作，看人员的工作热情和态度。主要关注人

员无效工作的等待、寻找和走动。

这些问题，关键是从管理上进行诊断、分析、采取对策。这些对策的落实也要在管理上进行落实，从管理人上进行落实。

同时，根据经营层的诊断，为定量地分析问题和提出解决方案，管理层可以根据这些视点和重点对组装环节进一步进行深入地诊断和分析。

3.4.4 组装型生产现场改善落地总结

组装是生产的最终环节，是拉动生产的龙头，所以是保证连续生产的关键。工时平衡改善只是基本改善，一般并不能解决这类生产的问题。

关田法的问题解决，主要是六大杀手锏：停线管理、快速对应、工时平衡、人为质量、定置管理、在制管理。是非常行之有效的现场改善落地法。

日常管理的重点在于：

1）附加价值创造率：瓶颈工序。
2）系统开动率：时间效率。
3）人的工作效率：人员效率。

当然，组装型生产还会有一些不同和特例的现象，本章不再一一赘述，今后将在另外的图书中详细论述。

3.5　生产物流型的现场改善落地

3.5.1　精益物流的真髓

1. 关田法生产物流改善落地的基本

物流的基本在于高效、正确、迅速。其相互关系如图3-23所示。

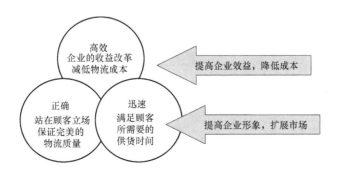

图3-23　物流的基本

1）高效：通过企业的收益改革，减低物流成本，消除一切浪费。

精益的核心是彻底消除一切浪费。在物流过程中，同样有着各种不同形式的浪费，只有消除浪费，才能实现高效。从高效的角度分析物流，具体的浪费如图3-24所示。

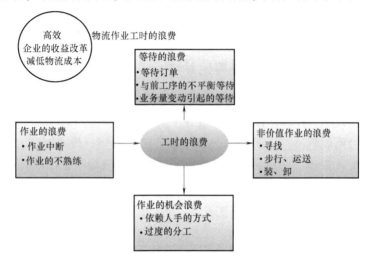

图3-24　物流的高效

在图3-24所示的4种浪费中，作业的机会浪费是指方法的浪费，例如不正确的作业方法，不正确的物流工具使用等。

高效，主要是体现内部管理、内部的需求和要求。

2）正确：站在顾客立场，保证完美的物流质量。

物流质量是顾客最关心的物流问题，物流质量的保证是：数量、时间和品质。因质量问题引起的浪费，从正确的物流角度进行分析，如图3-25所示。

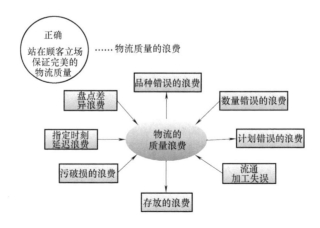

图3-25　物流的正确

3）迅速：满足顾客所需要的物流时间，如图3-26所示。

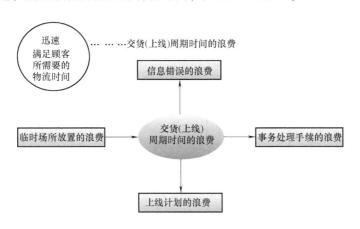

图3-26 物流的迅速

2. 生产物流型现场改善的关田法

应用IE的基本技术，定量分析物流各个过程中人的工作，定量浪费的大小、性质和地点，从而进行有效的改善，采用高效、正确、迅速的物流体系，开展工作。

从物流的质量问题引起的浪费，到物流周期时间的浪费、物流作业工时的浪费和物流空间的浪费，共汇共了8个物流IE工具，是定量分析物流浪费的基本工具。同时明确了各个工具分析的改善目的。

这些工具的具体应用，可以从总体分析，到具体分析和详细分析入手，在不同层次应用不同的工具，定量浪费，如图3-27所示。

下面通过具体案例，阐述生产物流型现场改善的关田法浪费定量化和改善的应用。

3.5.2 关田法物流IE改善案例分析

1. 物流分析改善案例概要

本案例物流的改善对象是汽车上线物流库房。货物进入这里，在这里储存、分货、上线。这里的工作计划、工作效率就直接关系着整个物流效率和整车生产效率。

本案例以一个库房为核心，关注主要以人为主题的物流工作效率。

随着业务量的增加和品种的增加，库房的管理压力也随之增加，希望通过IE改善，来提高效率和物流质量。

1）分析改善的目的：对A物流库房现场，通过应用关田法（时间分析、流

图 3-27　生产物流型现场改善的关田法

程分析、抽样分析、重复动作分析及人体工学等），定量分析现状及提高效率的问题点，并且提出问题解决的方案，实施改善。

2）改善对象：A 库房总体员工 19 人，上线人员 10 人。库房工作时间为 9：00~11：30，午休，12：30~17：00，18：00~21：00。

下面利用关田法进行物流现场的总体分析。

2. 物流现场的整体分析——抽样分析

（1）物流库房人员工作抽样分析

库房现场的 19 个人，工作内容不同，工作地点很分散，不同时间段的工作内容也有所变化。为此，首先要整理分析库房的作业效率，从中找出改善的课题，再进一步进行具体和详细的分析。所以，首先要进行人员工作的抽样分析。

人员工作抽样分析的原理和目的：从宏观的角度对现场总体的工作分布情况进行抽样分析。通过抽样分析可以发现一些现象，再由现象找出现场存在的问题点。

要点：对全体人员，在同一时间进行随机观察。见表 3-16。

现场调查分析从早上 9：00 开始，根据实际作息时间，一直到 21：00 下班，随机对全部人员进行抽查。抽样分析的要素根据库房的实际工作内容构成，对包括卸货、调度、上库位、搬运、扫描、发货、装箱、包装、不在、休息、等待、

表 3-16 物流抽样分析

盟通抽样分析观测表						仓库名：SONY库				观测日期：2011-2-16		9:00~21:00
						人员数：				观测人：		
观测回数	观测时间	卸货	调度	上库位	搬运	扫描	发货	装箱	不在	休息	等待	空搬	电话	走动	合计
1	9:00											7			7
2	9:30	3	2		2	1					2	1			7
3	10:15	3	1		1	1			1				1		7
4	10:54	1			1				3				1	0	7
5	11:30	4	3	0	4	2	0	0	4	7	2	8			9
6	12:30								2	7	1			1	9
7	13:00	1	1	1	3	1		3	1	7	1	2		1	9
8	13:15	3			2	1		1	3		2			2	9
9	13:49			1	1	1		2	3		5				9
10	14:12		1		2			1	1	2	3		1	1	9
11	14:42		1		2	1		4		1				2	9
12	15:21		3	2	12	6	0	12	19	10	12	2	0	1	9
13	16:11	4	6	2	16	8	0	12	23	17	14	10	1	8	9
14	16:48	8			4				1		1	9		8	
15	17:00					1			4		2			1	9
白天合计															
16	19:00	2			2			2	4		1	2	0	3	9
17	19:20	1	2		2	1			2		2			1	9
18	19:54	1	2	0	3	2	0	2	7		4	9	0	6	9
19	20:25	4			9										
20	21:00														
全天合计		12	8	2	25	10	0	14	30	17	18	19	1	14	170

空搬、电话、走动在内的13个工作要素，进行了人员工作的抽样调查分析。其中，"不在"是在随机抽样时间时不在现场的人数。

根据以上现场人员工作抽样调查的结果进行分析，如图3-28所示。

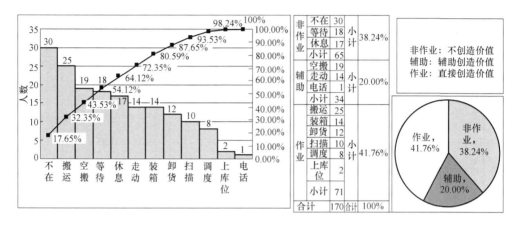

图 3-28　人员工作抽样分析

抽样分析的总体情况是：

1）直接创造价值的作业状况占比为41.76%（9：00~21：00）。

2）不直接创造价值的非作业状况等占比38.24%。

3）其中空搬、等待与休息现象所占比重较大，作业安排的合理性有待提升。

4）工间时间需要明确（实际工作时间：9：00~11：30，13：00~17：00，19：00~21：00）。

（2）抽样调查的不同时间段分析

再进一步对各个时间段进行分析，如图3-29所示。

总体上看，一天之中下午工作量比较饱满，实际作业时间占比为43.33%，上午实际作业时间占比最低为37.14%。

但是，下午虽然繁忙，不在的比例也比较大，非价值工作的比例也最大，为45.56%，这期间的工作计划和工作管理存在管理课题。

（3）现场问题的发现

另外，在现场实际调查时，也发现一些实际问题点：

1）库房管理责任不够明确，当天员工有多少人上班，需要通过现场查询才能获悉。

2）货仓位的可视化标识非常模糊，查找难度较大。取货时未能做到明了、快捷。

（有人称："员工们有经验，他们都知道。"这是凭经验管理。而且在现场就

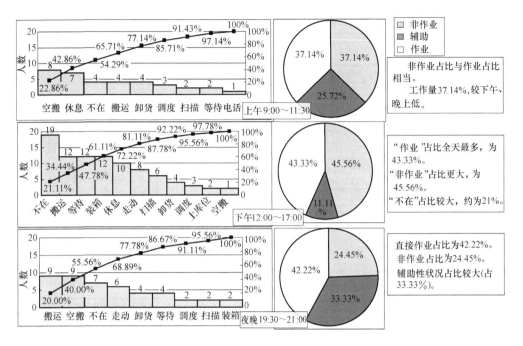

图 3-29 人员工作抽样时间分布分析

发现有一人指引外援工作业的情况。)

3) 装卸作业信息沟通不及时。(现场发现：货运车辆就位后，再组织人员作业，形成一定程度上的等待。)

4) 在库房内有相当一部分的走道堆放着货物，堵塞了通道。

5) 货物行列间距过小，甚至紧贴，搬取时常发生碰擦拖带情况，存在安全隐患。

以上这些问题都直接影响到库房的作业效率。

结合以上的分析和梳理出的问题点，再进一步对库房进行了具体分析。

3. 物流现场的具体分析——流程分析

(1) 物流流程调查（见图 3-30）

运用 IE 流程分析的方法，对物流进行流程分析。具体根据某一个订单从到货、入场，到出场的整个过程进行全程跟踪调查，进而分析出必要的工作和可以改善的工作。

根据 IE 流程分析的定义，把物流的工作分成四种状态（临时停放、物流处理、搬运、储存）进行分析。

(2) 物流流程分析

根据以上调查进行货物流程分析，见表 3-17。

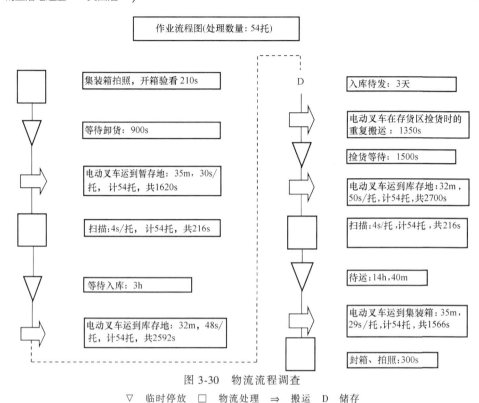

图 3-30 物流流程调查

▽ 临时停放　□ 物流处理　⇒ 搬运　D 储存

表 3-17 货物流程分析

序号	状态	工作内容	时间	距离/m
1	□	拍照,开箱验看	210s	
2	▽	等待卸货	900s	
3	⇒	电动叉车运到暂存地	1620s	35m
4	□	扫描	216s	
5	▽	等待入库	3h	
6	⇒	电动叉车运到库存地	2592s	32m
7	D	入库待发	3d	
8	⇒	电动叉车在存货区捡货搬运	1350s	20m
9	▽	捡货等待	1500s	
10	⇒	电动叉车运到库存地	2700s	32m
11	□	扫描	216s	
12	▽	待运	14h	
13	⇒	电动叉车运到集装箱	1566s	35m
14	□	封箱、拍照	300s	

总体流程时间 92.66h。其中，存储时间为 3 天（72h），物流时间为 1239.5min。存储的 3 天时间是正常的时间，但是 1239.5min 的物流时间是为了存储在仓库进行的各种作业时间。这些作业，次数越少越好，如一步到存储区域，否则会增加作业环节和物品的临时摆放区域。这些作业，时间越短越好，例如一步到存储区域，否则会造成无价值作业时间的增加。从这个观点，对 1239.5min 的物流时间进行进一步分析。

其中：⇒搬运 5 个环节，移动距离 154m，总体搬运时间为 163.8min，占比 13.22%。

▽停留（货物停留）4 个环节，停留时间为 1060min，占比 85.52%。

□工作（扫描、封箱）4 个环节，工作时间为 15.7min，占比 1.27%。

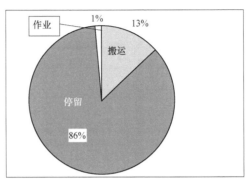

图 3-31 流程分类分析图

图 3-31 所示为流程分类分析图。

停留占了 86% 的物流时间。这种停留是在临时的场地停留，所以会直接影响仓库场地的应用。在实际工作计划中，首先要考虑如何缩短停留的时间，乃至为零。

搬运了五次，也造成了停留的次数和时间，这些都是不创造价值的作业。

在物流时间内，真正创造价值的时间只有 1%。

4．物流现场的具体分析——工作时间分析

（1）物流工作时间调查

精益生产的一个核心内容就是均衡生产。工作时间分析主要是从均衡物流的角度，分析整体工作量的分布情况，从中判断计划、管理的问题点。

这是关田法在物流分析里的一个主要工具。具体的方法是：实际测量每一单物流工作的单个处理时间，再乘上这个订单的物品数量，从而确定每个订单的在各个时间的工作量。全部订单的工作量叠加起来，就是全天工作量的分布。

将实际测量订单的三个处理时间作为分析样本。9：00~21：00 的全部作业订单见表 3-18。

21：00 以后的全部作业订单见表 3-19。

（2）物流工作时间分析

对现场分析的数据进行全天工作量的分析，如图 3-32 所示。

表 3-18 物流工作时间调查 9:00~21:00

工作内容		开始时间		作业时间/s			代表时间	处理数量	整体时间/s	结束时间	
		时	分	样板-1	样板-2	样板-3				时	分
订单-1	卸货-1	9	55	112	100	96	103	104	10677	13	53
	入库-1	13	0	30	42	50	41	104	4229	14	11
订单-2	检货-2	10	40	93	119	113	108	18	1950	11	11
	装车-2	15	12	67	73	70	70	18	1260	15	33
	封门-2	15	45						300		
订单-3	卸货-3	13	30	132	110	114	119	24	2848	14	18
	入库-3	14	30	64	72	75	70	24	1688	14	59
订单-4	卸货-4	13	30	75	71	74	73	28	2053	14	5
	入库-4										
订单-5	装车-5	14	8	100	135	155	130	24	3120	15	0
	封门-5	15	21						327		
订单-6	装车-6	14	43	83	90	75	83	24	1984	15	17
	封门-6	15	20					15	360		
订单-7	卸货-7	14	25	75	75	73	74	22	1635	14	53
	入库-7	14	50	75	75	80	77	22	1687	15	19
订单-8	检货-8	19	8	73	163	172	136	26	3536	20	7
	装车-8	21	0	67	50	58	58	26	1517	21	26
	封门-8	21	44						340		
订单-9	检货-9	19	28	117	92	109	106	26	2756	20	14
	装车-9	21	7	100	45	55	67	26	1733	21	36
	封门-9	22	0						280		

表 3-19 物流工作时间调查:21:00 之后

工作内容		开始时间		作业时间/s			代表时间	处理数量	整体时间/s	结束时间	
		时	分	样板-1	样板-2	样板-3				时	分
订单-10	卸货-10	21	10	114	99	99	104	130	13520	0	56
	入库-10	23	5	66	45	52	54	130	7063	2	3
订单-11	检货-11	22	10	127	107	117	117	54	6318	23	56
	装车-11	22	22	68	78	76	74	54	3996	23	29
	封门-11	22	50						900		

(续)

工作内容		开始时间		作业时间/s			代表时间	处理数量	整体时间/s	结束时间	
		时	分	样板-1	样板-2	样板-3				时	分
订单-12	卸货-12	1	0	60	62	67	63	72	4536	2	16
	入库-12	4	0	25	22	26	24	72	1752	4	30
订单-13	检货-13	2	30	97	92	109	99	78	7748	4	40
	装车-13	2	55	75	45	55	58	78	4550	4	11
	封门-13								1050		
订单-14	检货-14	3	30	70	101	109	93	18	1680	3	58
	装车-14	4	20	87	79	98	88	18	1584	4	47
	封门-14	4	50						370		

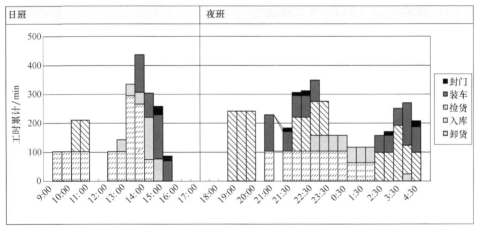

图 3-32 物流工作分布分析

工作量分布分析：

1）卸货：全天卸货，时间段为：9：00-15：00，21：00-2：30，峰值在14：00。

2）捡货：白天基本不捡货。

3）入库时间为：13：00-15：00，21：00-2：00（上午不办理入库）。

4）每天工作量低谷在：9：00-12：00 和 16：00-19：00（3H）

5）每天工作量高峰在：14：00-15：00，22：00-23：00，3：00-5：00。

整体库房共分成两个区域，A 区域和 B 区域，上述的数据是两个区域的合计工作量分布。进一步再分析各个区域工作量的分布情况。

A 区域物流工作分布分析如图 3-33 所示。

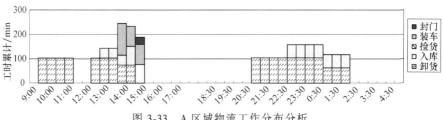

图3-33 A区域物流工作分布分析

特点：

1）卸货：全天进行，且为全天主体工作，时间段为：9：30-15：30，21：30-2：30，峰值在14：00。

2）捡货：全天不捡货。

3）入库时间为：13：00-15：00，21：00-02：00（上午不入库）。

4）当天工作量低谷在：9：00-12：00，16：00-21：00（合计8h）。

5）装车仅在14：00-15：30发生。

B区域物流工作分布分析如图3-34所示。

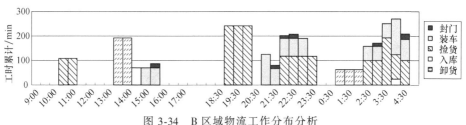

图3-34 B区域物流工作分布分析

特点：

1）捡货：全天均进行，大部分在夜晚，时间段为：10：00-11：00，2：30-4：30，峰值在4：00。

2）白天工作量不足，其中在21：00-5：00工作量较大。

3）卸货、入库所用时间很少，两个时段共1h。

4）当天工作量低谷在：9：00-10：30，11：30-13：30，16：00-19：00。

工作量分布时间分析问题点：

1）总体白天的工作量并不是十分饱满，工作量主要出现在夜晚和清晨。

2）根据这样的工作分布，人员的上班时间的合理性有待提高。

3）叉车装卸作业调度上存在不当，如两台车同时从事同一工作、出现塞车等待的现象。

4）库房叉车行驶速度的规定形同虚设，实际现场看到的速度明显要高于规定速度。如所运货物常发生摇晃（在箱门口），刹车时出现车轮打滑、车辆漂移等现象。如图 3-35 所示。

一车在作业一车在等待

图 3-35 现场情况

5. 物流现场的详细分析——重复作业时间分析

1）总体分析。通过抽样分析了人员的作业效率和问题点，在此基础上进行具体分析。

2）具体分析。通过场内工作流程分析，定量分析各个订单的流程和问题点；通过场内工作时间分析，定量分析各个时间段的工作量分布和问题点。

3）详细分析。根据以上的总体分析和具体分析，再进一步对每个单独作业情况进行时间测量，分析更进一步的工作问题点。这就是重复作业时间分析，也是关田法将 IE 时间分析的方法应用于库房物流工作分析中的重要分析工具。

重复作业，是指一些按同样的作业顺序，多次发生的工作。例如用叉车处理货物的步骤是：开动叉车，叉车行驶至取货位置取货，叉车将货运至暂存地，叉车将货在暂存地放下。这样的工作是在库房经常发生、重复发生的工作。对这类工作，利用 IE 时间分析的方法，进行定量分析，寻找改善的问题点。

在实际的现场分析中，要对备货装车和卸货入库的两个大环节进行实地测量分析。首先是对备货的叉车取货重复作业的测量，这里包括备货重复作业，见表 3-20。

1）对这种重复性标准作业，首先要看标准作业的程度。

例如备货一的作业，有标准动作 4 个：叉车取货，叉车行驶至取货位置，叉车将货运至暂存地，叉车将货在暂存地放下。

对此进行了 10 次时间分析，其时间分布是：20s，31s，29s，22s，27s，22s，21s，25s，27s，34s。其中，最长时间是 34s，最短时间是 20s，相差 0.7 倍。

同时再看每个动作的时间分布

叉车取货：7s，9s，3s，3s，9s，3s，10s，8s，10s，6s，最长时间是 10s，最短时间是 3s，3.3 倍。

表 3-20 物流重复作业时间调查

备货装车
仓库名：＊＊＊ 观测日期：＊＊＊＊ 作业名称：备货一
人员数：2（二台叉车） 观测人：

序号	工作内容	次数		测时结果/s										标准时间/s	合计/s	备注
	要素工作			1	2	3	4	5	6	7	8	9	10			
1	叉车取货	时间/s		0'07"	1'11"	2'21"	3'25"	4'36"	5'30"	6'33"	7'32"	8'36"	9'38"		68	等待前车离开
		读表		7	9	3	3	9	3	10	8	10	6			
2	叉车行驶至取货位置	时间/s		0'36"	1'43"	2'49"	3'56"	4'42"	5'56"	6'58"	7'56"	8'57"	10'03"		247	
		读表		29	32	28	31	6	26	25	24	21	25			
3	叉车将货运至暂存地	时间/s		0'42"	1'47"	2'53"	4'05"	5'00"	6'01"	7'03"	8'01"	9'05"	10'07"		68	等待前车送到
		读表		6	4	4	9	18	5	5	5	8	4			
4	叉车将货在暂存地放下	时间/s		1'02"	2'18"	3'22"	4'27"	5'27"	6'23"	7'24"	8'26"	9'32"	10'41"		258	二车改换成接力方式作业
		读表		20	31	29	22	27	22	21	25	27	34			

（续）

仓车名：＊＊＊　　观测日期：＊＊＊＊　　作业名称：　　　　　备货二
人员数：2（二台叉车）　观测人：

序号	工作内容	要素工作	次数	测时结果/s											标准时间/s	合计/s	备注
				1	2	3	4	5	6	7	8	9	10			
1	叉车行驶至取货位置	时间/s		20	17	18	17	33	23	8	14	27	11		188	等待前车离开
		读表		0'20"	1'06"	1'58"	2'42"	3'47"	4'35"	5'18"	3'52"	6'55"	7'30"			
2	叉车取货	时间/s		2	2	3	3	2	2	2	15	4	2		37	等待前车送到
		读表		0'22"	1'08"	2'01"	2'45"	3'49"	4'37"	5'20"	6'07"	6'59"	7'32"			
3	叉车将货运至暂存地	时间/s		24	30	22	27	20	31	12	19	18	23		226	二车改换成接力方式作业
		读表		0'46"	1'38"	2'23"	3'12"	4'09"	5'10"	5'32"	6'26"	7'17"	7'55"			
4	叉车将货在暂存地放下	时间/s		3	2	2	14	3	2	6	2	2	3	39		
		读表		0'49"	1'40"	2'25"	3'14"	4'12"	5'24"	5'38"	6'28"	7'19"	7'58"			

（续）

扫描重复作业：
仓库名：＊＊＊ 观测日期：＊·＊·＊ 作业名称：扫描
人员数：2（二台叉车） 观测人：

序号	工作内容 要素工作	次数		测时结果/s										标准时间 合计/s	备注
				1	2	3	4	5	6	7	8	9	10		
1	扫描1	时间/s		1	1	4	2	2	2	6				18	
		读表		0'01"	0'13"	5'26"	5'42"	5'57"	6'18"	6'44"					
2	扫描2	时间/s		3	2	5	4	3	8	6				31	
		读表		0'04"	0'15"	5'31"	5'46"	6'00"	6'26"	6'50"					
3	扫描3	时间/s		5	2	5	4	5	4	6				31	
		读表		0'09"	0'17"	5'36"	5'50"	6'05"	6'32"	6'56"					
4	行走至下一垛	时间/s		3	305	4	5	11	6					334	寻找、替换操作人员。从此后二人同时作业
		读表		0'12"	5'22"	5'40"	5'55"	6'16"	6'38"						

（续）

装车重复作业：
仓库名：＊＊＊　观测日期：＊＊＊
人员数：2（二台叉车）　观测人：
作业名称：装车

序号	工作内容 要素工作	次数		测时结果/s										标准时间/s	合计/s	备注
				1	2	3	4	5	6	7	8	9	10			
1	叉车叉取货物	时间/s		7	5	7	3	11	3	6	4	5	10		56	
		读表		0'07"	1'13"	2'17"	3'04"	3'53"	4'44"	5'30"	6'07"	6'51"	7'33"			
2	叉车将货运至车内	时间/s		27	24	20	20	25	23	21	20	20	21		221	
		读表		0'34"	1'37"	2'37"	3'24"	4'18"	5'07"	5'51"	6'27"	7'11"	7'54"			
3	叉车将货在箱内放下	时间/s		3	6	4	4	10	4	3	7	3	32		76	下车查看箱内物品摆放位置是否存在异常
		读表		0'37"	1'43"	2'41"	3'28"	4'28"	5'11"	5'54"	6'34"	7'14"	8'26"			
4	叉车行驶至取货位置	时间/s		31	27	20	14	13	13	9	12	14	20		173	
		读表		1'08"	2'10"	3'01"	3'42"	4'41"	5'24"	6'03"	6'46"	7'28"	8'46"			

（续）

卸货入库的卸货重复作业：
仓库名：＊＊＊　观测日期：＊＊＊
人员数：1（一台叉车）　观测人：
作业名称：卸货入库
卸车

序号	工作内容 要素工作	次数	1	2	3	4	5	6	7	8	9	10	标准时间/s	合计/s	备注
1	叉车行驶至车厢内	时间/s	55	30	28	29	33	37	56	77	66	76		487	卸货堆放至远处摆放
		读表	0'55"	2'05"	3'31"	4'46"	6'06"	7'40"	10'00"	12'49"	15'15"	17'34"			
2	叉车在车厢内叉取货	时间/s	5	5	9	7	6	7	12	11	8	15		85	
		读表	1'00"	2'10"	3'40"	4'53"	6'12"	7'47"	10'12"	13'00"	15'23"	17'49"			
3	叉车将货运至暂存地	时间/s	30	35	31	32	31	70	53	34	40	54		410	
		读表	1'30"	2'45"	4'11"	5'25"	6'53"	8'57"	11'05"	13'34"	16'03"	18'43"			
4	货物放下	时间/s	5	8	6	8	10	7	27	35	15	7		128	卸货堆放区分两地摆放
		读表	1'35"	2'53"	4'17"	5'33"	7'03"	9'04"	11'32"	14'09"	16'18"	18'50"			

（续）

第3章 不同生产类型的精益改善落地

卸货入库的扫描重复作业：
仓库名：＊＊＊　观测日期：＊＊＊　作业名称：扫描
人员数：1（一台叉车）　观测人：＊＊＊

序号	工作内容		次数	测时结果/s										标准时间/s	合计/s	备注
	要素工作			1	2	3	4	5	6	7	8	9	10			
1	扫描1	时间/s		2	1	3	2	1	4	1	3	9	2		28	
		读表		0'02"	0'16"	0'29"	0'40"	0'56"	1'18"	1'51"	2'10"	2'32"	2'52"			
2	扫描2	时间/s		2	2	3	3	2	9	3	3	4	3		34	
		读表		0'04"	0'18"	0'32"	0'43"	0'58"	1'27"	1'54"	2'13"	2'36"	2'55"			
3	扫描3	时间/s		3	2	4	3	3	4	5	3	5	3		35	
		读表		0'07"	0'20"	0'36"	0'47"	1'01"	1'31"	1'59"	2'16"	2'41"	2'58"			
4	行走至下一栈	时间/s		8	6	2	8	13	19	8	7	9	37		117	含等待货物运到
		读表		0'15"	0'26"	0'38"	0'55"	1'14"	1'50"	2'07"	2'23"	2'50"	3'35"			

（续）

卸货入库的入库重复作业：
仓库名：＊＊＊　　观测日期：＊＊＊　　作业名称：入库
人员数：1（一台叉车）　　观测人：

序号	工作内容 要素工作	次数	测时结果/s											标准时间/s	合计/s	备注
			1	2	3	4	5	6	7	8	9	10			
1	叉车行驶至暂存地	时间/s	1	36	40	44	42	45	48	46	55	52		409	
		读表	0'01"	1'20"	2'49"	4'33"	6'14"	7'58"	9'50"	11'36"	13'47"	15'44"			
2	叉车在暂存地叉取货	时间/s	6	6	6	6	5	7	6	10	6	12		70	
		读表	0'07"	1'26"	2'55"	4'39"	6'19"	8'05"	9'56"	11'46"	13'53"	15'56"			
3	叉车将货运至库位	时间/s	32	37	47	47	48	50	47	58	51	49		466	
		读表	0'39"	2'03"	3'42"	3'26"	7'07"	8'55"	10'43"	12'44"	14'44"	16'45"			
4	在库位摆放	时间/s	5	6	7	6	6	6	7	12	8	11		74	摆放调整
		读表	0'44"	2'09"	3'49"	5'32"	7'13"	9'02"	10'50"	12'52"	14'52"	16'54"			

叉车行驶至取货位置：29s，32s，28s，31s，6s，26s，25s，24s，21s，25s，最长时间是32s，最短时间是21s，相差0.5倍。

叉车将货运至暂存地：6s，4s，4s，9s，18s，5s，5s，5s，8s，4s，最长时间是18s，最短时间是4s，相差3.5倍。

叉车将货在暂存地放下：20s，31s，29s，22s，27s，22s，21s，25s，27s，34s，最长时间是31s，最短时间是20s，相差0.5倍。

这其中，叉车将货运至暂存地的动作时间差距最大，最长时间是18s，最短时间是4s，相差3.5倍，反映了在整个货物运送的过程中，存在一些问题，影响到了整体的操作时间和效率。

其他的操作也有类似的问题，对发生这些问题的主要原因，在现场测时的时候进行了观察。

2）在备货一的10次作业过程中，发生了一些特殊情况：

① 当等待前车离开时：因前车装车延误，致使后续工作不能按时实施。

② 当等待前车送到时：因前车未按时送到位置，致使后续工作不能按时实施。

当一车改换成接力方式作业时，运输时间节拍出现混乱，前后两辆货车同时到达。

反映了现场调度的问题和作业标准化的问题。

3）另外，在其他几项现场测时分析中发现：

① 扫描作业：寻找、替换操作人员，从此后二人同时作业。

② 装车作业：在箱内下车查看摆放位置异常。

③ 卸货作业：卸货堆放至远处摆放，卸货堆放区分两地摆放。

④ 入库作业：摆放调整。

4）另外，总体上：

① 选择二台叉车共同作业，出现多次一车等待另一车作业完成的情况。

② 扫描作业中发现技能不熟练，出现多次扫描不到信号。

③ 在装车中出现一次驾驶员因货物摆放位置不确定而下车查看的情况。

④ 同一货物分二地暂存堆放，使搬运时间增加。

⑤ 扫描过程中有三次等待情况发生。

⑥ 有数次发生摆放不到位，而需要调整。

6. 物流现场的详细分析——动作的经济性分析

在我们物流现场的操作工人，由于搬运比较沉重的物件会感到疲劳；由于经常做一些很勉强的动作（例如弯腰、扭转身躯）会造成肌肉酸痛；由于做一些单调的重复工作会感到工作的枯燥无味，等等。

这些都直接影响到工作效率、质量，以及操作工人的工作热情。

为此，IE里就研究，怎么样搬运会比较轻松不容易疲劳？怎么样尽量避免做一些很勉强的动作，而能完成工作任务？怎么样减少不必要的重复工作，等等。这些就是要关注，要改善的点。关田法把这些点可以汇总成两个部分。

1) 搬运工作的关注重点，如图3-36所示。

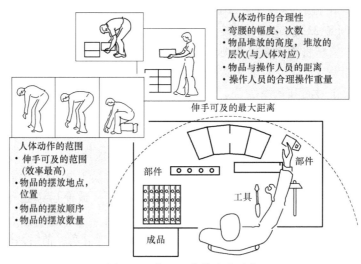

图3-36 搬运工作关注的重点

2) 物流距离的关注重点，如图3-37所示。

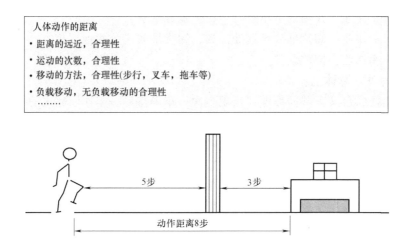

图3-37 物流距离的关注重点

根据以上的关注重点，汇总人体的动作经济性的四大原则：

原则1：减少动作次数
- 使用足部来减少手的动作。
- 改变动作顺序来减少动作。

原则2：两手同时使用
- 两手作业同时开始，同时结束。
- 两手动作保持对称，且方向相反。

原则3：缩短移动距离
- 材料、工具等放在触手可及的地方。
- 动作调整：步行动作⇒身体动作⇒手臂动作⇒肘部动作⇒手腕动作⇒手指动作

原则4：动作舒适化
- 尽量利用惯性与重力作用。
- 动作路径：突变型⇒曲线型。

根据以上动作经济性的四大原则，进行现场的动作经济性分析，如图3-38所示。

从库房的四大环节：在上线、拆包、入库、卸货的各个过程中，对人员操作进行分析，汇总问题点，进行改善。

原则1：减少动作次数，如图3-39和图3-40所示。

图3-38 动作经济性分析

原则2：两手同时使用，如图3-41所示。
原则3：缩短移动距离，如图3-42所示。
原则4：动作舒适化，如图3-43所示。

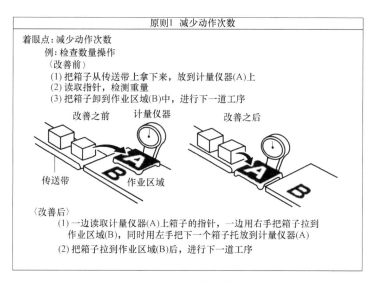

图 3-39　动作经济性分析-1

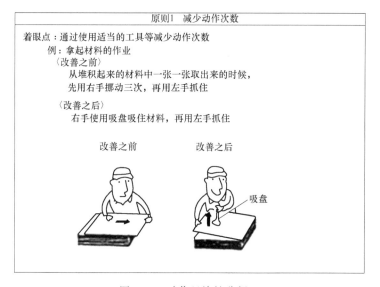

图 3-40　动作经济性分析-2

7. 物流现场的改善

在对这个物流现场进行充分的诊断分析后,科学地制定了改善方案,并且予以实施。

对整体库房,通过企业多年的整合,已经形成了基本框架,但是非常原始(粗放型)的管理,有很大效率提升空间。

对应今后客户的高标准高要求,通过 IE 的初步分析,存在许多问题点。

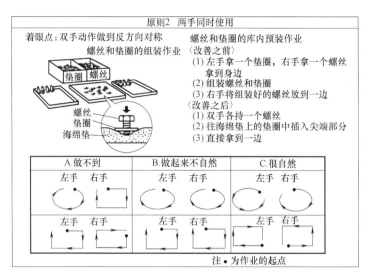

图 3-41　动作经济性分析-3

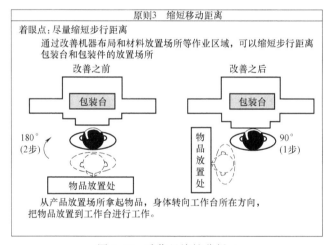

图 3-42　动作经济性分析-4

本次改善的方向提案，主要以在现有条件下的最优化（即不用资金投入，通过管理来提高，来改善）。

改善方案（现状优化）的：

1）库房物流现场浪费的改善（看得见的直接浪费）。

2）库房物流作业的标准化（看得见的直接效率提高）。

3）目视化管理作业的标准化（看得见的直接管理）。

（1）物流工作量的分布改善（见图 3-44，现场浪费的消除（看得见的直接浪费））

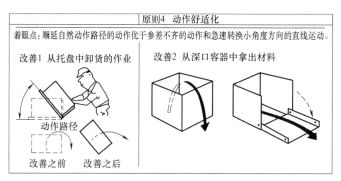

图 3-43 动作经济性分析-5

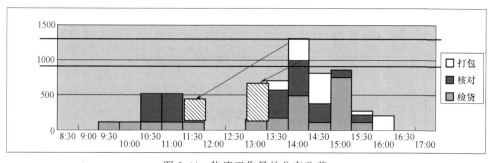

图 3-44 物流工作量的分布改善

1）高峰时间和低谷工作量的调整——根据一天的订单计划，事先进行检货和核对工作。

2）验货工作，基本是有两个人进行，没有考虑同时进行多个订单的验货，从而造成人员的等待现象（在抽样分析中），所以在18个人员中考虑并行验货，提高工作效率，减少人员浪费。

3）减少、杜绝临时摆放作业（在流程分析中发现），消除重复搬运，重复使用叉车。

4）人员物流技能的提高，消除（在抽样、时间分析中发现的寻找）无效的寻找作业。

目标：人人有事做。事事有人做。时时有事做。

（2）作业的标准化（看得见的直接效率提高）

1）作业方法的标准化（主要作业）。

① 检货：路径的标准（最短路线），摆放方法的标准（没有寻找空位摆放的现象）。

② 验货：在两个人同时作业情况下，明确每个人的工作分工。

2）作业人员的标准化。根据每天的订单实际，确定必要的人员和负责的工作。（要避免大家都集中做一件事情，产生等待、干扰）

3）作业设备的标准化（提高设备利用率）。

在仅有的设备资源下，根据每天的订单，制定当日各种设备、各个时间段的工作计划（在工作流程分析和工作抽样分析中发现等设备的现象）。

4）作业工具的标准化（提高工作效率）。

(3) 可视化管理作业的标准化（看得见的直接管理）

1）设备的可视化（定置）。

什么设备，工作时的临时停放地点，非工作时的固定停放地点和方向？（工作时间分析，工作抽样分析中发现设备的非定置而产生的浪费现象）

2）散件管理的可视化。

散件有多少，放在那里，在箱子表面有明显标签？（事实有把半箱当作一箱出货的现象，工作时间分析也发现了不必要的散件确认）

3）货物定置的可视化（定置）。

具体货物放在何处（减少寻找时间），何时进的货（先进先出）（在工作抽样分析中也发现了寻找，在工作流程分析中也发现了找不到货的现象）

4）人员管理的可视化。

今天有谁来上班，做什么事情（工作抽样分析中发现有不在现象）？

5）工作的目视化（信息共享）。

当日要处理哪些订单（计划）？实际进度如何（物流看板）？

通过半年改善实施，本案例提高了物流效率30%。

8. 物流型库房现场的诊断和改善汇总

本次案例分析和改善从总体分析到具体分析，详细分析，应用了以下的物流IE工具，反映了关田法的工具应用情况，如图3-45所示。

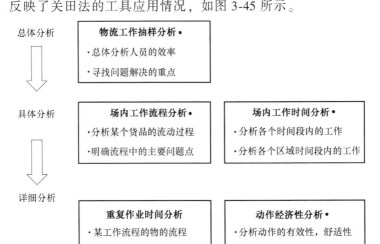

图 3-45 关田法工具应用

这些工具是物流库房定量化诊断分析改善的基本工具，是对物流库房现场改善落地的实用工具，也是核心工具。

本案例经过半年的改善实施，解决了主要问题，提高了生产物流效率和质量。

3.5.3 关田法的生产物流管理

生产物流改善的同时，日常工作中对生产物流的管理也是重要的环节。关田法总结了生产物流管理的方法和标准。

1. 生产物流的4定1可（定品种、定数量、定位置、定时间、可视化）

精益现场物流的真髓是：发现和创造物的价值。其定义为：

向必要的地方：有计划地完成机加工、装配、焊接等。

根据必要的时间：物流时间，提前量

必要的数量：最少的在线，最优的物料数量。

通过必要的路径：物流的路线，位置

提供必要的物料：数量，质量，时间的保证

为实现这一理想目标，关田法汇总了生产物流4定1可管理法，如图3-46～图3-48所示。

直接物料

序号	零件号	色标	零件名称	用量	工位器	警戒存量	车型
1	327 857 805F		左后座安全带	1	大料架	60	IVA
2	327 857 805F		左后座安全带	1	大料架	60	IVB
3	33D 863 103B		前地毯总成	1	大料架	40	FOA
4	33D 863 103B		前地毯总成	1	大料架	40	F4E
5	33D 863 103B		前地毯总成	1	大料架	40	IVB
6	33D 863 109		中地毯总成	1	大料架	40	FOA
7	33D 863 109		中地毯总成	1	大料架	40	F4E
8	33D 863 109		中地毯总成	1	大料架	100	IVB
9	33D 721 527		油门踢板限位块	1	料架	100	通用
10	811 723 537		油门踢板限位器	1	料架	100	通用
11	6QD 721 503		加速踢板模块	1	料架	100	GOC
12	6Q1 723 503E		加速踢板模块	1	料架	1000	GOE
13	N 023 002 12		螺母	3	料架		通用
14	330 864 777		搁脚板盖板	1	料架	100	IVA
15	330 864 777		搁脚板盖板	1	料架	100	IVB
16	N90106304		六角螺母	1	料架	1000	通用
17	*		*			*	*

图3-46　定品种，定数量

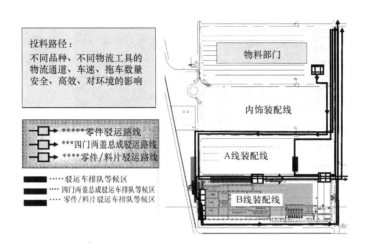

图 3-47 定时间

1)定品种:确定该机型、该工位的必须物料。

2)定数量:确定各个物料的标准数量,包括警戒线数量,投料数量;标准料架的摆放数量;非标准料架的摆放数量。

3)定位置:确定料架的位置,确定物料在料架里的摆放方法。

4)定时间:确定投料的时间、次数;投料的方法、数量、投料路径。

5)可视化:要过目知数,品种标签对应。

2. 生产物流的管理标准

为了保证 4 定 1 可的高效、正确、迅速执行,在实施中的物流主要从三个方面进行管理和标准制定。

(1)在线物料管理(物料部门和生产部门的合作)

1)在线物料的数量标准、位置。

2)在线物料的投料程序、方法、时间。

3)在线物料的使用、退料、不良及其他管理。

(2)工位器具管理(以物料部门为主)

1)专用工位器具的标准化:数量和摆放方法。

2)通用工位器具的使用范围标准。

3)工位器具的保养、维修和保管。

(3)工具辅料及其他材料管理(结合标准化作业,以生产部门为主)

1)工位的标准工具、数量。

2)工位的标准工具领用、保管、保养。

图 3-48 可视化

3.5.4 关田法的生产物流总结

物流的核心是：高效、正确、迅速。为此关田法总结了生产物流改善的方法。此方法从宏观到微观对生产物流进行了分析和改善方案的制定，是结合现场实际情况，可操作、可落地的改善方法。

物流管理的核心是 4 定 1 可。执行 4 定 1 可的标准包括：

1）在线物料管理（物料部门和生产部门的合作）标准。

2）工位器具管理（以物料部门为主）标准。

3）工具辅料及其他材料管理（结合标准化作业，以生产部门为主）标准。

本节内容作为关田法精益物流的其中一个环节。关田法的整体物流的精益体系，将在另外书籍中系统阐述。

第 4 章

生产切换的改善落地

4.1 生产切换的关田法

4.1.1 生产切换的实际

现在的生产模式大多数是多品种、小批量、个性化生产,而今后的发展方向是个性定制化生产。也就是说,每个产品都是定制的产品。

产品的多样性和个性化就要求频繁地切换生产,例如,因为是不同的式样,就要切换模具;因为是不同的加工方式,就要切换刀具;因为对材料有不同的需求,就要切换材料。这种切换是要停止生产进行的,是不创造价值的工作。

因此,如果切换的次数增加,总体切换的时间增加,则生产效率就会直接受到影响。

现在在很多企业,在很多产品的管理中,采用了快速换型,进行改善,消除了很多生产切换的浪费。汽车行业的混流生产就是一个典型案例。

4.1.2 快速换型的实际

1. 快速换型的思考

快速换型最初被称作 SINGURU DANDORI(是日语),是由原日本能率协会新乡重夫先生开发的技术,现在已经是精益生产实施过程中一个重要的方法,后来人们把它用英文命名为 Single Minute Exchange of Die,简称 SMED。之所以是 Single,是因为快速换型可以在 10min 以内,或 10s 以内实现快速换型。

在中国,许多人都在积极学习、培训 SMED,但是,为什么要进行快速换型,为什么一定要在 10min 之内换型? 这样的思考十分少,这样的关注也很少。我经常反复阅读,新乡重夫先生所著的《快速换型的原点志向》一书。我所关注的并不是各位所关心的内外换型的手法,而是新乡重夫先生的思想,他的思想对我的改善思想的形成起了巨大的作用。在这里，我阐述一下我对快速换型的理解。

2. 快速换型的原点

（1）是多品种、小批量生产体制的必要前提条件

现代化的消费市场是个性化的消费市场，每个人都希望拥有自己的个性产品。为适应这样的消费市场，生产企业就必须生产不同个性的产品。因为是个性产品，所以每个品种产品的数量就不会很多，但是品种数却会十分多。这就是多品种、小批量的生产模式。和多品种、小批量、快速消费的市场对接，是必需的。多品种、小批量需要不断地进行切换，不断更改生产计划，就会形成很多切换的时间和更改计划的时间，对企业来讲这是十分浪费的。如果切换的时间非常短，相应的计划变更的时间也会非常短，那么即使是多品种，也能连续均衡地进行生产。

（2）与市场快速对接的必要条件

现代化的消费市场又是一个快速消费市场。人们喜欢的个性产品，都希望即刻就能拿到，同时产品的消费寿命也在逐渐缩短。这就要求生产厂家能够快速反应，及时应对，否则就会失去市场。这也是快速换型大显身手的地方。

所以，在目前多品种、小批量、快速消费的市场情况下，快速换型是至关重要的，是提高效率，降低成本，快速响应的必要手段。这是快速换型的原点，是新乡重夫先生在《快速换型的原点志向》一书叙述的主要思想。

3. 快速换型的 Single Minute

Single Minute 是在 10min 以内，或在 10s 以内实现快速换型。

那么，快速换型是否一定要追求在 10min 以内，或 10s 以内完成呢？我的回答是否定的。换型不是越快越好，而是要结合实际需求，进行管理改善，提高整体的效益。

快速换型是一种思维方式，是当多品种、小批量、快速消费相对应的改善思维，不是单纯地追求 10min 或 10s 以内的换型。要真正实现快速换型，首先要从整个流程进行考虑，当前情况下的最优快速换型方法和时间，这才是精益的思维。

新乡重夫先生是 IE 专家，IE 是管理工学。新乡先生所考虑的快速换型是管理改善，所以主要从管理上考虑快速换型的实现。

总结：快速换型的原点是对应多品种、小批量、快速消费市场的有效方法。这种方法的实施核心是管理改善，关田法的管理改善定义是：不花钱，少花钱，办大事。

这也是我对新乡重夫先生思想学习的体会，也是我多年工作的总结。

4. 快速换型总结

快速换型 SMED，是精益生产方式中的一个要素，也是设备加工标准化的主要组成部分。

换型时间定义：从停机开始到生产出第一个合格品的时间。

快速换型的基本思路是尽量减少因换型而产生的停机浪费时间，保证生产的连续性。换型时间浪费主要体现在以下几个方面：

1）换型用的工具问题：需要寻找，需要调整，工具不合理。
2）模具没有保养：换型时进行保养，去尘，加油，拧紧等。
3）换型时先后顺序没有标准：会有重复，反复的工作。
4）结构上不容易拆卸。
5）装配时需要多次调整：对缝，对口，对线等。
6）重量问题，需要吊装设备。
7）首件合格品之前的调试。

为了解决以上问题，可以按以下方法进行思考。

1）有些工作是否可以在停机之前事先做好准备。
2）有些固定工作是否可以简化，例如由螺栓固定变成凸轮固定。
3）是否可以考虑使用一些专用的换型工具。
4）是否可以通过改变结构、消除或减少调整等来减少停机时间。

根据以上视点，结合工作中的经验，总结出快速换型的现场改善落地方法即快速换型的关田法。

4.1.3 关田法的快速换型

图 4-1 所示为换型标准化操作步骤：

1）实测换型工作的整个过程（从停机到开机），对整个过程进行浪费分析。

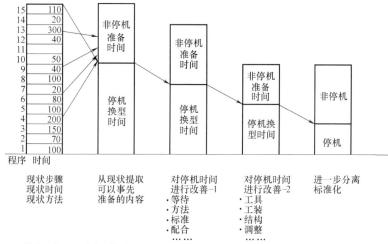

图 4-1 换型标准化操作步骤

（主要是对现状定量化）。

2）整个过程分成停机换型工作，非停机事先准备工作（主要是对停机时间改善）。

3）对停机换型工作内容、等待、方法等的改善。（主要是对管理方法改善）。

4）对停机换型进行工具、结构、调整的改善。（主要是对工装夹具改善）。

5）进一步把原来需要在停机阶段所做的工作放至非停机准备阶段进行，并且标准化。（主要是对标准化改善）。

关田法的快速换型首先从现状定量化开始，然后从停机时间、管理方法、工装夹具和标准化四个方面进行分析改善。下面通过一个具体案例进行实操阐述。

4.2 关田法快速换型案例研究

4.2.1 对象设备概述

图4-2中，三台设备为一个加工单元，同时进行产品换型。三台设备分别是1号机、2号机和3号机。对换型的全过程进行分析和改善。

1）方式：现场连续实测、问题点汇总、分析瓶颈。

2）分析角度：以发现的问题点为基础，进行梳理。发现目前不需要资金投入，将马上能改善的部分作为本次提案的切入点。

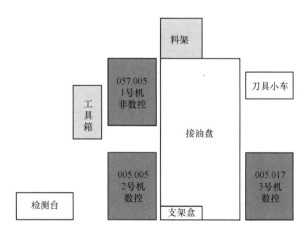

图4-2 对象设备

4.2.2 现场连续观测

表4-1为设备换型调查分析表。

表 4-1 设备换型调查分析表

设备换型调查分析表

时间	工作分类	工作时间	时间累计	工作内容	问 题 点

连续观测分析主要针对实际换型工作的各个部分,这个"各个部分"被称作工作分类,测量其开始和结束时间,同时观测分析可以改善的问题点。连续观测的结果见表 4-2。

表 4-2 设备换型调查分析结果

时间	工作分类	工作时间/min	时间累计/min	工作内容	非停机准备
11:39	准备	2	2	1号机停机	最后一个工件加工时顺次停机
11:41	准备	4	6	2号机停机	最后一个工件加工时顺次停机
11:45	准备	3	9	3号机停机	顺次停机,只有一次停机时间
11:48	走动	1	10	步行至工具箱准备工具	事先准备
11:49	准备	5	15	推小车至刃磨间领道具并填写单据	事先准备
11:54	准备	2	17	领完刀具,继续至工具箱准备刀具	事先准备
11:56	拆卸	2	19	开始拆刀具,1号机预拆	最后一个工件加工时顺次预拆
11:58	拆卸	1	20	2号机预拆	最后一个工件加工时顺次预拆
11:59	拆卸	2	22	3号机预拆	顺次预拆,只有一次预拆时间

(续)

时间	工作分类	工作时间/min	时间累计/min	工作内容	非停机准备
12：01	拆卸	1	23	拆1号刀,气管清理油污	最后一个工件加工时顺次拆刀,清理
12：02	拆卸	3	26	拆2号刀,气管清理油污	最后一个工件加工时顺次拆刀,清理
12：05	拆卸	2	28	拆3号刀,气管清理油污	顺次拆刀,清理,只进行一次拆刀,清理
12：07	装配	1	29	清理结束,放回部分工具	
12：08	调整	2	31	清理机床(擦拭)	
12：10	调整	1	32	移动刀具	
12：11	调整	1	33	取1号刀具	
12：12	修理	5	38	步行至1号机,装1号刀具	
12：17	调整	5	43	1号刀装结束,步行至小车取2号刀,步行至2号机装2号刀	
12：22	调整	10	53	2号刀装结束,步行至小车取3号刀,步行至3号机装3号刀	
12：32	调整	1	54	3号刀装结束,清理油污	
12：33	走动	3	57	至工具箱取出挂轮,开始装挂轮(1号机)	
12：36	调整	10	67	装挂轮结束,调整托架距离,清理机床,调整机床时出现故障(1号机)	
12：46	调整	2	69	调整鼓形量(1号机)	
12：48	调整	2	71	调整托架距离(2号机),清理机床	
12：50	调整	1	72	修理1号机床,技术人员与工人进行交流	
12：51	调整	2	74	调整轴交角(2号机)	
12：53	调整	2	76	调整轴交角(2号机)	
12：55	调整	3	79	调试1号机床	
12：58	测试	1	80	步行至工具箱,取工具	
12：59	测试	2	82	继续调整1号机	
13：01	测试	11	93	1号机床停止运转,开始调试2号机,到1号机取测试件	
13：12	测试	3	96	调整鼓形量(2号机)	
13：15	调整	9	105	调整托架距离(3号机),清理机床	
13：24	测试	2	107	调试3号机	
13：26	清洗	2	109	调整鼓形量(3号机)	
13：28	测试	3	112	试运行1号机	
13：31	调整	7	119	试剃A齿5次,观察	
13：38	测试	2	121	测量测试件(仪器)	
13：40	测试	7	128	继续测试1号机,试剃A齿2次	
13：47	清洗	5	133	测试2号机	
13：52	送检	2	135	调试机床(2号机)	
13：54	调整	7	142	试剃B齿4次,观察	
14：01	测试	2	144	清理测试件及手上油污,测量(仪器)	

(续)

时间	工作分类	工作时间/min	时间累计/min	工作内容	非停机准备
14:03	测试	2	146	继续试剃B齿1次	
14:05	测试	4	150	调整3号机床	
14:09	清洗	11	161	试剃C齿6次	
14:20	送检	4	165	换测试件,之前的测试件有拉痕,继续试剃	
14:24	调整	1	166	清理测试件	
14:25	测试	17	183	送检(第一次)	
14:42	测试	11	194	检查结束,三个齿均有问题,依照检查报告,调整3台机床	
14:53	测试	2	196	调整结束,试剃A齿1次	
14:55	清洗	2	198	试剃B齿1次	
14:57	测试	2	200	试剃C齿1次	
14:59	走动	2	202	清理测试件	
15:01	装配	9	211	送检(第二次)	
15:10		13	224	检查结束,仍有问题,依据检查报告继续调整机床参数,次序为3、2、1	
15:23		2	226	试剃A齿1次	
15:25		2	228	试剃B齿1次	
15:27		2	230	试剃C齿1次	
15:29		1	231	清理测试件油污	
15:30		1	232	使用仪器自检	
15:31		1	233	送回工具至工具箱内	
15:32		12	245	装好机床门,开始生产	
15:44		1	246	检查结束(符合要求),开始批量生产	
				换型共用了246min	

换型工作从11:39开始,到15:47结束,历时246min,共进行了64个操作。

4.2.3 观测结果分析

上述64个操作可以分成几大类型,例如停机、换刀、调试、送检,等等。具体分析如图4-3所示。

实际进行换型的操作就是装配工作,仅占总时间的24%。其他的调整、测试占了大部分时间。可以看出,可压缩的时间很多,故有很大的改善空间。

根据现场测量和分析的结果,考虑改善方案。

4.2.4 换型操作改善

1. 停机操作改善

关田法快速换型改善的第一部分是停机操作改善。

分类	时间/min	比例(%)
调整	84	34.15
测试	78	31.71
停机	28	11.38
送检	26	10.57
装配	24	9.76
准备	5	2.03
生产	1	0.41
合计时间	246	

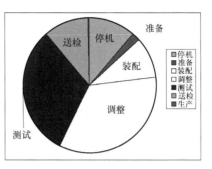

图 4-3　观测结果分析

考虑停机操作的 28min。实际操作时 3 台设备全部停止之后再逐一拆卸刀具，操作中可在以停止一台设备的同时就进行刀具拆卸，这样就可以减少设备停止时间。分析改善见表 4-3。

表 4-3　停机操作改善

开始的 28min

时间累计/min	工作内容				非停机准备
2	1号机停机	全停卸刀	1停	2停 3停	最后一个工件加工时顺次停机
6	2号机停机				最后一个工件加工时顺次停机
9	3号机停机	顺序卸刀	1停	2停 3停	顺次停机 只发生一次停机时间
10	步行至工具箱准备工具				事先准备
15	推小车至刃磨间领刀具，并填写单据				事先准备
17	领完刀具，继续至工具箱准备刀具				事先准备
19	开始拆刀具，1号机预拆				最后一个工件加工时顺次预拆
20	2号机预拆				最后一个工件加工时顺次预拆
22	3号机预拆	可以节约80%的时间			顺次预拆，只发生一次预拆时间
23	拆1号刀，气管清理油污				最后一个工件加工时顺次拆刀、清理
26	拆2号刀，气管清理油污				最后一个工件加工时顺次拆刀、清理
28	拆3号刀，气管清理油污				顺次拆刀、清理只发生一次拆刀、清理时间

这样就可以节省 80% 的停机处理时间。

2. 管理方法改善

管理方法改善主要是针对停机换型工作内容、等待、方法等的改善。

（1）刀具小车的位置改善

换型用的刀具小车放在设备的外围，每次都要走过去拿取、放置刀具等。实际可以把刀具小车放到三台设备中间，这样就可以减少不必要的走动，如果把小车放在离 3 台设备的中间，则操作工来回走动的距离减少，调整的时间也缩短了（50%）。改善前后对比如图 4-4 所示。

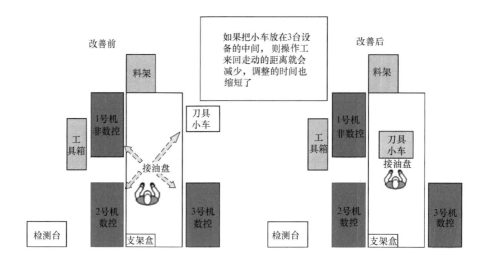

图 4-4　刀具小车的位置改善前后对比

（2）其他管理改善

在换型过程中，会用到许多工具和工装。在实际工作中，因这些工具、工装的无定置摆放，会造成一定程度的寻找和确认时间。这时就需要通过工具、工装的定置，可以消除寻找时间。

试加工后，要进行检验，有时需要等待，这会造成时间的浪费。可以根据换型的时间进度，提前设定检验顺序和时间，以消除检验中等待造成的时间浪费。

在整个换型过程中，有一些测试的工作。测试的顺序、工具、方法都是根据工人的经验，这会造成一定的浪费。应对测试的顺序、工具、方法进行标准化，以提高测试工作的效率。

需更换的刀具是停机后去领取，延长了设备停止时间。可以在停机前事先领取，减少不必要的设备停机时间。

其他管理改善方案见表 4-4。

表 4-4　其他管理改善方案

	改善方案
1	刀具盘的定制做到"一看一拿，无须核对" 测试过程中，因为不必要的寻找，造成时间的浪费 特别是调试工具的型号，在实际过程中，操作工还需要特意寻找
2	送检的轻重缓急。针对送检等待时间过长的现象，制定送检"急诊号"这样可以大大缩短因等待检验而造成的时间浪费

(续)

	改善方案
3	设备测试的标准化，在整个观测过程中，当进行测试、拿物品等要素的操作时，确认现象过多。确认是对工作的负责，是好事情。但是过多的确认就会给工作带来负担，就会增加整个测试过程的时间。所以，要对测试进行标准化，减少不必要的时间浪费
4	调试前预先领出刀具，不占用工作时间，可省时间约7min左右

（3）工装夹具改善

工装夹具改善是对停机换模进行工具、结构、调整的改善。

换型工作中花费、最多的时间是调整时间，约占用时总量的80%。调整的工作也是根据工人的经验进行，非常浪费时间。通过分析研究，发现调试作业可以分成两步进行。

第一步是调整到基本位置；第二步再微调到精确位置。同时在设备上标注基本位置的刻度。通过以上改善，可以减少定位的次数，缩短调整时间，具体如图4-5所示。

在设备上标识好所需调试产品的大概托架位置。在调试时，先把托架移动到该位置再进行微调。经过验证，3台设备共可减少6min左右的调整托架时间。

举一反三，在设备上标识好所需调试产品的尾架位置。在调试时，先把尾架移动到该位置再进行微调。经过验证，3台设备共可减少4min左右的调整尾架距离时间。

图4-5 夹具工装改善

设备在换型操作时，工人要打开设备的进出料玻璃门，伸手到设备里操作，很不方便，可以改进进出料的门，使之变成可以敞开的门，有利于操作，如图

4-6 所示。

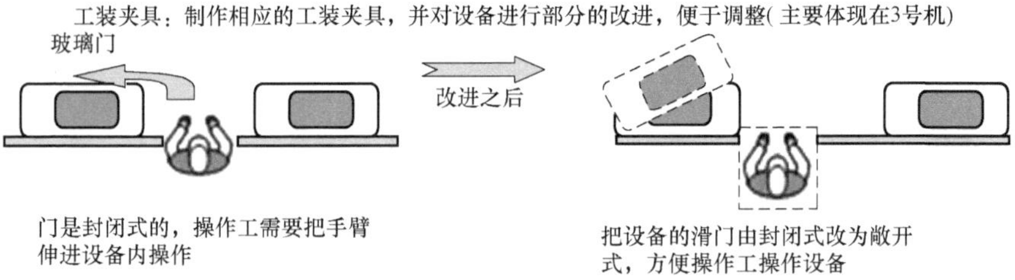

工装夹具：制作相应的工装夹具，并对设备进行部分的改进，便于调整(主要体现在3号机)
玻璃门　　　　　　　　　　　　　　　　改进之后

门是封闭式的，操作工需要把手臂　　　　　把设备的滑门由封闭式改为敞开
伸进设备内操作　　　　　　　　　　　　式，方便操作工操作设备

图 4-6　工装夹具改善

通过以上改善，可以减少一部分用于调整的时间。

（4）操作标准化

这里仅总结有经验的调整人员的操作，并进行标准化的实施。班组内部有调试经验的人员组织召开了一次小型研讨会并请教了车间齿加工技术调整工 A 师傅。把第一次的对刀距离定在离剃齿工艺要求的上偏差 0.60mm 左右再进行微调，经验证，六个齿全部可以按此方法执行，3 台设备可以节约时间共计约 10min。

结合以上改善方案和改善成果，进行换型作业的标准化实施，制定换型作业标准，如图 4-7 所示。

（5）换型改善案例汇总

通过以上停机时间改善、管理改善、工装夹具改善、标准化等，结果见表 4-5。

表 4-5　换型改善案例汇总

改善前			改善	改善后		
分类	时间/min	比例(%)		分类	时间/min	比例(%)
调整	84	34.15	⇒	调整	42	17.0
测试	78	31.71	⇒	测试	23	9.5
停机	28	11.38	⇒	停机	6	2.28
送检	26	10.57	⇒	送检	5	2.11
装配	24	9.76	⇒	装配	17	6.83
准备	5	2.03		准备	4	1.63
生产	1	0.41		生产	1	0.41
合计时间	246			合计时间	98	

总体时间从原有的 246min 降低到 98min，减少换型时间 148min，大幅度提升了换型效率。但是调整的时间仍然有 42min，这将是下一步的持续改善课题。

剃齿机换型作业指导书

	型号:YYYYYYY	设备编号:111　　加工零件:轴齿	
序号		内　　容	时间/min
0	拆上个产品的刀具、夹具	拆去上个产品的剃刀和夹具	10
1	调整前准备	准备工艺、刀具、工具、工件	5
2	安装的刀具	定位面不允许有铁屑毛刺等杂物,垫片的厚度 = 25 - 0.5 倍剃刀宽度	10
3	调整刀具与工件的轴交角	$\phi = \beta \pm \beta_{工}$(同向相加,异向相减)	5
4	安装的工件	刀具中线和刀架的中线与工件的中心重合	15
5	调整鼓形量	鼓形机构 	5

图 4-7　操作标准化

4.3　关田法快速换型思维

1. 关田法快速换型的测时

在关田法快速换型步骤（现场测时→问题分析→停机非停机分离→管理改善→技术改善→标准化→标准化培训→标准化管理→持续改善）中，现场测时是十分重要的，只有正确、及时地进行现场测时，才能有的放矢地发现问题，解决问题。

现场测时不单纯是测量时间，其目的有三个。

1）每个作业内容和目的的确认。为了能够进行改善，在测时的时候就要有目的地区分各种不同的工作内容，例如本案例中从头到尾共区分了 64 个工作内容。

2）测时过程的问题发现。在现场进行测时时，实际就是对换型整体的诊断过程，就要不断地诊断出问题、课题和改善的可能性。例如在本实例中，就观测到是三台设备全部停机后才进行的卸刀工作，这时就联想到是否可以停一台，卸一台的改善思路，并且在现场就可以实际确认。

3）正确地测量出每个作业的具体用时。

2. 新乡重夫先生的快速换型思想理解

快速换型在一般的情况下，大都被理解为方法，即能够实现快速换型的具体方法。但是新乡重夫先生多次提到快速换型实际上有三个层次。关田法这三个层次的理解是：实际的方法、具体的手法、思想的步骤。

（1）实际的方法

也就是我们常说的快速换型的具体步骤。

1）新乡重夫先生的标准步骤主要是：

① 区分停机换型和非停机换型。

② 把部分停机换型改善到非停机换型。

③ 改善剩余停机换型时间，缩短停机时间。

2）关田法的快速换型步骤

现场测时→问题分析→停机非停机分离→管理改善→技术改善→标准化→标准化培训→标准化管理→持续改善。

（2）具体的手法

是指在实施过程中，根据个案的具体情况，采用的具体改善手法。例如上述案例中谈到的设定刻度、减少调整时间和次数等。

（3）思想的步骤

这个内容是最重要的，也是新乡重夫先生快速换型的原点思维。总结起来有：

1）三定一可的思想。

关田法 5S 的核心思想是三定一可，即定品种、定数量、定位置、可视化。在换型过程中会应用到各种工具、工装、零件、仪器等，这些物品应该按使用的需求，进行三定一可的管理。

① 定品种，就是明确换型所需要的必要工具、工装、零件、仪器等。

② 定数量，就是确定所需物品数量，不需要进行任何选择，拿来就用。

③ 定位置，就是将所需的物品根据实际换型的操作，放置固定的位置，不需要寻找。

④ 可视化，就是通过标签、颜色等，一眼就可以看见所需的工具、工装、零件、仪器等，实现可视化。

2）并行作业的思想。

在换型工作中，有些工作是可以同时进行的。例如，在准备刀具的同时，就可以同步清理设备等。本案例中的三台设备在改善前是全部停止之后再进行卸刀的工作，改善后是逐一停机，同时卸刀操作，这也是并行作业的思想。

3）调整为零的思想

在本例中，调整所用的时间最长，这也是大部分换型工作的主要问题点。模具、刀具等安装上之后，并不能马上进行正式生产，需要花费大量时间进行调整，而且调整时间是不可控的，主要取决于调整工人个人的熟练程度，这就是经验式工作。

如果对这些经验式的工作进行研究，形成标准和固定程序，就可以大大减少调整的时间，以至消除调整。例如，在本案例中把调整刻度化，就减少了调整时间。

需要明确的是，调整其实是不必要的时间，是一种浪费。

4）辅助工具的思想。

实际工作中，在一些个性岗位上，经常会发现一些具有个性的工具、工装等，我们一般称之为二类辅助工具或二类辅助工装。这些二类辅助工具容易进行操作，可以提高操作的效率和质量。所以在换型工作中，也可以通过对换型工作的研究、开发，制造一些简单、实用的辅助工具，提高换型的工作效率，例如本案例中，对设备进出料门的改进。

5）机能标准的思想。

标准化是把经验、技巧变成标准、技术。

首先要总结研究有经验人的操作方法，寻找操作的规律和科学方法，例如本案例中调整方法的经验研究。在研究经验的基础上，根据工艺水平的现状，制定合理的换型操作标准。换型操作标准的三要素是：顺序、内容、时间。然后对标准加以实施，进行持续改善。

6）教育培训的思想。

标准并不是制定好了就结束了。要真正能够得以科学高效的实施，教育培训是十分必要的。这个教育培训不是课堂上的教课，而是现场的培训和实施过程的评估。

3. 关田法快速换型总结 （见表 4-6）

表 4-6 关田法快速换型标准化的步骤

关田法换型标准化的步骤(简易)：
1)现状定量化：实测换型工作的步骤、方法和时间，对整个过程进行浪费分析
2)停机时间改善：将整个过程分成停机换型工作和非停机事先准备工作
3)管理方法改善：对停机换型工作内容、等待、方法等改善
4)夹具工装改善：对停机换型进行工具、工装、结构、夹具调整的改善
5)标准化改善：进一步分离到非停机准备，标准化

快速换型的改善，首先是基于管理的改善。需要对现行的方法进行标准化、简易化和可视化改善。通过管理改善，大部分的问题都可以解决，同时这种管理改善是不需要投入的，而且效果比较显著。

快速换型的改善是一个持续改善的过程，不要追求一步到位，要按以上步骤持续不断地循环改善，追求更高境界。

生产有各种类型，设备也有各种类型。即使同样的产品、同样的设备，工艺水平和工装也会有所不同。这些不同类型，不同性质的设备换型课题，将在另外的专著中进行更详细的论述。

第 5 章

事务性工作的现场改善落地

5.1 事务性工作的改善和关田法

5.1.1 IE 和事务性工作改善的思考

在我从事的精益指导工作中，除生产型组织外，还有一部分是非生产型组织，例如医院、商店、贸易组织、学校等。这一类的组织工作大都是事务性工作。事务性工作的精益改善如何进行是这类组织的主要课题，也是难以处理的课题。

事务性工作和生产不同，其工作流程没有规律，且对象繁多，很难标准化和定量。

事务性工作往往涉及多人、多部门的配合，一般以文件、表单的制作，信息的传递来作为配合的信号或依据。许多组织在事务发展过程中，事务性工作量、功能、人员也随之扩张，同时也带来了许多事务性工作的不合理和浪费，例如，过长的流程、部门间的不协调、同样工作的重复、工作分配的不合理、办公硬件的不匹配等，结果使工作人员的工作热情受到影响，互相推诿，分工不明确，无计划性，突发工作经常发生，这些都在潜移默化地影响着工作的效率和质量，给个人职业发展、给客户、组织都带来了浪费和损失。

事务性的工作虽然并不会对制品的性质产生直接的影响，但其重要性却不可忽视。一个信息传递的错误，材料清单写错或者生产计划下达错误，可能给组织带来重大损失乃至灭顶之灾。从信息传递的角度而言应具备准确、及时、充分、便于处理的特点。总结以上思考，事务分析和改善的目的在于：

1) 事务作业标准化。把事务进行的流程图、传递的表单、作业的步骤等——予以规范，可起到易于入门和防范错误的作用。这方面可以参考本组织所制定的相关制度。

2) 信息传递的快速化、准确化，充分利用科技手段对信息传递进行改善。

3）简单无重复化。去除多余的表单文件，减少无效的事务性工作。

前文已经介绍，IE 是浪费定量化和改善技术，是管理改善技术。浪费在任何场合都会发生，改善也是在任何场合都是需要的，管理更是现代组织必要的方法。所以，IE 的技术当然也会应用到任何场所。我通过多年来的精益指导实践，不断摸索出 IE 在事务性工作中的改善应用，形成了关田法的事务性 IE 改善技术，当然，该技术仍然是应用 IE 的基本理论和技术。定量浪费，进行改善。

5.1.2 事务改善关田法的关键词（见图 5-1）

在事务性工作中，追求的是正确、迅速、容易、简单。

正确：毫无疑问，工作质量是第一位的，这里包括，工作实物质量，工作服务质量，工作沟通质量。

迅速：工作的速度就决定了工作的效率，工作的效率又体现在工作流程、关键环节、瓶颈环节、工作量的均衡方面。

容易：明确的工作内容，清晰的团队分工和合作，配备工作必需的事务环境等。

简单：工作方法、工具、时间计划、责任分担的简单，同时实现技术共享，信息共享。

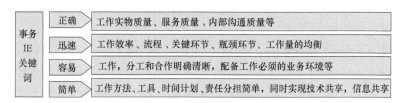

图 5-1 事务改善的关键词

在追求正确、迅速、容易、简单的工作过程中，要明确、定量工作中的具体浪费，并通过分析、改善使问题得以解决，效益得以提高。

5.1.3 事务性工作改善的浪费定量化和改善技术

1. 核心技术

在定量浪费，通过管理进行改善的关田法技术，主要是以下内容。事务体系分析、事务流程分析、事务时间分析三个内容。

1）事务体系分析。从体系上分析事务性工作的体系合理性、可操作性，从中定量问题与课题。

2）事务流程分析。事务体系是由各个事务流程构成的，通过事务流程分析，首先实现事务性工作的可视化，使工作信息得以共享，进而通过流程分析，寻找创造价值的工作和不创造价值的工作，寻找必要但不合理的工作，形成改善的课题。

3）事务时间分析。事务性工作最终是由每个人按责任分工的不同，共同完成工作的。人的工作时间效率也就是工作的效率。通过时间抽样分析，定量确定人的工作浪费点，形成改善课题。

表5-1是事务改善的核心浪费定量化和改善技术。

表5-1 事务改善的核心浪费定量化和改善技术

1. 事务体系分析	● 将部门全部的业务按目的系列（相同目的的业务分别归纳）整理，分成大、中、小的3个阶段 ● 将成为预测时间、研究改善时的业务单位
2. 事务时间抽样调查	● 了解各个部门的时间利用和时间分配 ● 了解各个功能的时间利用效率和问题点
3. 事务流程分析	● 了解不同业务的主要流程和过程 ● 了解流程各个部分的时间情况，研究改善重点

下面就这三个核心改善技术分别进行说明。

2. 事务体系分析

事务体系分析是指从体系上分析事务性工作的合理性、可操作性，从中定量问题与课题。

（1）事务体系的分类（即事务的分类）

每个事务体系可以按照大分类、中分类、小分类进行分类，如图5-2所示。

1）大分类：考虑到本部门的职责或事务的目的，依据实际状态进行分类。
2）中分类：依据处理对象和事务内容，明确作为事务到底在做些什么的分类。
3）小分类：知道做哪些作业，将之细化到所需时间的分类。

分类的步骤是：

第1步：首先写出大分类和中分类。

① 将部门的事务按不同目的进行分类，制作大分类，并在各大分类里写出中分类。

② 明确大、中分类的视角，包括：

a. 考虑部门的职能。

b. 按一年的时间顺序来回顾。

c. 思考事务分担。

③ 表现的要点：简洁地表现事务的对象和事务内容，例如，询价、接单、工资、采用、预算编制等。

第2步：在各中分类内区分小分类。

① 分类方法。将中分类内包含的事务完整地按时间顺序（程序既定的事务

```
                        大分类            中分类                     小分类
                     ┌──────────┐      ┌──────────┐              ┌──────────────────┐
                     │ 选择商品  │─────│ 确认会议 │──────────────│ 对商品目录的理解 │
                     │ 的交接方法│      └──────────┘    │         └──────────────────┘
                     └──────────┘                      │         ┌──────────────────┐
                                                       ├────────│ 规格书的确认     │
                                                       │         └──────────────────┘
                                                       │         ┌──────────────────────┐
                                                       ├────────│ 供货商、进货条件的确认│
                                                       │         └──────────────────────┘
                                                       │         ┌──────────────────┐
                                                       └────────│ 初次发单的观点确认│
                                                                 └──────────────────┘
                                     ┌──────────┐              ┌──────────────────┐
                                   ─│ 商品企划书│──────────────│ 商品企划书的制作 │
                                     │ 的制作   │               └──────────────────┘
                                     └──────────┘
        ┌──────────┐                                            ┌──────────────────────┐
        │          │                                   ┌───────│ 基础数据输入表格的制作│
        │          │                                   │        └──────────────────────┘
        │ 商品管理 │                                   │        ┌──────────────────┐
        │          │─────┐                             ├───────│ 基础数据检查     │
        │          │     │                             │        └──────────────────┘
        │          │     │                             │        ┌──────────────────┐
        └──────────┘     │                             └───────│ 基础数据修正     │
                         │   ┌──────────┐    ┌──────────────┐   └──────────────────┘
                         ├──│ 商品目录 │───│ 市场数据库维护│
                         │   │ 制作     │    └──────────────┘  ┌──────────────────┐
                         │   └──────────┘           ├─────────│ 商品目录制作会议 │
                         │                          │          └──────────────────┘
                         │                          │          ┌──────────────────┐
                         │                          ├─────────│ 摄影样品的准备等 │
                         │                          │          └──────────────────┘
                         │                          │          ┌──────────────────┐
                         │                          ├─────────│ 摄影样品的归还等 │
                         │                          │          └──────────────────┘
                         │                          │          ┌──────────────────┐
                         │                          └─────────│ 其他事务的处理   │
                         │                                     └──────────────────┘
                         │   ┌──────────┐   ┌──────────────┐
                         └──│ 检品     │──│ 规格书的确定 │
                             └──────────┘   └──────────────┘   ┌──────────────────┐
                                                      ├───────│ 与质量科进行交流 │
                                                      │        └──────────────────┘
                                                      │        ┌──────────────────┐
                                                      ├───────│ 规格书的制作、确认│
                                                      │        └──────────────────┘
                                                      │        ┌──────────────────────┐
                                                      ├───────│ 组装说明书制作、确认 │
                                                      │        └──────────────────────┘
                                                      │        ┌──────────────────┐
                                                      └───────│ 与质量科会议     │
                                                               └──────────────────┘
                                          ┌──────────────┐    ┌──────────────────────┐
                                         │ 商品的检查   │───│ 获得需要检查的样本   │
                                          └──────────────┘    └──────────────────────┘
                                                      │        ┌──────────────────┐
                                                      ├───────│ 样本的外部检查   │
                                                      │        └──────────────────┘
                                                      │        ┌──────────────────┐
                                                      ├───────│ 给质量科检查报告 │
                                                      │        └──────────────────┘
                                                      │        ┌──────────────────┐
                                                      └───────│ 不合格品处理     │
                                                               └──────────────────┘
```

图 5-2 事务体系分类

按步骤进行列举）全部写出来。

② 表现的要点：将活动内容或具体、形象地表现出来。

例如，消耗品管理：消耗品的库存确认、消耗品发单手续等；××研究：制作××研讨书、××研讨会议等。采用企划：实施新人面试、发送采用通知等。

（2）事务内容分析（见表 5-2）

对每一个分类，特别是小分类，进行工作分析。分析的视角有五种：工作是常规或非常规、工作发生的频率、工作发生的次数、工作处理的时间、工作的难点。通过这五个视角，分析问题，定量浪费。

1）常规或非常规工作。

① 常规标准工作：定期发生，采用常规标准工作程序处理。

第5章 事务性工作的现场改善落地

表 5-2 事务内容分析

序号	大分类	序号	中分类	序号	小分类	性格 S型	性格 T型	每日	每周	每月	每季	每年	次数	最长	最短	一般	合理化建议难点、问题点、改善点
1	选择商品的交接方法	1	确认会议	1	对商品目录的理解	○		○						10	1	5	********
				2	规格书的确认	○			○				2	20	10	15	********
				3	供货商、进货条件的确认	○				○			1	1000	100	250	********
				4	初次发单的观点确认		○			○			1	100	10	25	********
		2	商品企划书的制作	1	商品企划书的制作		○					○	10	20	2	14	********
2	商品目录制作	1	市场数据库维护	2	基础数据输入表格检查	○			○				11	200	20	78	********
				3	基础数据检查	○						○	2	250	200	90	********
				4	基础数据修正	○						○	4	3000	300	1200	********
			商品目录制作	1	商品目录制作会议	○						○	5	100	11	20	********
				2	摄影样品的准备	○				○			7	20	10	15	********
				3	色校正	○				○			8	90	50	65	********
				4	版本校正	○				○			9	300	100	155	********
				5	最终检查与校对	○						○	9	500	100	450	********
				6	摄影样品的归还	○				○			11	700	700	700	********
				7	其他事务的处理	○				○			111	10	2	7	********
3	检品	1	规格书的确认	1	与质量科进行交流	○						○	2	20	10	8	********
				2	规格说明书的制作、确认	○						○	2	30	20	25	********
				3	组装说明书的制作、确认		○			○			3	21	11	15	********
				4	与质量科开会	○						○	4	250	100	143	********
		2	商品的检查	1	获得需要检查的样本	○						○	5	111	100	110	********
				2	样本的外部检查	○				○			6	120	20	35	********
				3	向质量科递出检查报告	○				○			7	351	200	154	********
				4	不合格的处理		○					○	8	200	120	150	********

② 非常规工作：非定期发生或临时发生，可采用非常规工作程序处理。

2）工作发生的频率。

① 常规工作发生的频率：每日、每周、每月、每季度、每年。

② 非常规工作发生的频率：每日、每周、每月、每季度、每年。

3）工作发生的次数。

① 常规工作发生的次数：每日、每周、每月、每季度、每年。

② 非常规工作发生的次数：每日，每周、每月、每季度、每年。

4）工作处理的时间（经验值）。

① 最大和最小处理时间。

② 平均处理时间。

5）工作的难点。

① 不能单独处理，需要共同配合的工作。

② 需要高难度技术的工作。

③ 非常费时的工作。

④ 其他。

(3) 事务分析问题清单

通过对工作是常规或非常规、工作发生的频率、工作发生的次数、工作处理的时间、工作的难点进行汇总，分析问题，定量浪费。找到改善点，见表5-3。

表5-3 改善点清单

改善点清单

改善着眼清单															
部 课										年 月 日			制作者		
序号	改善课题	姓名	问题点	改善案（精简化着眼点）	现状时间/h	改善时间/h	不同内容				采用与否			不同实施时期		
							废除	简化	EDP化	OA化	其他	实施	保留	不可	已实施完成	3个月以内	半年以内

改善点清单不仅仅是罗列问题,而是要研究问题的改善终点和改善的方向。

(4) 事务体系分析汇总

通过事务体系大分类、中分类和小分类的分析,明确工作的内容和工作。通过事务内容分析,明确工作分工、发生频率、工作时间、工作难点等课题。通过事务问题清单梳理,明确改善内容和改善方案。由此就可以制订改善的计划,进行改善的实施。

事务流程分析的总体构成如图5-3所示。

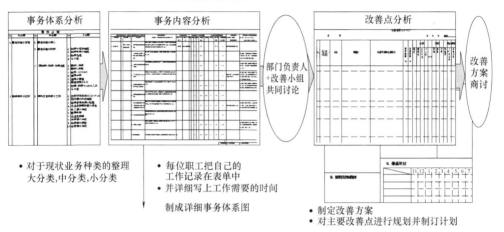

图 5-3 事务体系分析的总体

事务流程分析是从总体上发现问题,定量发现问题。

对事务流程中的具体每个大分类,也就是每个分类的流程,将要用到事务流程分析。

3. 事务流程分析

事务体系是由各个事务流程构成的,通过事务流程分析,首先可实现事务性工作的可视化,使工作信息得以共享,并可寻找到创造价值的工作和不创造价值的工作,寻找到必要但不合理的工作,从而形成需要改善的课题。

(1) 事务流程的可视化

为了明确事务性工作流程的工作内容构成和过程,首先按以下顺序进行事务流程的可视化分析。

1) 选择本部门的主要事务。

2）调查该事务的处理状况。

3）调查各个时间段、每日、每月的事务量。

4）调查各个部门（个人）间的分工。

5）确定本部门的瓶颈：能力的瓶颈、时间瓶颈等。

在事务流程分析中应用 IE 的分析方法和思路，把事务性工作进行分类和图示化，见表 5-4。

表 5-4 事务性工作的分类和图示化

流程记号	内容
▽	停滞、等待等
□	文件制作、处理、阅读、分析
○	计划、计算、分类
◇	确认、检查、核对
⇒	移动、邮递、送交等

根据以上分类和图示化标准，对某个事务性工作流程进行可视化分析，见表 5-5。

表 5-5 事务性工作流程可视化分析

******************* 流程

步骤 \ 部门	A 部门	B 部门	C 部门	D 部门	E 部门	外部
1	▽					
2	◇					
3		▽				
4		○				
5		▽				
6		□				
7			▽		▽	
8			◇		◇	
9			▽			
10			○		□	
11						
12				◇		
13				▽		
14				□		
15						⇒
16		▽				
17		○				
18		□				
19						⇒
20						

- 将看不见的事务可视化。实际工作可以用图画表现，容易理解，较易展开讨论。
- 可以明确整体的相互关系，通过将前后部门联系起来看，可以发现重复作业。
- 实态把握较快，流程图的绘制会比用文字描写事务流程更快，更清楚。

（2）事务流程的分析

在事务流程可视化的基础上，首先对事务流程从工作内容、工作时间、工作人数上进行分析，之后再分析流程中每个工作的瓶颈，包括时间、人力、硬件、能力、其他，最后综合以上分析，汇总合理化建议，需提高的点、需改善点，等等。具体见表5-6。

在问题分析中，工作内容的瓶颈有些是单一的，有些是多重的；有些是工作资格的，有些是技术的，等等。这里进行充分的分析，将会有利于下一步问题解决方案的分析，实施改善计划。

（3）事务流程的问题点分析和改善计划

汇总以上分析，制订改善计划，见表5-7。

通过对主要流程的可视化分析、具体工作内容和瓶颈分析、问题点改善方案分析，明确流程中的问题点，提出改善方案。

（4）事务性工作时间抽样分析

事务时间分析最终是由每个人按责任分工的不同，共同完成的。人的工作时间效率也就是工作的效率。通过时间抽样分析，定量确定人的工作浪费点，形成改善课题。

从中寻找不创造价值的时间和工作内容。

事务抽样分析，主要针对事务性工作的人员。人员的工作状态如图5-4所示，图5-5是现场抽样的数据结果分析。

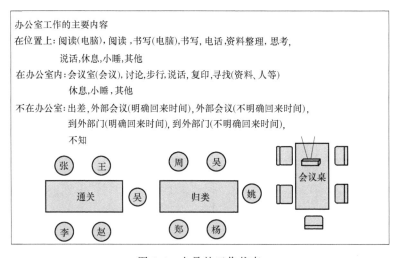

图5-4　人员的工作状态

表 5-6 事务流程分析

********************流程

部门步骤	流程跨越部门 A部门	B部门	C部门	D部门	D部门	外部	说明	时间	人数	时间瓶颈	人手瓶颈	硬件瓶颈	能力瓶颈	其他瓶颈	合理化建议,难点,需改善点,需提高点,其他
1							**	**	**	☆					**
2							**	**	**						**
3							**	**	**						**
4							**	**	**				☆		**
5							**	**	**		☆			☆技术	**
6							**	**	**			☆资格			**
7							**	**	**						**
8							**	**	**						**
9							**	**	**						**
10							**	**	**		☆				**
11							**	**	**						**
12							**	**	**				☆		**
13						⇒	**	**	**						**
14							**	**	**						**
15							**	**	**						**
16							**	**	**						**
17							**	**	**		☆	☆			**
18						⇒	**	**	**						**
19							**	**	**						**
20							**	**	**						***

表 5-7 事务流程的问题点分析和改善计划

改善课题的整理

序号	改善课题	姓名	问题点	改善案（精简化着眼点）	现状时间/h	改善时间/h	内容别				采用与否			不同实施时期		
							废除	简化	EDP化	OA化	其他	实施	保留	不可	已实施完成	3个月以内	半年以内

（5）事务性工作的改善汇总

IE 是浪费定量化和改善技术，是管理改善技术。把 IE 的工具和方法应用到事务性工作的浪费定量化和改善之中。其关键：

为提高，改善工作环境，效率，质量提炼课题。

找出非规律工作，找出不合理的时间分配、不合理的工作内容、不直接创造价值的工作，找出工作的瓶颈、人力资源的瓶颈时间的瓶颈、能力的瓶颈和技术的瓶颈。

下一节将通过具体事例，进一步阐述事务性工作 IE 改善落地实践。

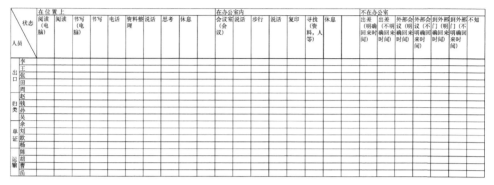

根据随机的时间进行人员抽样分析

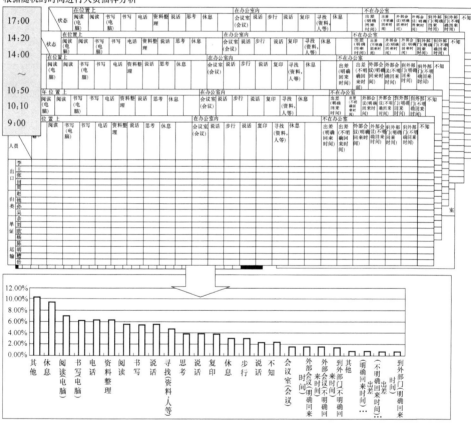

图 5-5 现场抽样的数据结果分析

5.2 事务性工作分析和改善的案例研究

研究对象是货代组织,是比较典型的事务性工作。根据 BPIE(Business Processes IE)的基本工具对货代组织的事务性工作进行定量的分析和制定改善方案。

5.2.1 货代事务体系分析

分析从事务性工作的大分类,中分类,小分类入手。货代的工作主要是文件处理。文件处理分成制单和审单工作、以此为事务性工作的大分类,逐一进行分析,再进一步对事务的性质、频率、时间等进行详细分析。

1. 制单审单事务体系分类分析(见表 5-8)

表 5-9 为制单审单事务体系分类。

分析内容有:

1)常规与非常规事务。要分析是定期、经常发生的,还是非定期,非常规发生的事务。

2)常规事务是每天,还是每周、每月、每季度等。

3)单件或是多件。

4)处理表中小分类中的事务一般需要多长时间,最长,最短的时间。

5)主要的问题点。

2. 事务分类分布分析

对以上初步分析的内容,再做进一步的详细分析。

1)工作件数的分布。

主要从常规和非常规的工作分布看整体工作内容的构成。当然常规的工作比例越多越好,因为非常规的工作会造成比较多的工作时间,也容易出现工作质量问题。非常规事务一般是突发事务、异常事务。这个分析主要看工作数量的情况。

2)工作时间比例分布。

对以上工作分布,再进一步看时间的分布结构,这里主要看各种工作时间的占用情况如何。同时对这个时间分布也从审单和制单这两个大分类进行分析,如图 5-6 所示。

从以上分布分析中,针对常规和非常规事务,可以看出几个特点:

1)在所有工作中,非常规工作件数占比为 14.3%,其中日非常规工作件数占比为 5.8%,周非常规工作件数占比为 8.5%。

2)14.3% 的非常规工作,时间上却约占整体工作时间的 68.56%,其中,周非常规占比为 48.20%,日非常规占比为 20.36%。

表5-8 制单审单事务体系分类

制单审单业务体系分类

编号	大分类	编号	中分类	编号	小分类	常规	非常规	每日	每周	每月	每季	每年	次数	单件或整票	单件时间/min 最长	最短	一般	难点,合理化建议
1	制单审单	1	手工制单	1	根据业务描述预备报关单手写单	○		○					30	单件	0.1	0.1	0.1	
				2	根据发票、箱单等信息填制报关单内相应内容	○		○					30	单件	10	3	5	难点:操作熟练程度
		2	电子制单	1	根据发票、箱单电子信息制作Excel导入表格	○		○					70	单件	30	8	15	
				2	数据合并	○		○					70	单件	10	5	6	速度与ERP系统休戚相关
				3	将Excel表格数据导入ERP	○		○					70	单件	15	5	10	
				4	根据业务描述打印报关单手写单	○		○					70	单件	30	1	2	打印机只有一台,打印量大时等待时间较久
		3	业务登记	1	跟踪表业务登记	○		○					100	单件	1	0.1	0.5	
				2	勾ERP节点	○		○					100	单件	3	0.5	1	
		4	复印	1	备案单证复印所需资料并做好整理	○			○				70	单件	5	1	2	
		5	填写报关、报检委托书	1	填写报关、报检委托书		○	○					100	单件	1	0.5	0.5	
				2	漏盖公章的补盖公章		○	○					50	单件	0.5	0.1	0.1	建议委托书集中盖章
		6		1	与客服部或进出口部沟通处理		○	○					20	单件	10	1	3	

第5章 事务性工作的现场改善落地

审单 2		异常情况处理	6	2	ERP异常登记		○		20	单件	3	0.5	1
				3	异常情况等待		○		15	单件	2天	10	100
	1	报关单校对审核		1	与手写单校对	○			100	单件	15	1	5
				2	与发票、箱单等校对	○			100	单件	10	1	3
				3	检查单证是否齐全、委托书、机电证等是否已填制	○			30	单件	5	1	2
	2	复印		1	通关单单证资料复印、整理	○			20	单件	3	1	2
	3	业务登记		1	跟踪表业务登记	○			100	单件	1	0.1	0.5
				2	勾ERP节点		○		200	单件	3	0.5	1
	4	异常情况处理		1	海关EDI退单处理		○		5	单件	2周	5	1天
				2	ERP异常登记		○		20	单件	3	0.5	1
				3	与客服部或进出口部沟通处理		○		20	单件	10	1	3
				4	异常情况等待		○		60	单件	2周	0.5	1天

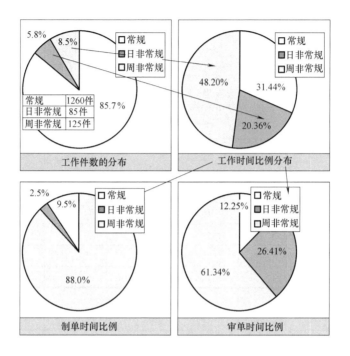

图 5-6 工作时间比例分布分析

3）审单非常规工作发生得比较多，占审单工作时间的 87.75%，其中，周非常规占比为 61.34%，日非常规占比为 26.41%。

造成非常规工作的主要原因分析（改善课题）。

1）与客服部或进出口部沟通后处理。

2）ERP 异常登记。

3）海关 EDI 退单处理。

4）漏公章的补盖公章。

5）异常情况处理。

3. 事务时间离散程度分析

同样的事务性工作所用时间的长短却不同，其原因有多种。通过对事务时间离散程度分析，找出原因，进行工作标准化的制定和实施。具体分析如图 5-7 所示。

从上述分析中可以看出，事务处理时间都有些离散，但是非常规事务的时间离散程度非常大。这种离散的时间将会直接影响工作效率和工作流程。对影响时间离散的问题原因做进一步分析，结果见表 5-9。

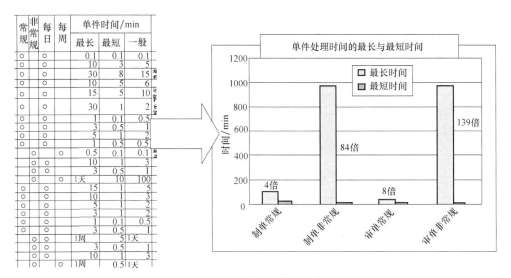

图 5-7 事务时间离散程度分析

表 5-9 事务时间离散程度原因分析

管理课题 工作内容	原因	处理时间/min		
		最长	最短	倍率
根据发票、箱单电子信息制作Excel导入表格	难点：操作熟练程度	30	8	3.75
传真给机场抽单人员	传真机故障将影响到抽单时间	10	2	5
在《单证流转签收单》内登记	单证登记时有，转现场签收时没有了，发生这样的情况却没有及时沟通	20	10	2

硬件课题 工作内容	原因	处理时间/min		
		最长	最短	倍率
按Excel表格数据导入ERP	速度与ERP系统休戚相关	15	5	3
根据业务描述打印报关单手写单	打印机只有一台，打印量大时等待时间较久	30	1	30

从上述分析中可以看出，单件处理时间的离散主要有以下原因：

1) 工作的熟练程度。
2) 管理上的问题。
3) 硬件上的对应。

5.2.2 货代事务系统流程分析

1. 制审单操作流程分析

本案例对跨越制单、审单、EDI预录、商检预录、单证交接、外部六个部门的整体流程进行了分析，见表5-10。

表 5-10　制审单操作流程分析

制审单操作流程

步骤 \ 岗位	制单	审单	EDI预录	商检预录	单证交接	外部	业务说明
1	▽						接单，跟踪表中登记业务
2	○						判断手工制单还是电子制单
3	□						制单、复印资料、ERP 勾节点
4			▽				单证交接给 EDI 打单
5			○				判断有纸还是无纸预录
6			□				打单
7		▽					单证交接给审单
8		□					单证审核
9		◇					审核确认，ERP 勾节点
10			▽				单证交接给 EDI 打单
11			□				单证修改
12			▽				等待审单复核
13		◇					审核确认
14			▽				单证交接给 EDI 打单
15			◇				确认后单证发送
16			▽				等待单证放行
17			□				放行后单证整理
18				▽	▽		1）商检资料转商检预录 2）报关资料转单证交接
19				○	○		1）判断是否是统一申报预录 2）对单证分类登记
20				□	▽	→	1）商检预录操作 2）等待快递流转
21				▽			等待商检放行、整理单证
22				▽			商检预录完毕后转单证交接
23					○		对单证分类登记
24					▽	→	等待快递流转

上述六个部门的整体流程共有 24 项工作内容，对其再进行时间、人手、硬件、能力等瓶颈的分析，具体见表 5-11。

制审单操作流程

表5-11 制审单操作流程瓶颈分析

步骤	岗位					业务说明	时间/min	人数	时间/min	瓶颈				合理化建议，难点、需点，需提改善点、其他
	制单	审单	EDI预录	商检预录	单证交接	外部				人手	硬件	能力	其他	
1	▽						接单,跟踪表中登记业务	1							
2	○						判断手工制单还是电子制单	1	1						
3	□						制单,复印资料,ERP勾节点	15							难点:操作熟练程度
4			▽				单证交接给EDI打单	1	1			☆			速度与ERP系统休戚相关
5			□				判断有纸还是无纸预录	1							
6			○				打单	10				☆			
7		▽					单证交接给审单	1	1						
8		□					单证审核	10							
9		◇					审核确认,ERP勾节点	2							
10			▽				单证交接给EDI打单	1	1						
11			□				单证修改	3							
12			○				等待审单复核	3	1						
13		◇					审核确认	1							
14					▽		单证交接发送	2	1						
15					□		确认后单证放行	10							
16					○		等待单证放行	3							
17					□		放行后单证整理								
18				□			1)商检资料转商检预录 2)报关资料转单证交接	1,1,2,1	各1						
19				▽			1)判断是无纸预录还是统一申报预录 2)对单证分类登记	1,1,2,1				☆			统一申报系统不稳定,网速有时较慢,如果发送断网,单证需重新预录
20				□		⇒	1)商检资料放行,整理单证 2)等待商检预录操作	1,15 2,1~60							
21				○			等待商检放行	10							
22				□			商检预录完毕后单证交接	1	1						
23				□			对单证分类登记	1							
24				○		⇒	等待快递流转	1~60							

2. 制审单操作工作内容分布分析

整个流程中的工作主要分为文件处理、等待和移动,其中,首先要关注等待,其工作分布分析如图 5-8 所示。

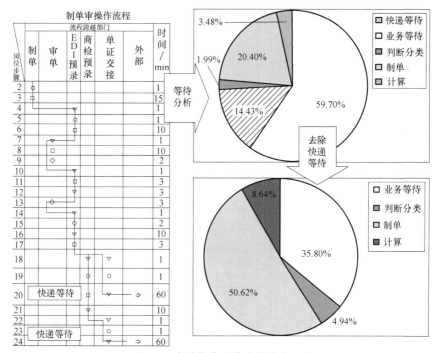

图 5-8 审单操作工作内容分布分析

从以上分析可以看出分布的一些课题(问题):

1)业务等待的时间占比较大,即使去除快递等待时间,仍然约占 36%,有待改善。

2)主体事务(制单)时间比例占总体事务 50.62%。

对以上的总体等待情况,分别从制单、审单、EDI 预录、商检四个主要工作环节进行分析,如图 5-9 所示。

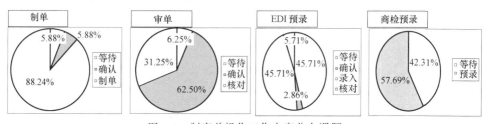

图 5-9 制审单操作工作内容分布课题

上述四个工作环节用于等待的占比分别为 EDI 预录占 45.71%,商检预录占 42.31%,审单占 6.25%,制单占 5.88%。可以看出,等待主要发生在 EDI 预录和商检预录阶段。

对发生等待的原因进行分析，见表 5-12。

表 5-12 发生等待的原因分析表

等待业务过程	原因分析(硬件课题)
单证交接给 EDI 打单	速度与 ERP 系统休戚相关
单证交接给 EDI 打单	打印机数量和故障

等待业务过程	原因分析(业务能力管理)
单证交接给审单	业务熟练程度
商检资料转商检预录	业务熟练程度
报关资料转单证交接	业务熟练程度
商检预录操作	业务熟练程度

等待业务过程	原因分析(业务沟通能力管理)
等待审单复核	工作的相互配合
等待单证放行	工作的相互配合
等待商检放行、整理单证	工作的相互配合
商检预录完毕后转单证交接	工作的相互配合

除硬件原因，事务处理能力和沟通能力方面的问题是造成等待的主要原因。

3. 制审单操作流程瓶颈分析

从时间、人手、硬件、能力，其他等瓶颈方面进行分析，见表 5-13。

表 5-13 制审单操作流程瓶颈分析

步骤	岗位 流程跨越部门			说明	时间/min	人数	瓶颈				原因分析
	制审单	现场	运输				时间/min	人手	硬件	能力	其他	
1	□			制单	15							打印机只有一台，打印量大时等待时间较久 统一申报系统不稳定，网速有时较慢。如果发送断网，单证需重新预录
2	□			打单	15							
3	◇			审单	10							
4	▽			EDI 发送放行	5							
5	□			商检预录	20							
6	▽			等待转现场	30							
7	→			快递	20							
8			◇	单证分类整理	30							

流程中存在以下瓶颈：

1) 能力瓶颈。在制单、打单、审单以及商检预录过程中，存在个人事务能力瓶颈。

2) 硬件瓶颈。在制单过程中主要体现在 ERP 系统的速度上打单时主要体现在打印机的数量和故障上。

3) 其他瓶颈。

4. 制审单操作流程分析汇总

(1) 总体分析汇总

从分析情况可以看出,事务等待占的比例比较大,因此要考虑

1) 工作的流程是否标准化,每个人的工作能力和熟练程度如何。

2) 工作的各个环节是否因为有积压(一批,一段时间处理后再给下道流程)而造成等待。

各个功能(制单,审单,EDI预录,商检预录)流程分析:

(2) 从瓶颈角度分析汇总

1) 制审单部分主要是人员部分的熟练程度和系统的速度(ERP 等)。

2) EDI 预录部分主要是硬件瓶颈(打印机等)。

5.2.3 货代事务工作抽样分析

1. 工作抽样分析计划和实施

工作区域分成 4 个区域,每个区域人员数量如图 5-10 所示。4 个 IE 工程师分担各自的区域,从 9:30-17:00 期间,进行人员工作抽样分析。

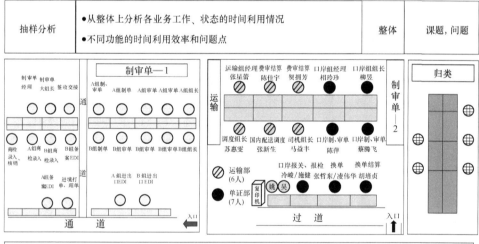

图 5-10 工作人员分布

在实施抽样分析之前,对现场的工作内容进行了观察和初步分析,主要是确定抽样的具体工作现象。事先制作了抽样分析调查表,见表 5-14。

表5-14 人员抽样分析表

部门	人员 \ 现象	在位置上 电脑阅读	文件阅读	电脑书写	文件书写	文件打印	电话	资料整理	说话	边吃边电脑	文件敲章	看手机	坐思	休息	边聊天边输入	小睡	在办公室内 会议室	步行	说话	打单	复印	寻找	休息	整理	洗手间	不在办公室 出差明确时间	出差不明确时间	外部会议明确时间	外部会议不明确时间	外部门明确时间	外部门不明确时间	不知
制审单1	徐**				1																											1
	钱**	1		1																												
	孙**	1					1																									
	周**										1																					
	吴**				1					1	1																					
	郑**										1															1						
制审单2	王**			1																			1									
	郭**				1																											1
	韩**																					1										
	赵**															1																
运输	刘**									1																						
	陈**																										1					
归类	胡**																															
	常**				1																											

根据事先设计的抽样分析调查表，对四个区域进行了抽样调查。调查的数据结果如图 5-11 所示。

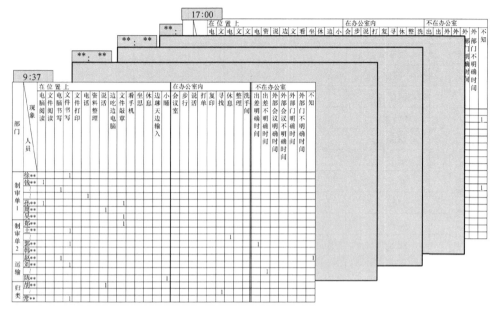

图 5-11　抽样分析调查的数据结果

（1）全天时间工作内容数据分析

根据抽样的结果数据，进行分析，确定各种工作现象所占的比例，如图 5-12 所示。

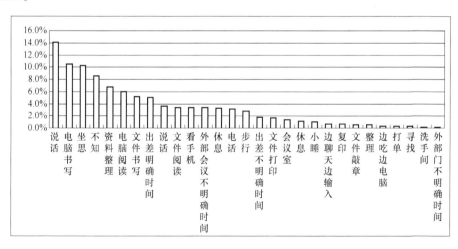

图 5-12　全天时间工作内容数据分析

从数据分析中可以看出：

1）在全天时间中，说话占比最多约为15%，其中可能会有事务和非事务性的交流，也有一边说话，一边工作的现象。

2）制单事务时间约占25%，包括：计算机书写占比为10%，资料整理占比为7%，计算机阅读占比为6%，总共只有1/4的时间。

3）其他，有一些影响事务性工作的现象。比如小睡、吃东西、玩手机、不明的外出等。

（2）不同时间段工作内容数据分析

再进一步，对一天之内各个时间段的工作分布情况进行分析，结果如图5-13所示。

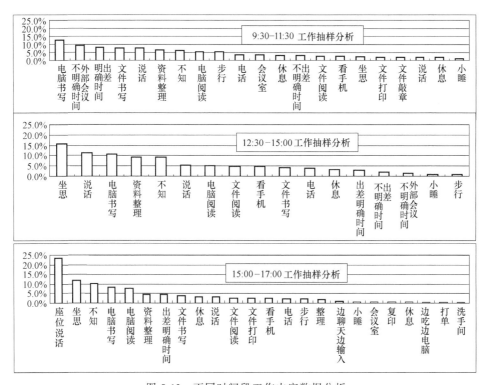

图5-13 不同时间段工作内容数据分析

1）9:30-11:00，最多的是计算机书写占比约为12%，不明的不在时有发生，约占9%

2）12:30-15:00，坐思占比为16%，说话比较多、占比为11%，计算机书写占比为11%，资料整理占比为8%。

3）15:00-17:00，说话最多，占比为23%，计算机书写占比为8%，计算机阅读占比为7%。

总体：上午工作比较集中，大部分的时间是在文件制作，工作确认（不在）。中午的工作内容比较多，特别是一些工作的确认等。下午的工作内容比较少，互相交流的时间占大多数。

（3）不同部门工作内容数据分析

抽样调查的区域一共有 4 个区域，对其分别进行数据分析，结果如图 5-14 所示。

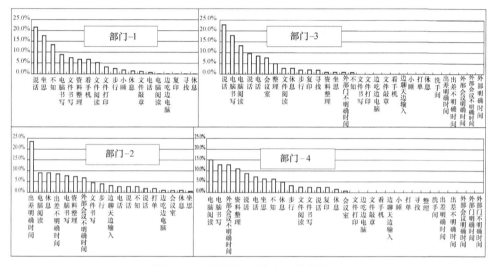

图 5-14 不同部门工作内容数据分析

各个部门的工作分布特性是（时间占比）：

1）部门-1，说话占 22%，坐思占 18%，不在比较多，占 13%。
2）部门-2，除出差以外，计算机阅读最多占 9%，但休息也占 9%。
3）部门-3，说话占 23%，计算机书写比较多，占 18%。
4）部门-4，计算机阅读占 15%，计算机书写比较多，占 12%。

部门 2 和部门 4 每天能够正常地进入工作状态，部门 1 和部门 3 需要确认沟通的事项比较多，进入工作状态的比较少。

5.2.4 货代业务工作问题汇总和改善案

1. 个别改善（见表 5-15）

2. 系统改善

1）流程的标准化。目的：消除不必要的等待，消除批量的处理，减少异常处理。

2）个人技能标准化。目的：提高工作效率，减少人为失误。

3）信息传递标准化。目的：缩短流程，减少不必要的沟通浪费。

表 5-15 个别改善

业务流程再造4原则——ECRS

E: Eliminate 取消 — 是否可以取消该流程（项目）？

17		3	检查单证是否齐全、委托书、机电证等是否已填间	○	○	是否可以有其他方式减少甚至取消此步骤
3	2	电子制单	1 根据发票、箱单电子信息制作Excel导入表格	○	○	电子制单环节是否可以减少步骤
4			2 数据合并	○	○	
5			3 将Excel表格数据导入ERP	○	○	

C: Combine 合并与分解 — 是否可以合并？是否可以分开？

两次复印进行合并

9	4	复印	1 备案单证复印所需资料，并整理好	○	○	
18	2	复印	1 通关单单证资料复印、整理			
13			2 ERP异常登记	○	○	相同原因异常需分别登记，是否可以合并处理

R: Rearrange 重组 — 流程顺序、流程时间是否可以改变？

19			⇒	1. 商检预录操作 2. 等待快递流转	60	☆	商检信息录入工作量大，是否可以有其他方式代替人工输入

S: Simplify 简化/min — 工作内容是否可以简化，优化？是否可以简化？

	流程跨越部门					说明	时间/mm	人数	时手	瓶颈 硬件	能力	其他	合理化建议、难点，需改善点需提高点，其它
	制单	审单	EDI预检	单证交接	外部								
2	○					判断手工制单还是电子制单	1					☆	
3	○					制单、复印资料、ERP勾节点	15						
4				○		单证交接给EDI打单	1	1					
5			○			判断有纸还是无纸预录	1						
6						打单	10						岗位位置安排是否可以优化
7				○		单证交接给审单	1	1					
8		○				单证审核	10						
9		○				审核确认，ERP勾节点	1						
10				○		单证交接给EDI打单	1	1					
11						单证修改	3						
15				◇		确认后单证发送	2					☆	放行后的信息规整问题
16						放行后单证整理	3					☆	三台电脑只有一台打印机，是否需要增加？

4）硬件能力的提升。明确硬件负荷的分布，提高硬件使用效率（不投资）。明确必须升级的硬件环节，有计划地提升（需投资）。

5）办公文化的优化。目的：提高工作效率，减少人为失误，形成自我管理文化。

3. 改善目标和成果

（1）改善目标和计划

根据以上的问题点分析，制定了具体的改善对策和改善计划。目标是降低人力成本，减少无效工时，提高制单准确率，提高工作效率等方面进行改善。如图5-15所示。

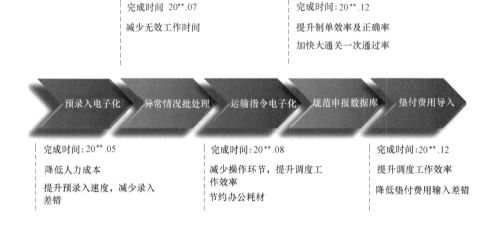

图 5-15　改善目标和计划

（2）个别改善计划和成果

商检预录与 EDI 预录并行，节省了整个制审单环节的操作时间，见表5-16~表5-20。

表 5-16　改善后操作时间与原操作时间的对比

	原操作时间/min	改善后操作时间/min	减少时间/min	下降百分比
制单	10	10	—	—
EDI 预录	25	25	—	—
商检预录	11.5			
合计	46.5	35	11.5	24.7%

表 5-17　计算机操作方法改善后所需时间的改善

项目	原操作方法	优化方案
加中文品名	在 INV.&PL. 每型号所在行后插入一行，加中文品名，每表格打开 2s，关闭 1s，约需 3×436＝1308s（约20min）；每加入一行中文品名需 1s，共约需 5000s（约80min）	使用宏"超级替换"，一次性将所有项加上中文品名，需时约 2min

(续)

项目	原操作方法	优化方案
制报关单草单、合同、出仓明细	将所有表格内容整合到在同一张工作薄上,再统计出所需数据。按照每表格打开需要2s,选择、复制、粘贴需要3s,关闭需要1s计算,约需 6×436 = 2616s(约43min),再加上统计、制作的时间,至少为60min	使用工具箱软件及预设的 Excel 模板直接制出报关单草单、合同、出仓明细,需时约 5min

原方法:
至少需要
160min

注:本案选择的并不是货量最多的业务,如果按照一票 4000 台计算,原操作方式所需时间更多。

改进后:
最多需要
10min

表 5-18 计算机操作方法改善后办公用品用量的改善

项目	原操作方法	优化方案
纸张使用	原表格由于插入了行,一页基本变成 2 页,预计打印(306+130)×2=872 张	打印 436 张

报关、报检、留底全套发票箱单、付汇一套发票,在保证单证格式一致,不缩小部分单证字体的情况下,共计节约纸张:436×3+306 = 1614 张。

表 5-19 计算机操作方法改善后工作质量的改善

项目	原操作方法	优化方案
准确度	需要打开几百个工作簿,统计时手动操作过多,容易出错	以宏、插件、固定模板操作,准确率可达到100%。实际操作有 3 步复核

三步复核保证准确率:

1)在 Outbound sample 模板中设置对 TPI 和 PAC 的数量判定,仅当相等时返回真值。

2)将每票业务的每个 HAWB 所对应的金额输入表格中,以此总金额与制作的合同金额核对。

准确率
100%

3)再次与当天转关入区对应的单子核对数量。

通过一年半的改善实施,在原有的人员数量上,对应了事务量一倍的增长,同时解决了98%的事务质量问题。

表 5-20 系统改善

序号	ERP 现行方式	ERP 改进后	目的
1	无费用明细导入	增加费用明细导入功能	1）提高结算正确率 2）降低手工错误率 3）加快结算的速度 4）提高工作效率
2	运输信息不完整	提高运输信息完整性	
3	只能单个删除、移除费用明细	能批量删除、移除费用明细	
4	手工输入进出口代理费	自动从数据库获取并生成	

5.2.5 事务性工作分析和改善的案例研究汇总

1）改善的核心手法是体系分析改善、流程分析改善和抽样分析改善。

2）改善的内容可分成两类。

① 个别改善：对单一的工作内容、单元等进行改善。

② 系统改善：对整个体系的流程，相互之间的配合等进行改善。

3）改善的成果体现在以下几个方面。

① 事务性工作流程时间的缩短。

② 事务性工作内容的简化。

③ 事务性工作人员的分工和合作的融合。

有关事务性工作改善在不同事务性工作中的应用，将在今后的专著中进行阐述。

5.3 事务性工作改善的管理

5.3.1 管理层决定事务改善成功与否

管理层决定了事务改善的成功与否，这并不是言过其实。很多企业以组建改善构架为目的，但既不清楚如何运作这个构架，对负责人的培训也没有跟上，所以不管组建多么豪华的构架（硬件），也仅仅是创建了这个构架的空壳。事务改善的构架构建只是手段，旨在让工作方法比现在要好。

事务改善，重要的是取决于管理层对改善的认识。

1. 事务改善的考虑方法（成果/工作＝工作效率）

组织里所有的事务都是按照某种目的为了产生成果而进行的，比如为了提高其工作效率，进行事务改善。如上所述，为了提高工作效率，"要增加分子的成果"，也需要"减少分母的劳力"，当然，如果能两个同时进行的话，工作效率就会飞跃性地上升。在讨论改善事务的时候，从增加成果、减少工作两个方向进行改善是很有效的。这种为了提高工作效率的基本想法，是为了"适当的成果"

投下"适当的劳力"。

2. 适当的成果

企业活动的原则是通过为顾客提供新的价值，以确保自己组织的收益。
- 为顾客提供了新的价值（直接的成果）
- 为了创造顾客价值而在自己组织的组织运营上发挥作用（间接的成果）。

3. 适当的投入

要实现"适当的投入"，要消灭"3M（不合理、不均衡、浪费）"是根本。
1）不合理：一部分工序使人处于负担过重的状态。
2）不均衡：浪费和负荷过重混合在一起的状态。
3）浪费：和成果没有什么联系的多余的劳力状态。

4. 各层次致力于事务改善

改善事务需要考虑从员工个人水平到整个组织水平的各个层次。即使每个员工都努力提高工作效率，只在个人水平的积累下，效果也是有限的。反过来说，如果全组织中提出的事务改善计划不能落实到适合个人水平的话，计划终将是画中饼。因此，全组织、整个部门、个人各自的水平、相互协调的事务改善活动是很重要的。

像这样在讨论自己组织的事务改善的时候，要考虑
- 能否同时进行扩大成果和降低工作量（投入时间）。
- 要经常有如何使全组织和个人保持一致的视角

5.3.2 组织各个层面的事务改善

事务改善活动有时会被认为是在正常事务之上加量进行的，特别是在没有出现工作成果时，员工会感到它是一种负担。

为了促进员工的积极性，有必要说明活动成果会给每个员工带来的好处（缩短工作时间、提高能力等），而不仅仅是只说明活动对组织的重要性。

1. 全组织层面的改善

（1）组织架构的改善

全组织层面最重要的成果，就是实现全组织的经营计划。为此，必须明确必要的事业流程，形成最适合的组织结构。

〈改善要点〉：
- 事业流程中必要的组织是否到位。
- 事业流程中是否存在无关的组织。
- 为实现相同流程组织是否有重复。
- 是否缺乏特定部门的庞大的平衡组织。
- 是否有管理全局的组织（总务、财务、人事、经营企划等）。

- 在事业战略方面特别重要的组织是否有足够的功能。
- 每个部门负责人是否都有适当的权限和责任。

（2）工作时间的缩短

改善事务的最大目标之一是提高工作效率，缩短工作时间。但是，在组织中如果有"长时间工作是理所当然的""长时间工作的人被好评"的氛围，就无法推进改善。

总经理要掌握自己组织工作时间的实际状态和员工对加班的意识，有必要构建缩短时间的规则和氛围。

另外，根据事务改善情况，在加班费大幅度削减时，可以采取将多出来的资金以员工奖金的形式反馈给员工等措施。

＜改善要点＞：

- 全组织的总体工作时间，加班时间，所定工作时间的水准是否合适。
- 部门之间的总的工作时间是否有大的不平衡。
- 加班费占总的人工费的比例是否太高。
- 导入弹性工作工作时间制和年薪制（不算加班时间）是否有优点。
- 是否发生无偿加班（不付加班工资的加班）。

2. 部门层面的改善

对于同一部门内的所有员工，管理人员应掌握谁负责什么样的工作，投入了多少时间，由此可以确认事务的重复是否造成浪费，是否发生了事务偏向于特定员工等情况，并进行改善。

各部门对自己进行的事务，应尽职尽责，起到自己的作用。

另外，如果仅仔细观察各部门进行的事务，本来的目的也会被忽略。例如，制作各种报告书本身不是目的，而是要根据报告，从上司那里获得有效的建议，并用于后续解决问题，那么这个报告才有了意义。

如果上司几乎不读，而是放在一边，那么花时间写的报告书明显就是浪费了。

部门层面的改善必须以领导（部门长）为中心，在充分掌握部下的工作内容后再进行。

＜改善要点＞：

- 是否发生事务重复的浪费。
- 事务偏向特定员工是否过多。
- 是否根据员工的经验和能力来分担事务。
- 事务顺序是否标准化，是否有操作手册。
- 在相关部门进行的事务，该部门是否起到了应有的作用。
- 是否明确各自的事务目的和被要求的成果。
- 是否做了无意义的报告书，是否开了无意义的会议。

- 是否有繁忙期，闲散期等的季节变动的机制。
- 是否有组织地进行针对职员技能提高的教育和训练。
- 上司突然想到的没有计划性的指示是否频繁。
- 为了改善瓶颈（时间最长的工序）是否进行改善的对策。
- 生产周期（事务从开始到结束的时间）管理是否恰当。
- 上司是否能把握全体部下的工作时间。
- 是否有经常长时间工作的员工。
- 上司是否有对长时间工作的员工说"很努力嘛"这样单纯的评价。
- 是否有心理健康方面的关心。

3. 个人层面的改善

在个人层面的改善中，首先，要列举出每个人所负责的事务性工作，并确认各自事务的目的和要求。这里不只是单纯地以"遵从上司的指示"为目的，还要考虑各自事务的本来价值。而且，对于每个事务，上司应提出"步骤是适当的吗？""各工序的投入时间是合适的吗？""按日程在推进吗？"等问题。

另外，我们也要以月或周为单位，考虑什么样的事务用了多少时间，即工作有效性。例如，事务可以分为"顾客访问"等与价值相关联的事务（主体事务）和"访问准备"等主体事务的准备事务（附带事务）。区分这些，以提高主体事务比率是很重要的。

而且，个人的技能会大大地左右事务的工作效率的，所以个人必须要有意识地提升自己的技能，努力提高自己。

<改善要点>：
- 是否经常自问是否掌握了正确的工作方式。
- 对自己负责的事务，是否确认了交货期，并明确应有的成果。
- 是否安排好了今后一个月的日程安排。
- 是否确定每个月、每周、每天时间的使用方法和改善相关。
- 是否明确自己担当的所有事务的目的和要求。
- 是否意识到应该提升自己的技能，并正在努力去做。
- 是否理解事务改善的意义，并在积极努力。
- 是否只埋头完成上司的指示事项。
- 是否理解部门整体的作用，是否意识到其中关于自己担当事务的价值。
- 是否为了得到加班费想增加加班时间。
- 虽然知道工作效率低，但是否还是坚持以往的做法。
- 是否对事务按照紧急度和重要度进行优先排序。
- 对与自己的能力和工作量不能匹配的事务，是否尽早和上司商量。
- 是否意识到自己在工作中使用的时间是组织的经营资源。

有必要将机制从依靠个人能力转变为鼓励普通人和有能力的人发挥同等能力。

管理者必须以各事务手册为基础，让每个人意识到自己应该提升的技能，并努力提高自己的能力。

为了认识到这些，就必须有人才培养和标准化的机制。

5.3.3 事务的效率化

在考虑"3M的排除"、"效率化"、整理、整顿、设施内的布局等时，如果发现工作没有顺利进行，就有必要重新确认是否有组织中的浪费。其中的原因有多种，这里仅就"组织结构""职责分担""交流"三个问题进行重点介绍。

1. 组织构造上的问题

伴随组织的成长虽然各种部门在增加，但并没有彻底认识到组织为何物。

如果组织的改革和改善是走过场的话，则有可能导致最坏的事态，存在以下现象。

1）事务的重复。
2）是依赖个人发挥的体制。
3）事务没有标准化。
4）没有进行人才培养。
5）法治遵守、风险管理体制没有构建。
6）指挥命令系统和报告、联络、商量系统的机能不健全。
7）经营计划是画中饼，没有行动计划，想到哪里行动到哪里。

2. 职责分担不明确的问题

相同工作多数人参与，骨干职员指导新员工要花时间，谁都能做的工作也和正式员工有关。

职责分担是使日常事务性工作，以任何人都能代替为目标。换言之，将事务简单化，通过日常工作，将组织集中到直接与收益相关的事务。

组织中的职责分担通过从"给人工作"到"把人放在工作上"来实现事务的标准化。

3. 交流的不畅

由于经营上的交流不畅而产生的问题很多，包括"无法传达上司的指示""部门领导无法把握整个部门"等各种情况。

交流不畅是不会自然改善的。要查明原因，如果不改善今后肯定也会发生问题。各员工通过交流决定自己的行动，或者给部下下达指示。

为了全体员工团结一致去面向共同的目的，交流的活跃度（组织力强化）也可以说是组织经营的生命线。

5.3.4 改善成果的常态化

针对上述三个问题，很多企业实施了各种改善。但是，实际情况是每天依然发生各种各样的问题，仍然要反复应对这些问题。

"为什么改善成果不能常态化呢？"那是因为要实施的改善很多，平常只是忙于解决眼前能看得到的问题。而改善是需要长期实施的，并使之成为一种习惯，当它没有被考虑到日常工作中，就不能固化，不能常态化。

因此建议对"事务管理"再检查。

1. 标准化

为了把改善的事情作为"习惯"来固化，必须使每个人都能容易理解并可以执行所要改善的内容。如果只有考虑的人和具体操作的人理解改善方案，而整体现场其他人员不能实行，那么改善马上就会形式化。

像这样"每个人都能""容易理解""可以执行"的是"标准化"。其具体的手法是5S，是可视化。

所谓标准化，是为了灵活应对变化而进行的，改善是对于不断变化的事务能迅速在工作中使之固化下来而进行的。

对于向好的方向变化的事务要快速模式化、规范化，并将之作为组织全体的习惯来落实，这就是标准化的本质。

2. 标准化的手法：5S

5S是指"整理、整顿、清扫、清洁、素养"，是为了使职场效率化的管理方法。

对于"改变物品的放置场所和放置方法""改变平面布局""改变使用的工具"等的改善，以5S的方法最为有效。

根据5S的手法，明确所有东西的存在意义、放置场所、放置方法，即标准化。如果把所有的一切都按照5S的想法标准化，就可以简单地把工作中的改善固化下来。5S活动的优势在于谁都可以简单地组织起来，且效果巨大。

3. 标准化的技术"可视化"

5S的标准化是以"能看到的物品""实际接触的物品"为对象。而可视化的标准化是以"把一切工作都形成可视化管理"为对象的。

为了不使改善变得形式化，需要对变更的工作进行标准化。作为标准化的具体方法，5S和可视化是有效的。

5.3.5 事务性工作改善的管理总结

事务改善是组织经营的要点。很多组织都有未解决的课题。事务改善的方法和推进方法不能依靠自成一派，为了要提高组织（团队）整体人员的共同努力，其结果不断是优化了工作效率，最关键的是提高了每个人的工作素质。

第 6 章

精益落地的道和人

6.1 精益落地之道

6.1.1 悟出的道理

道，是中华民族为认识自然为己所用的一个名词，意思是万事万物的运行轨道或轨迹。这种道应用在各种场合，企业有"经营之道"，养生有"健康之道"，经商有"生财之道"。

多年来，从事精益生产改善的指导工作，和客户在一起，共同发现浪费问题，共同改善浪费问题，共享问题解决成果，也悟出了一些道理，这些道理就是精益改善如何在现场落地的道理，在这里称作精益落地之道。

6.1.2 对问题的认识

我在工作中经常会碰到一些问题，也经常会听到一些类似这"这个问题解决不了""这个问题需要资历才能解决"等意见。

对于诸多问题，我认为解决问题需要考虑下述两个方面。

1. 问题分析

任何困难的问题都可分成三个部分（见图 6-1）来考虑：

1）现实条件下解决不了的部分。

2）创造一些条件，可以解决的部分。

3）现实条件下可以解决的部分。

任何看似不可解决的问题，其中都存在现实条件下可以解决的部分（图 6-1 中数字 3 的部分），哪怕这一部分是 1%，也是存在的。

所以，我们就可以考虑解决图 6-1 中的 3 和 2 中的一部分，也就是图 6-2 中用粗线围起来的部分。在解决问题的同时，其他条件也会发生变化。

图 6-1 问题的三个部分

图 6-2 可以解决的问题

2. 解决问题的注意事项

在解决问题时，要注意以下三点：

1）不要急于一步到位。

2）注重可操作性。

3）注重人的主观能动性。

现实中有一种说法：一步到位。但是一步到位可能吗，有必要吗？在考虑解决问题时，我认为一步到位是不现实的，需要一步一个脚印逐步改善，逐步解决问题，需要设立许多中间目标，逐步改善，逐步达标，如图6-3所示。

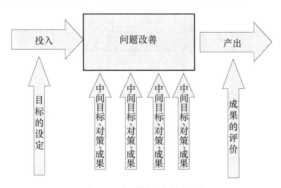

图 6-3 问题解决的过程

6.1.3 对问题解决的认识

企业经常会成立一些项目组，专项解决一些课题，这是必要的。

我曾经参加一个企业的精益生产指导。该企业设立了7个精益生产项目组，每个组都包含很多内容，例如计划物流组包括供应商管理、生产计划、物料采购、库房管理、物料上线、生产评估6个内容。可是这些工作不就是日常工作吗？

我们在工作中会遇到各种问题，比如，客户和相关部门对后续工程的投诉、缩短生产时间的要求等，因此，需要解决各种问题，从而不断完善我们的工作，在工作中解决问题是最精益的，是精益的最高阶段。

工作和解决问题是连续性的，要顺利地推进工作，必须把各种问题合理有效地解决。

可以说，工作=问题解决；顺利地进行工作=合理有效地解决问题。

但是，解决问题方法的不同，成果也会不一样。为了取得期待的成果，进行PDCA（Plan-Do-Check-Action）循环是最基本的方法。在PDCA循环中相互交流是非常重要的，因为企业运营流程是由员工、客户、后续工程以及相关部门组成的，单靠自己一个人完成的工作是极少的。所以，在解决问题时，必须动员大家同心协力，发挥团队精神。上下级之间不论职位高低，有必要跨越部门的界限进行相互探讨，碰撞出新的火花。

我们为了取得客户期待的成果，要与周围员工及相关人员进行密切交流，紧紧围绕PDCA循环，在日常工作中进行实践。

所以，与其通过项目组解决课题，不如做好日常工作。合理有效地解决日常工作中的问题，是最好的改善，如图6-4所示。

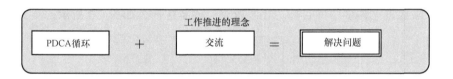

图6-4 工作推进的理念

所以工作本身就是问题解决的过程。真正要特别立项去集中解决的问题，应该是我们平时工作中没有完全解决的问题。

6.1.4 问题解决的必要性和重要性

在现实中，很多企业在推行精益生产时，经常会提到构筑精益体制、优化精益经营，形成精益文化。这些都是重要的，是企业必须要形成的精益内容，但是同时也要考虑现实工作中的实际问题，这些问题的真正解决才是实现以上内容的基础。

上面所说的企业，有7个精益项目小组进行精益文化、生产流程、标杆车间、精益质量、5S推进等的改善活动，但是这些活动并没有直接面对现实生产中的问题点。例如现实产品质量问题，人的操作效率问题，设备的开动问题，计划的达标率问题等。所以即使这 7 个项目组最后投入再多，现场的问题还是得不到解决，最终这些精益都是务虚的精益，并没有落地。在进行精益改善时，要考虑必要性和重要性，如图 6-5 所示。

所以，关田法认为，精益改善首先要解决必要性（当前面临的问题）的改善，进而带动企业的精益文化（革新性的问题）。精益体制的形成，首先要考虑现场的实际问题解决，现场的痛点解决。

在这个有着 7 个项目组的企业中，我首先只针对现实的三个问题进行指导：计划改善、作业效率改善、现场 5S 改善，通过这三项，再逐步带动其他改善。

图 6-5 问题解决的必要性和重要性

6.1.5 改善目标的三要素

提高生产效率、降低成本、提高素质等改善目标经常见到，这些都是非常好的改善目标，但是这不是精益的目标，而是口号。

问题解决的目标要从三个方面进行考虑，即目标三要素（见图 6-6）。

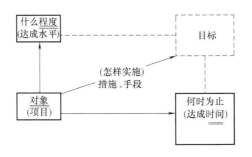

图 6-6 目标三要素

1）对象：现状中要改变什么？例如提高生产效率，是在哪个生产环节，生产效率如何，主要问题点是什么？

2）什么程度：在定量化和具体化过程中所期望的状态。比如目标的量化，要用数字确定目标。这些数字目标反映在具体的指标上,例如工期、时间、人数等。

3)何时为止:通过分阶段地设定目标,使目标变得更加明确,能够进行进度管理。

只有目标的对象、程度、时间三要素的正确性,才能保证问题解决的正确性。

6.1.6 问题原因分析

彻底分析出问题原因,才能找到真正的解决方案,在精益里,经常用到5个为什么,就是这个道理。问题的分析不要被表面的虚像所迷惑。

全面分析问题,才能综合解决问题,才能持续巩固,标准化。所以,总结问题分析的三个要点:

(1)涵盖性

罗列所有问题发生的可能性和原因,从中找到真正的原因。然后通过原因分析工作进行重新审视。

(2)逻辑性

就是问题发生和原因的逻辑关系,因为某个原因,所以产生某个问题,而且原因结果的逻辑是连续的。有逻辑性的问题原因才是真正的问题发生所在。

(3)定量性

这些问题、原因等,都能用数字描述,并且可以分析出各种原因的重要程度,有利于改善方案的重点实施。

图 6-7 所示为问题原因分析。

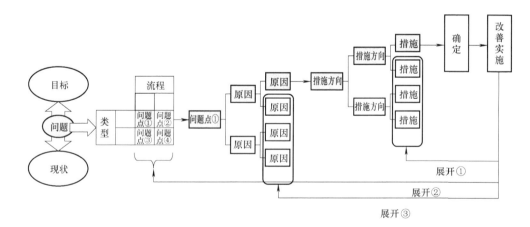

图 6-7 问题原因分析

对准问题的原因,是高效解决问题的关键。

6.1.7 改善实施管理

一旦开始实施,将是一个持续改善的过程。这个过程是实现预定改善目标的必经过程,过程的实施管理,也是保证成果的必要方法。管理的一般模式如图6-8所示。

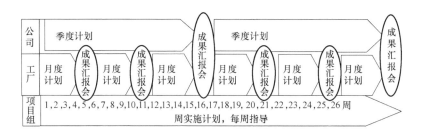

成果汇报会
　目的:阶段性总结,工作成果确认,下一步的计划确认
　参加:项目组(公司方、设计方、咨询方)
　汇报:工厂项目组汇报实施内容和成果等
　总结:咨询方评价改善活动状况,提出下一步计划

成果汇报会模式
　咨询方:实施内容的实施状况评价,课题说明,今后计划的说明
　设计施工方:整个内容的实施,成果汇报
　公司方:对项目进展,成果的评价,对今后的希望

图 6-8　改善实施管理

周计划和实施是核心内容,也是关田法改善实施的重要工具。周计划是整个改善实施计划分解到每周的计划,如图 6-9 所示。

周计划明确每周的改善内容,同时进行周汇总,汇总出成功、失败的地方,提出下周改善的注意事项,如图 6-10 所示。改善分解的周计划是关田法改善实施管理的重器。

6.1.8 精益落地之道

以上这些内容构成了精益落地关田法的精益落地之道,是其工作的经验总结,更是精益改善实施的方法论。

精益落地之道——关田法

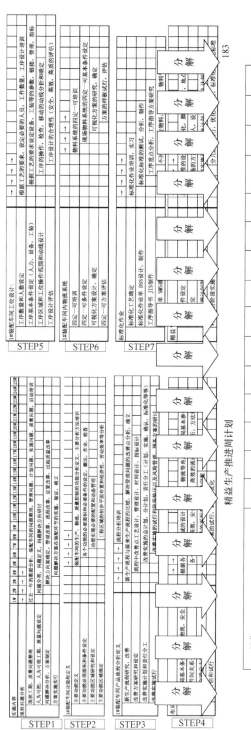

图 6-9 实施计划的分解

精益推进周计划　　　　　第 5~6 周

日期：2017-6-19~2017-6-30		6月19日 星期一	6月20日 星期二	6月21日 星期三	6月22日 星期四	6月23日 星期五	6月24日 星期六	6月25日 星期日	6月26日 星期一	6月27日 星期二	6月28日 星期三	6月29日 星期四	责任人	时间	地点	备注
	工作内容															
1	精益小组晨会及培训	晨会+培训							晨会+培训				***	8:30~	精益作战室	
2	绘制车间结构图		现场测绘							现场测绘			***			
3	梳理目前各功能区域存在的问题：物料区、物流、作业区等			收集汇总							收集汇总		***			
4	1#装配车间主要功能基本定位3种设计方案（采用上周商讨后的区域）				方案1(平板车放置中间区域) 方案2(减速箱与卷筒组装区放置中间区域) 方案3					方案1 方案2 方案3			***	周会研讨		晨会进行内部研讨
5	基础设施改善建议（西侧大门配备电机、车间地面处理工艺）					提案提交领导审批					提案提交领导审批		***			
6	车间内的物流方式（目前物流方式、后期平板车物流方式）						收集汇总					收集汇总	***			
7	完善及其规格尺寸汇总							收集汇总				收集汇总	***			
8	文件归档处理								整理归档			整理归档	***			

上周工作小结	
成功方面	
失败方面	
需努力方面	

分管领导审核：　　　　　　推进组长审核：　　　　　　顾问团队审核：　　　　　　编制：

图 6-10　下周改善注意事项

6.2 精益落地之人

6.2.1 组织中的人

松下幸之助：人才是企业成败的关键。

德鲁克：今后的企业发展竞争力是知识劳动的生产力。

丰田：今后的企业发展不是靠工业4.0，而是靠人。

大野耐一：丰田生产方式是思考人的生产效率，以人的工作浪费为起点的生产方式。

本书中，前半部分谈到了QCD的改善落地，谈到了各种生产类型的现场改善落地，但是这些落地不单是靠这些方法、经验和道理，更主要的是靠人。只有人真正理解精益，真正实施精益，才会体现精益的效果。所以精益改善落地，说到底，是人的改善，具有精益思维的人才的培养。

我在工作中，遇到过各种课题和各种人物，从中总结了一些精益落地关于人的一些感悟和经验。

6.2.2 解决人的痛点

在工作中进行问题分析、现场改善,需要和工厂组织中的人共同配合才能实现。我总是说,最了解现场、最清楚问题的不是指导老师,是组织中的人。但是老师具有科学的精益思维和高效解决问题的方法。所以,作为专业的精益生产指导老师,就是要用他的精益思维和高效解决问题的方法,为组织的人解决他的痛点,解决他在管理上的痛点,进而达到解决现场问题的目的。这是关键。下面谈一个我的具体经历(案例)。

我在某个企业指导其解决产品质量问题。项目组长是该企业的质量保证部长。

这个企业,多年来,在质量部长的领导下,做了大量的质量改善工作,解决了许多产品质量问题,有了一些成效。但是解决了一个问题,又出现了另外的质量问题,并且解决后的质量问题也是时好时坏,非常不稳定。所以质量部长和质量部的人,每天和制造部的管理干部和现场人员都在忙于解决产品的质量问题。质量部长每天为产品质量的问题经常和制造部门的人员争论不休,意见不一致。

作为指导方的我进入企业后,和质量部长也进行了沟通。对我们来解决产品的质量问题,质量部长抱有怀疑的态度,为此,我对发生的质量问题和质量问题的管理体系进行了综合调查、分析。之后采取了两个措施:

1. 产品质量的管理不是质量部的工作,是制造部的工作

这个企业和大多数企业一样,制造部负责生产,主要关注数量和时间。质量部负责质量,出现产品质量问题,责任是质量部。这样就造成质量问题长期得不到解决。

我提出,制造部在保证安全的前提下,制造责任有两个:制造产品和保证质量!质量是制造出来的,不是检查出来的。

质量部的责任是:

1)对产品质量问题的预防。

2)协助制造部门分析质量问题。

3)质量体系的维护。

以此为出发点,重点在制造过程发现问题、解决问题,以制造部为主,质量部为辅。

通过这样的改变,使制造部高度重视制造的质量,同时质量部也积极配合制造部分析、解决质量问题。质量有了初步的提高。

质量部长真正感觉到这个改善解决了他多年的痛点,质量问题的解决找到了新的方向,增强了信心,也积极参与了改善工作。

2. 质量问题是制造过程管理问题

该企业在质量问题方面的改善大都关注工艺、工装和不同产品的特定质量问题。这些改善大都需要一定的资金，同时需要一段时间，但是总是不能从根本上解决质量问题。

为此，在充分调查了该企业的质量问题的基础上，提出了改善制造过程管理的措施。具体实施采用3N的关田法，重点解决人为质量问题。

前面已经介绍了关田法人为质量问题主要关注两个问题：

1）人为可控质量：严格按标准要求进行操作，可以控制的质量问题。

2）人为可检质量：对于不可控的质量问题，可以在现场操作中检查处理。

为此，对制造过程的每个工序进行了人为质量问题的分析，对每个工序制定了3N质量指导书，开始在制造全过程实施。

制造全过程的人根据每个工序的个性3N作业指导书，对上个工序来的产品目视检查质量，对本工序的工艺要求严格遵守，对传到下个工序之前的产品，目视检查质量。

效果非常明显，产品质量得到了大幅度的提升。

质量部长学习到一个新的且非常有效的方法，感到非常兴奋，积极参与制造过程的质量问题改善，取得了全公司的赞赏。

通过以上的改善，质量部长对质量管理有了新的认识，同时又掌握了关田法的3N技术，成为公司的精益达人，得到了总经理的奖励。

这个案例，通过解决质量部长的痛点，结果解决了产品质量。这个质量部长也成了我的朋友。

6.2.3 发挥人的特长

每个人的特长，在得到发挥时才能真正体现它的作用。

我曾经指导过这样的一个案例。某企业为了快速对应市场的需求，需在短期内提高产能。为此，对整体生产系统进行分析，制定了在不投资的前提下，通过消除浪费来提高产能的改善方案。

在形成改善核心班子时，进行了以下工作：

该工厂的生产部长是多年来管理生产部门的第一人，工作也非常有热情，多年来在消除浪费、提升效率、提升产能上做了很多工作，取得了一定的效果。但是长期在同一岗位工作，有些事情已经见怪不怪，对下一步通过改善提升产能的工作感到压力极大。为此和公司总经理商量，把生产部长调到制造部，作为制造部长，领导这次的提升产能项目，这样可以发挥他的特长和经验，同时离开生产管理的第一线。

由谁来担任这个生产部长呢？其中有很多人选，是选择多年从事生产管理有经验的人，还是没有生产管理经验的人也行？最后选定了其他生产平台的质量部副部长担任这个平台的生产部长，直接领导提升产能的改善工作。因为他具有一定的管理工作的经验，虽然之前没有参与过生产管理，但恰恰不会被先决条件所束缚，同时又有一定的工作热情。

这样，由新制造部长、新生产部长、指导老师组成了本次管理提升产能的核心项目组人员。

经过四个月的现场管理改善，提升产能30%，完成了公司的任务，满足了客户需求。

总结这个项目的实施过程，得到三点体会：

1）精益改善的管理干部需轮换，才能更有活力，更能发挥潜力。

2）精益管理干部不一定需要懂得专业技术，更重要的是管理经验和工作热情。

3）精益管理人员的合理组合非常重要。

6.2.4 责任到人

许多年前，在一次会议上，有一位领导谈到个人和全体时，说了一句话：个人和全体是龙和猪的关系。从"爱护绿化，人人有责"的失败到"分田到户，包干责任"的成功。可以看出：责任到人是成功的关键。

这个在精益改善中也是十分有效的管理方法。

丰田商用车的工厂，把整个车身分成了许多区域，明确了各个区域的质量要求和责任人。管理要求和责任要求十分明确，行动起来也非常有目标。

我在多年的精益改善的指导工作中，也对此深有体会。责任到人是改善的必要管理方法。例如5S的改善工作，我在改善指导中就采取这种方法。

把整个生产区域分成许多小区域，每个小区域明确了5S的责任人，并明确每个区域的5S管理要求，把现场的每一个物品（工具，器具，设备等）都与人名挂钩。如图6-11所示。

按此方法执行，确实取得了一定的改善效果。但是责任到人一定要具有可操作性，同时提出的要求不能过多增加责任人的工作量。

6.2.5 人的三现主义

丰田人推崇三现主义、现场、现物、现实。在现场，观察分析实际的状况，包括产品、设备、物料等，掌握实际情况和原因。

大家经常说的大野圈，就是大野先生推崇的方法，即在现场一直观察分析，就会得出改善的方法。

项目		工作内容	保养周期
设备型号：K*** 设备编号：0**.1**	1	按要求认真做好设备点检记录，发现问题及时报修	每天
	2	设备操作面板箱擦干净，按钮不允许有脏物	每天
	3	设备外部、冷却水箱清扫，除去油污灰尘，不允许有黄袍	每天
	4	设备夹具、定位面、定位销、导板清扫清洁、无积屑 无锈蚀	每天
	5	液压站阀体阀块及管路清洁，检查管路有无接头松动漏油	每天
	6	各种仪表清洁无污物	每天
	7	设备移动罩壳、工作台面无切屑，积屑扫入设备主排屑槽排出	每天
检查台	1	工装、刀具、检具、量具按规定归类定置摆放、保持清洁	及时
	2	检查台外观、台面清洁无杂物	每天
	3	抽屉内物品按要求分类摆放整齐，与生产无关的杂物及时清除	及时
首检台	1	首检零件清洁、摆放整齐	及时
	2	首检台保持清洁、定置摆放	每周
环境	1	作业现场物品清洁、定置，每辆零件运转小车不得超过100件	及时
	2	清扫设备周围环境达到清洁	每天
	3	地面无铁屑、无油污、无杂物、无积水	每天
质量控制	1	零件摆放整齐，标识清楚	及时
	2	加工前加强零件外观检查，严格执行3N	及时
	3	加工过程中，注意孔径变化，刀具是否异常，严格执行《控制计划》	及时
	4	认真做好SPC、TPM、强制换刀、首检、自检、送检记录	及时
	5	加工后，注意观察大\小孔是否有偏移和带刀纹现象	及时

图 6-11 责任到人

我经历过许多企业，发现一些企业对现场的重视程度确实有些问题。有些人喜欢坐在办公室等汇报，有些人喜欢对着计算机思考问题，有些人喜欢开会讨论问题，但是真正在现场的时间却非常少。这样很难发现问题和解决问题。特别是年轻人，更应该在现场摸爬滚打。

我也是彻底的三现主义者。在指导的实践中，我也积极鼓励周围的人，要重视现场。例如我指导某个企业的提高劳动生产率的项目。每天晚上，我会集中有关领导，汇总一天的改善。在会议上，我只谈一个指标：今天在现场看到各位干部的时间比例是多少。

开始的时候各位领导在现场的时间比例是20%，之后每天晚上的总结会我都会持续谈这个指标。大家看我每天只谈这个指标，知道了我对改善的关注在什么地方，所以开始积极去现场了。随后，各位领导每天在现场的时间比例在不断提升：30%，40%，50%，60%，最多有70%的时间在现场。非常有意思的是，随着各位领导在现场时间比例的增加，发生了两件事情：

1）现场劳动生产率的提高和各位领导在现场的增加同步，不断在提高。

2）每天晚上的总结会由原来的2h，自然缩短到了15min。

这就是三现主义的力量。

6.2.6 育人落地

各个企业都有培养人的计划和预算，大都由人力资源部门管理。

我认为：

1）培养人的第一责任者就是管理者本身。

2）培养人的教材就是工作本身。

多年来，我经历了几百家企业，通过改善的实施确实是使很多人更加认识了精益，掌握了精益，实践了精益，但这些我觉得都是从实际工作中得到的。

在第 1 章里我也提到：

1）做事育人。

2）做正确事，育正确人。

3）高效做正确事，高效育正确人。

4）高效高质做正确事，高效高质育正确人。

这就是我的育人落地宗旨。丰田也非常重视 OJT 的育人，在工作中教，在工作中学。

以上这些内容构成了精益落地关田法的精益落地之人，是我工作的经验总结，更是精益改善实施的方法论。

6.3 精益落地寄语

本章着重谈了我的精益落地的道和人。

道是方法，是思维方式，是改善的指南。

人是核心，是方法应用的主体，是思维形成的主体，是改善落地的主体。

首先要掌握基本的精益方法。有关精益的方法，有很多书，多得人很难选择。但是，丰田自身出的有关改善、有关精益的书却十分少，他们靠的是文化的传承。大野耐一先生为了回答世人对精益学习的人情，出版了《丰田生产方式》，这是经典中的经典。

有关精益的方法，有很多书，有关 WCM 的也好，TOC 的也好，甚至 6 西格玛的书也好，最终都是要靠精益落地，寻根问底都是丰田生产方式。

大家都很喜欢学习。喜欢读书是好事，但关键是读的书要用到实际中去，要能够落地。所以要看原汁原味的书。

我觉得，IE 的基础是每位精益人士的基础必读书。丰田方式也好，精益生产也好，都是 IE 的成功实践结果。

所以，作为精益的道，精益的方法，我建议读三本书。

★ 经典中的经典：大野耐一《丰田生产方式》。

★工业工程的实践：新乡重夫《以工业工程的视角考察丰田生产方式》。

★工业工程的管理：齐二石，霍艳芳《工业工程与管理》。

大野耐一被称为"日本复活之父"和"生产管理教父"。他所创造的丰田生产方式，是对曾经统治全球工业的福特式生产方式的重大突破，在全世界产生了深远的影响。《丰田生产方式》一书涵盖了准时化、自働化、看板方式、标准作业、精益化等生产管理的各种理念和实践。它是丰田核心竞争力的权威作品，也是全球生产管理的重要标杆。他是从生产现场走出来的实践管理学宗师。

《以工业工程的视角考察丰田生产方式》的作者新乡重夫，是日本能率协会的 IE 专家，丰田生产体系创建人之一。以他的名字命名的"新乡奖"，被称为"制造业的诺贝尔奖"。他根据自己 20 年职业生涯中的系统性方法和精心笔记，写有 18 部书和无数管理文章。《以工业工程的视角考察丰田生产方式》是逻辑性非常强的一本书，是目前唯一一本直接冠以 IE 理论的基础去阐述丰田生产方式的书，精益实践派不可不看，IE 科班不可不看。

《工业工程与管理》是齐二石教授和他的同事们在二十几年研究积累、企业实践基础上形成的工业工程理论与方法的本土化著作，提出了适应中国本土化需求的工业工程理论和技术体系、应用方式和案例。为中国经济转型发展与企业竞争中遇到的现实问题提供系统化参考和可行的解决方案。尤其结合信息时代中国企业的现实特征，给出了"IE+IT"的信息化模式。齐二石教授是中国工业工程学科和工业工程学会的主要创建者之一，国内外知名的管理和工业工程专家。

我这里谈的读书，不单纯是读，关键是悟。这个悟非常重要。大野耐一先生的《丰田生产方式》和大多的精益书籍不同，表面上没有很高深的理论，也没有很特殊的套路，大都是他所经历过的各种各样的问题和问题的解决。但这本书，包括日文原版，我看了不知多少次，每次看都有新的体会，正所谓温故而知新，边看边思考，不断悟出里面的高深和特殊。我有时说，"做精益的人的分水岭，就是看否能够悟出其中道理，变成真正属于自己的东西"。

新乡重夫先生也是在工作中悟出了快速换型，防错等。他一生写了很多书，大多都没有翻译成中文。这些书虽然年代已久，但是其中的思想、思维仍然是我们现在精益人的指南。他的书我经常看，经常会有新的思考和感悟。

齐二石老师，虽然工作在大学，但是他也深深悟出工业工程需要与实践相结合才能发挥出其真正的意义。所以在大学研究工业工程的同时，也非常注重工业工程的实践，注重工业工程在现场改善。他同时提出"管理模式、管理理念、管理文化都是不能进口和复制的。就是管理方法也需要因地制宜地改造和创新。"

所以，读书不是单纯的读书，要带着问题去读，带着思维去读，悟出真正的道。

关田法的读书哲学：读出来的是"知识"，悟出来的是"智慧"。

人是悟出这个道的主体，是思维形成的主体，是改善落地的主体。

在精益的指导过程中，经常会碰到同样的课题，采用同样的方法，在有些企业顺利地实施了精益改善，在有些企业却不顺利，甚至失败。对这些事情我也是经常反思。其中有各种各样的原因，但是有一个原因是非常明确的，就是组织中的人对精益改善的认同和投入是非常重要的，也是非常关键的。所以即使同样的课题，同样的方法，但是组织中的人对精益的认同和投入的不同，都会直接影响到精益实施的效果。这并不是精益的方法有问题，主要是人的影响。这是谈组织中的人对精益实施的影响。

我汇总了在组织中精益改善成功的 3 条诀窍：

1）环境的关键——公司一把手的高度重视，高度关注，高度支持。

2）实施的关键——从大处着眼，从小处（具体，细微）着手的管理。

3）人才的关键——管理人员对变化的心态。

同时还有指导方和领导精益改善实施的人，要真正能够起到指导的作用。这里体现在：

1）真正的三现主义，身体力行发现现场的问题。

2）真正能够指出组织的主要痛点。

3）真正能够指引出正确的解决方向。

这三点并不是指导方单枪匹马做的事情，而是真正尊敬组织的人，尊敬组织的文化，在这个基础上，和组织的人共同做好上面的三件事。

实际上，就是要通过你的行动，使组织中的人，相信你，支持你，和你共同行动。

所以，作为领导、指导方，并不是要首先考虑如何解决问题，而是要首先考虑好如何融入这个团队中。我的经验是，领导、指导方要先做人，后做事，要不断学习，不断磨炼自我。

这里都是指的人。我多年来的经验是，精益改善并不单纯是问题解决，精益的关键是人的问题的解决。任何精益问题的解决，最终都会归结到人的问题的解决。